특수교육보조원을 위한 지침서

A Guide for Disability Related Personnels to Special Education

장애관련종사자의 특수교육 입문

박승희 · 장혜성 · 나수현 · 신소니아 공저

이 책의 집필은 사단법인 한국지역자활센터협회와 SK의 지원을 받음

학지사

| 서 문 |

우리는 나보다 더 멋집니다.
"We are smarter than me."

5,159명.

우리나라 특수교육 환경에 2007년 5월 현재 이미 5천여 명의 특수교육보조원이 일하고 있다. 특수교육보조원 제도가 공식적으로 시작된 지는 불과 대략 4년 정도이니까 그 짧은 기간에 대단한 수다. 특수교육보조원은 특수교육의 질 제고의 한 방안으로 교사의 보조인력 지원으로 투입을 하게 된 것이다. 특수교육보조원제는 우리나라 특수교육의 역사에 주요하게 기록될 한 제도임엔 틀림이 없다. 이제는 'I Do' 시대에서 'We Do' 시대로 옮겨 가고 있는 것이다. 교육제공에서 '우리의' 시대가 되고 있는 것이다. 모름지기 '혼자' 하던 시기보다 '우리가' 하는 시기가 더 나아야 한다는 것이다. 교사가 혼자 제공하던 교육보다 특수교육보조원이 보조자 역할로 함께하여 제공하는 교육이 더 훌륭하여야 한다는 기대를 하는 것이다.

최근의 전 세계 특수교육 동향의 하나는 다른 어떤 시대보다 사람들 사이의 협력이 더욱 중요하게 되었다는 것이다. 장애학생의 교육에는 다양한 전문가, 준전문가, 보조인력, 부모와 가족, 장애학생 본인, 또래 친구, 지역사회 인사 등 많은 사람들이 함께 참여한다. 이제 특수교사 일인이 장애학생 교육을 하던 시기는 지나가고 있으며 이미 통합교육 실시로 일반교사가 특수교사의 파트너로 협력이 요청되고 있는 것은 오래된 일이다.

특수교육보조원은 일반학교뿐 아니라 특수학교 등에서 일한다. 대략 비율로 보면 일반학교에서 일하는 특수교육보조원이 특수학교에 비해 2배가 된다. 일반학교에서 일하는 특수교육보조원은 통합교육 실시의 어려움을 가장 일선에서 체감하며 매일 도전을 받는 사람들 중의 하나다. 장애학생 교육에 처음으로 초대받은 특수교육보조원 중에는 자신의 삶 속에서 장애와 장애학생에게 익숙해져야 하는 것에 더하여 일반학교에서 일반교사와 일반학생 사이에서 장애학생을 지원하여야 하는 더 어려운 과제의 도전을 받고 있는 것이다. 나아가, 특수교사가 없는 일반학교에 배치된 특수교육보조원의 어려움은 더욱 복잡하고 어려울 것이다. 이 쟁점은 특수교육보조원 확대 과정의 과도기적 문제로서 인식되어 시급한 관심이 요구되는 실정이다.

그런데 이러한 쉽지 않은 임무를 수행해 내야 하는 특수교육보조원에 대한 체계적 지원이 거의 전무하며, 이들이 직접적으로 쉽게 참조할 책이 없다는 것에 본인은 주목하게 되었다. 적어도 특수교육보조원 한 분 한 분의 손을 잡아드리지는 못하지만, 특수교육보조원의 원만한 역할 수행에 필요한 실질적인 지식과 정보를 제공함으로써 작은 도움을 드리고 싶었다. 물론 이 책 한 권으로 모든 문제를 해결할 수는 없겠지만, 이제 대장정 시작한다. 이 책은 바로 이러한 상황의 우리나라 특수교육보조원을 위해 일차적으로 집필되었다. 동시에, 특수교육환경과 특수교육대상자와 그 욕구가 다양해지면서, 특수교육에 참여하는 사람들 역시 다양해져서 이 책은 장애관련 다양한 종사자들의 특수교육입문서로서 집필되었다.

이 책의 집필은 공동으로 이루어졌다. 대표저자, 박승희가 1장에서 4장까지 단독으로 집필하였다. 장혜성, 나수현, 신소니아 선생님이 5장부터 11장까지를 공동으로 1차 집필한 것을 박승희가 다시 수정 · 보완하는 과정을 거치며 2차 집필을 하였다. 이 책을 집필하기 전에는 현장 특수교육보조원과 교사에게 이 책의 내용구성에 대해 질문지와 면담과 집단 협의회를 통해 의견을 수합하여 담아낼 내용 주제들을 추출하였다. 그 후 저자들의 집필이 시작되었고, 책의 초고는 특수교육보조원에게 보내 피드백을 받은 뒤 1차 수정을 하였다. 최종원고는 특수교사, 교육청 장학사, 국립특수교육원 연구사, 특수학교 교감선생님에게 보내어져 1차와 2차 피드백을 받아서 수정한 후 최종 출판 원고를 완성하였다. 이 책의 집필 완성과정 자체가 여러 사람들의 참여와 협력을 통하여 이루어졌다. 우리나라에서 특수교육보조원 및 다른 지원인력을 위해 처음 출판하는 책이고, 주어진 시간 내에 책을 출판하는 것이 요청되어 부족한 가운데 책을 내놓게 되었음을 고백한다. 독자 여러분의 많은 조언과 충고를 받아서 더 나은 후속 인쇄와 재판 책을 준비할 것을 겸손되이 말씀드린다.

특수교육보조원은 교사의 전문적 교수활동을 보조하고 장애학생을 지원하기 위해 새로이 창출된 보조인력이다. 궁극적으로는 개인 장애학생의 교육의 질 향상에 기여하는 것이 특수교육보조원제 도입의 최종 성과다. 우리나라 특수교육 분야에 처음으로 준전문가가 도입된 것으로 볼 수 있다. 현재 짧은 기간 내에 급한 배치 확대에 따른 문제가 없지는 않지만, 이제 차근차근 내실을 찾아가야 한다고 생각한다. 명실 공히 우리나라 학교교육의 질 향상에 기여하는 한 준전문가와 보조인력으로서 특수교사, 일반교사 및 그 외 장애학생 교육관련 다른 전문가들을 보조할 수 있는 특수교육보조원이 되어야 할 것이다. 물론 이러한 보조자 역할 수행은 특수교육보조원의 장애학생 교육에 대한 애정 그리고 성공적인 역할 수행에 필요한 지속적인 자기성찰과 자기 계발을 위한 끊임없는 공부를 요구한다.

특수교육보조원제 실시는 대략 4년 정도에 불과하여 현재 전국에 특수교육보조원 배치를 증대하고 있는 도입의 초창기 단계다. 새로운 제도의 초창기 도입 단계라는 것은 다양한 의미를 지닌다. 새로움 자체에 대한 부담과 설렘, 무조건적 환영 혹은 거부, 긍정적 기대, 갈등, 부조화, 역할의 불명확성, 교육과 지원의 결여, 과다한 역할 수행, 책임의 전가 등 아직은 정돈이 안 된 상태에서 특수교육보조원제 도입에 따른 다양한 파장이 있는 것이 사실이다.

이제 교육인적자원부에서도 특수교육보조원제가 초창기 도입단계의 부작용을 벗어나 잘 정착되어 가는 방향으로 뿌리를 내릴 수 있도록 특수교육보조원의 선발, 교육, 배치, 재교육, 활용, 관리, 감독 및 지원 면에서 그 행정 체제를 갖추어 가야 한다고 생각한다. 특수교육 행정가, 전문가, 현장 교사, 부모, 대학 교수 등이 모두 함께 관심과 열의를 가지고 특수교육보조원제가 개인 장애학생뿐 아니라 특수교육 전체의 교육의 질 제고에 기여할 수 있도록 정책을 수립하고 실질적인 지원책을 마련하고 동시에 이 제도를 감독하는 한 압력으로 작용하여야 할 것이다. 이러한 불안정한 그러나 발전의 잠재력이 높은 초기 도입 과정 속에서 특수교육보조원은 특수교육 분야의 한 보조인력으로서 다양한 역할을 성공적으로 수행하기 위해 그리고 교사는 특수교육보조원을 지도 · 감독하기 위해 다양한 연수 및 재교육 기회를 통하여 자기능력 개발에 혼신을 다하여야 할 것으로 생각한다.

이 책의 집필 및 출판에 도움을 주신 분들에게 감사를 전한다. 특수교육보조원의 교육과 현장 배치에 큰 관심을 두시고, 선구자적 지원을 아낌없이 제공해 오신 사단법인 한국지역자활센터협회와 SK에 이 자리를 통하여 깊은 감사를 드리고 싶다. 이 기관은 특수교육 분야에서 새로 시작하는 특수교육보조원제 배치에 실질적인 참여를 하셔서 2007년 3월 기준으로 특수교육보조원 수, 1,151명을 투입하는 성과를 내셨다. 또한 현재 특수교육보조원의 교육과 재교육 사업을 하고 계시며 연중 연수교육을 계속적으로 해 오고 계시다. 나아가, 이 책 집필의 필요성을 인정하시고, 이 책 집필을 위한 연구비 지원을 제공해 주신 것에 감사를 드린다. 아무쪼록 전국의 특수교육보조원과 다른 다양한 장애관련종사자들에게 이 책이 유익한 참고 서적이 될 수 있기를 희망한다.

이 책의 집필 과정에 조교로서 저자들을 여러 면에서 도와준 용해진과 이지선 양에게 특별한 감사를 드린다. 이 책이 현재의 모습을 갖추는 데 이 두 조교의 헌신과 노력에 힘을 입었다. 또한 이 책의 내용 주제 추출을 위해 질문지 조사와 면담과 협의회에 응해 주신 특수교육보조원과 교사, 초교를 읽고 피드백을 주신 특수교육보조원, 최종원고를 읽고 피드백을 주신 여러 선생님들께 많은 감사를 드린다. 이 책의 겉표지에 사용된 특수교육보조원 그림을 그려 준 장애아동들과 그 지도교사들에게도 감사를 드린다.

이제 '내가 하는 교육' 에서 '우리가 하는 교육' 의 시대에 와 있다. 특수교사,

일반교사, 특수교육보조원, 장애학생, 일반학생, 학교관리자, 부모 및 다른 전문가 등 다양한 사람들 사이의 협력과 보조와 지원이 중요한 시점이다. 이러한 협력과 보조와 지원은 어떻게 하면 더욱 가능하고 더욱 질이 높아질 수 있을까? 이것이 관건이다. 이 다양한 사람들의 역할 수행에서 갈등과 균열이 최소화되고 순기능이 증가되며 협력과 조화가 증가되어 각자 역할 수행의 긍정적 성과가 최대화되기 위한 여건 조성에 관심을 기울여야 할 것이다. 이러한 시대적 요구 상황에서 이 책이 특수교육보조원뿐 아니라 특수교사 및 일반교사와 다른 전문가들 및 다른 보조 인력에게 특수교육 실제에 대한 입문서로서 한 선물이 될 수 있기를 기대하고 싶다.

'우리'가 '나'보다 더 멋져지기 위해, 각자 자신의 위치에서 자기성찰과 자기계발에 최선을 다하는 모습을 그려 볼 수 있었으면 좋겠다. '우리가 하는 교육'의 시대에 와 있는 모두에게 필요한 것으로 '칭찬 10계명'(『칭찬은 고래도 춤추게 한다』[켄 블랜치드 외 지음, 조천제 역]에서 발췌)을 독자분들과 함께 나누면서 서문을 끝내고자 한다.

1. 칭찬할 일이 생겼을 때 즉시 칭찬하라.
2. 잘한 점을 구체적으로 칭찬하라.
3. 가능한 한 공개적으로 칭찬하라.
4. 결과보다는 과정을 칭찬하라.
5. 사랑하는 사람을 대하듯 칭찬하라.
6. 거짓 없이 진실한 마음으로 칭찬하라.
7. 긍정적인 눈으로 보면 칭찬할 일이 보인다.
8. 일이 잘 풀리지 않을 때 더욱 격려하라.
9. 잘못된 일이 생기면 관심을 다른 방향으로 유도하라.
10. 가끔씩 자기 자신을 칭찬하라.

2007년 6월

대표 저자 박승희

『장애관련종사자의 특수교육 입문』, 이 책을 설명합니다.

▪ 이 책은 어떤 책

『장애관련종사자의 특수교육 입문』, 이 책은 특수교육보조원의 성공적 역할 수행에 필요한 특수교육의 기본 지식과 구체적인 지원활동 방안에 대한 기본적 인최신 지식과 기술 및 정보를 제공하는 지침서다. 장애학생 교육과 관련된 일에 종사하는 다양한 장애관련종사자들, 특히 직접 서비스에 종사하는 사람들에게 필요한 장애 및 특수교육 실제에 대한 구체적 내용을 담고 있다. 따라서 본 책에서 특수교육보조원으로 일반적으로 지칭되는 것은 특수교육의 다양한 지원인력의 대명사로 생각하여도 무방하다(4장 특수교육보조원의 정체성 및 역할의 내용만 제외하고는).

▪ 이 책의 독자는

이 책의 일차적 독자는 특수교육보조원이다. 그러나 이 책은 장애관련 다양한 종사자들을 장애 및 특수교육관련 지식으로 초대하는 입문서 역할을 할 수 있다. 일반교사, 특수교사, 학교관리자, 장학사, 사회복지사, 의사, 간호사, 치료사, 생활시설 교사, 그룹홈 교사, 장애인직업생활상담원, 수화통역사, 여가활동지도자, 활동보조인, 다른 보조인력, 장애인 본인과 가족, 장애인 옹호자, 교회 주일학교 교사, 예비교사 및 장애인 교육 및 서비스 관련 봉사자로서 장애학생과 장애인을 보다 잘 지원하는 데 필요한 기본 지식과 정보를 공부하고자 하는 모든 사람이 이 책의 독자다.

▪ 이 책의 개발절차

이 책이 완성되기까지는 여러 단계의 과정을 거쳤다. 공저자 4명이 탁상에서

회의하고 집필로 직접 들어간 것이 아니었다. 여러 사람들, 특별히 특수교육보조원의 의견을 조사해 경청했고, 다양한 전문가의 자문과 피드백을 소중히 구했으며, 그것들을 집필에 반영하여 최종 출판원고를 완성하였다. 아래에 이 책의 세부적인 개발 절차를 제시한다.

• 이 책의 전체 내용 구성

– 문헌연구: 국내외에서 출판된 특수교육보조원 및 지원인력과 관련된 다양한 선행연구와 문헌을 검토하였다.

– 특수교육보조원 요구 조사: 2005년 12월 ~ 2006년 1월에 사단법인 한국지역자활센터협회에서 파견되어 전국 특수교육 현장에서 근무하고 있는 특수교육보조원 304명을 대상으로 연수교육 프로그램 내용에 대한 요구를 조사하였다. 그 결과, 특수교육보조원들은 장애학생들의 '문제행동 감소를 위한 지원 방법' 에 대해 가장 높은 요구를 나타내었고, 다음으로는 '장애학생의 교육 권리에 대한 인식과 장애학생과의 원만한 관계 형성 및 유지하기' , '특수교육보조원의 주요 역할에 대한 이해' , '장애학생과 일반학생 간의 상호작용 촉진 방법' , '장애학생의 사회성 기술 교수 및 성교육 지원' 등이 그 뒤를 이었다. 문헌연구와 '특수교육보조원 연수교육에 대한 요구 조사' 결과를 분석하고 정리하여 이 책의 전체 내용의 윤곽을 구성하였다. 특수교육보조원의 성공적 역할 수행에 필요한 지식과 기술 내용을 기초로 하여 이 책의 전체 내용을 구성하였다.

• 집필 전 특수교사 자문

책의 집필을 시작하기 전, 2006년 9월 22일에서 10월 13일까지 특수교사와 일반교사 9명을 대상으로 특수교육보조원들에게 필요한 교육 내용에 대한 의견을 듣기 위하여 질문지를 이메일로 발송하여 자문을 받았다. 특수학급 교사 7명(유치 2명, 초등 3명, 중등 2명)과 일반학급 교사 2명이 특수교육보조원과 함께 일해 본 현장의 경험을 바탕으로 이 책 내용 구성에 대한 자문을 해 주었다.

• 이 책의 초고에 대한 특수교육보조원 의견 개진 회의

이 책 집필 중간에 초고에 대한 특수교육보조원의 의견을 조사하기 위하여

2007년 1월 29일에 현장에서 일하고 있는 특수교육보조원 8명을 학교급별로 초대하여 의견 개진 회의를 실시하였다. 회의에는 특수교육보조원 8명(박옥남, 박은정, 박은혜, 백수정, 임형자, 차무연, 한현숙, 황선미)과 대표저자, 공저자 3명, 연구보조원 2명, 자활협회 실무자 5명 등이 참가하였다. 사전에 이 책의 초고를 읽고 온 8명의 특수교육보조원이 그 내용에 대하여 직접 자신의 의견을 구두 발표하였고, 발표내용은 기록되어 초고의 수정에 반영되었다.

• 이 책의 최종원고에 대한 다양한 전문가의 1차 피드백과 2차 피드백

이 책의 최종원고를 교사, 학교관리자, 장학사 및 연구사에게 보내 각 전문가의 피드백을 구했고 그 피드백 내용을 대표저자가 검토한 후 최종원고의 수정보완에 반영하였다. 1차 피드백은 2007년 4월 11월에서 4월 20일까지 염수진(서울 경운학교 교감), 맹영아(성동고등학교 특수학급 교사), 오선영(일산 한수초등학교 특수학급 교사), 정현정(밀알학교 교사), 최경운(애화학교 교사), 최윤정(서울연신초등학교 특수학급 교사) 선생님께서 제공해 주셨고, 그 내용은 최종원고 수정에 반영되었다. 2차 피드백은 2007년 5월 3월에서 5월 9일까지 제공되었다. 1차 피드백이 반영된 수정된 최종 원고를 박춘배(부산광역시 초등교육과 장학사), 이미선(국립특수교육원 연구사), 염수진(서울 경운학교 교감), 맹영아(성동고등학교 특수학급 교사), 오선영(일산 한수초등학교 특수학급 교사), 정현정(밀알학교 교사), 최경운(애화학교 교사), 최윤정(서울연신초등학교 특수학급 교사) 선생님께 보냈고, 2차 피드백 내용과 저자들의 최종 수정보완 내용을 반영하여 이 책의 최종 출판원고가 완성되었다.

■ 이 책의 내용

이 책의 본문 내용은 다음과 같이 나눌 수 있다. 1장에서 3장까지는 특수교육보조원 혹은 다른 다양한 장애관련종사자에게 필요한 가장 기본적인 특수교육 지식이고, 4장은 특수교육보조원의 정체성과 역할에 대한 내용이다. 5장부터 11장까지는 특수교육보조원 혹은 다른 다양한 장애관련종사자가 보조자 역할과 학생을 지원하는 활동을 하는 데 필요한 구체적인 방안들에 대한 지식과 정보다.

부록은 2007년 교육인적자원부 특수교육운영계획을 비롯하여 전국 특수교육지원센터의 주소록 및 특수교육 전공관련 및 장애이해 서적 등에 관한 정보를 담고 있다. 각 장의 제목은 다음과 같다: 1장 특수교육의 기본이해; 2장 특수교육 환경과 교육과정에 대한 이해; 3장 학교환경에서 경험하는 장애; 4장 특수교육보조원의 정체성 및 역할; 5장 장애학생의 연간교육계획서: 개별화교육계획; 6장 학교급별 및 교과별 교수활동 지원; 7장 의사소통, 사회성, 기능적 기술 수행을 위한 지원; 8장 장애학생의 문제행동 감소를 위한 지원; 9장 장애학생의 일상생활 지원; 10장 관련서비스 및 보조도구 안내; 11장 장애학생 가족에 대한 이해.

▪ 이 책을 보는 법

이 책은 각 장 첫 페이지에 '이 장의 학습목표' 가 기술되어 있으며, 각 장의 맨 끝에는 각 장을 정리하고 요약할 수 있도록 '이 장을 공부한 후, 다음을 알 수 있다' 라는 박스를 만들어 각 장의 내용을 간결하게 정리해 놓았다. 그리고 책 본문 전체, 1장부터 11장에 걸쳐서, '특수교육지원 Tips' 라는 박스를 만들어서, 각 장의 내용과 관련하여 꼭 알고 기억하여야 할 핵심 내용을 Tips로 정리해 놓았다. 책의 맨 뒤에는 용어에 대한 '찾아보기' 를 만들어서 주요 용어들에 대해 본문에서 관련 내용을 찾아볼 수 있도록 각 용어가 나오는 페이지를 안내하였다.

▪ 이 책의 용도 및 기대효과

이 책은 특수교육보조원 및 다른 다양한 장애관련종사자의 교육과 재교육 연수에 사용될 수 있다. 현재 우리나라 특수교육 분야에 특수교육보조원을 위한 책이 없기에 이 책이 최초의 교재가 될 수 있다. 또한 다양한 장애관련종사자들에게 장애 및 특수교육을 기본적으로 이해하는 입문서가 될 수 있다. 이 책은 장애유아, 장애아동, 장애청소년 및 장애성인을 돌보고 교육하는 일에 종사하는 다양한 사람들에게 특수교육의 기본 지식과 기술 및 질 높은 지원활동을 위한 실질적인 정보를 제공하는 지침서다. 이 책은 특수교사처럼 특수교육을 전공한 전문가들이 참조할 수도 있지만, 특수교육을 전공하지 않고 특수교육 및 장애관련

분야에서 장애학생을 지원하는 일을 하는 다양한 전문가와 준전문가들이 특수교육 관련 지식을 공부하는 데 편안한 입문서가 될 수 있다. 이 책은 현재 이미 배출된 특수교육보조원과 앞으로 배출될 특수교육보조원의 능력을 향상시켜서 특수교육보조원이 교사와 다른 전문가들에게 유능한 보조자로서 순기능을 충분히 발휘하도록 지원하고 교육하는 데 사용될 수 있다. 또한 이 책은 특수교육보조원을 지도 및 감독하는 특수교사와 일반교사 혹은 다른 전문가 그리고 학교관리자와 장학사 및 특수교육지원센터의 담당자들이 특수교육보조원을 관리하는 방향과 범위를 설정하고 구체적으로 지도하는 데 참조할 수 있는 한 지침서가 될 수 있다.

| 차 례 |

표 차례

그림 차례

제1장 특수교육의 기본이해

Ⅰ. 특수교육의 정의와 목적
Ⅱ. 특수교육대상자와 등록장애인 용어에 대한 이해
Ⅲ. 특수교육대상 학생 교육을 지원할 수 있는 장애관련 법

제 1 장 특수교육의 기본이해

학습목표

- 특수교육의 정의와 목적을 안다.
- 특수교육대상자 및 등록장애인 용어를 이해하고 장애인등록 절차를 안다.
- 특수교육대상 학생 교육을 지원할 수 있는 장애관련 법을 안다.

I. 특수교육의 정의와 목적

1. 특수교육의 정의

특수교육을 정의하는 것은 아마도 시대별로 특수교육대상자를 어떻게 정의하느냐에 따라서 달라질 것이다. 특수교육을 가장 간결하게 정의한다면 특수교육대상자 개개인의 독특한 교육적 욕구에 부합하는 교육을 의미한다. 동시에 특수교육이 개인학생에게 최대한 유익이 되게 하기 위해 필요한 관련서비스를 함께 제공하는 것이라고 볼 수 있다. 따라서 정리하면, 특수교육은 특수교육대상자의 특별한 교육적 요구를 충족시키기 위한 교육활동을 기본적으로 의미하며, 특수교육을 지원하기 위한 관련서비스를 포함할 수 있다. 관련서비스는 특수교육을 적합하고 효율적으로 제공하기 위해 개인학생의 필요에 의해 제공되는 교육관련 시설 및 설비, 치료서비스, 상담지원, 가족지원, 통학지원, 편의시설, 교육보조인력, 정보접근 등의 지원을 포함할 수 있다.

특수교육은 또한 역사적으로 특수교육대상자에게 교육을 제공하되 어떠한 장소에서 누구와 함께 교육을 제공하는가에 따라서 많은 개념적 논란을 불러일으키기도 하였다. 즉, 특수교육이 무엇이냐에 대한 논의에 특수교육을 어디에서 누구와 함께 제공할 것인가는 늘 쟁점이 되어 왔던 것이다. 최근의 특수교육에서 가장 중요한 추세인 '통합교육'이 바로 이 교육의 장소 문제와 관련이 있다. 물론 통합교육은 교육의 장소 문제만은 아니고 교육의 질과 더 관련이 깊다(박승희, 2003 참조). 그런데 특수교육대상자를 일반학교(특수학급 혹은 일반학급)에서 교육할 것인가 아니면 일반학교와는 분리된 특수교육대상자만 있는 특수학교에서 교육할 것인가는 반드시 교육적인 관점에서만 논의된 것이 아니라 각 나라와 지역사회에서 특수교육대상자 혹은 장애인에 대한 인식과 이해 정도에 따라서 영향을 받아 왔다(박승희, 2003).

개인학생의 독특한 개인적 교육적 욕구에 부합하는 교육을 특수교육이라고 가장 간결히 정의하면서도 특수교육을 정의할 때 일반교육이란 용어를 함께 생각하지 않을 수 없다. 왜냐하면 특수교육대상자는 어린 시기에 장애 정도가 심하거나 감각장애(시각장애나 청각장애) 혹은 지체장애(지체부자유)와 같이 지원이 확실히 필요로 할 것으로 예측할 수 있는 경우를 제외하고는 대부분의 경우 초등학교 입학 시기나 초등학교 초기에 판별되는 것이 보통이기 때문이다. 이는 특수교육대상자가 일반학교의 일반학생(비장애학생)을 대상으로 하는 일반교육만으로는 어느 면에서 잘 적응되지 않고 교육되기 힘들다고 여겨져서 선정되기 때문이다. 이런 면에서 보면, 특수교육은 일반교육에 비해 개인학생의 독특한 교육적 욕구와 개인적 지원요구 사항에 민감하게 반응하는 교육과 다양한 지원을 제공할 수 있는 여지가 있고 실제로 보다 개별적인 지원이 가능한 교육이라고도 볼 수 있다.

우리나라 특수교육의 제반 주요 사항이 법적으로 명시되어 있는 「특수교육진흥법」 제2조 제1항에는 특수교육을 다음과 같이 정의하고 있다.

"특수교육이라 함은 특수교육대상자의 특성에 적합한 교육과정, 교육방법 및 교육매체 등을 통하여 교과교육, 치료교육 및 직업교육 등을 실시하는 것을 말한다."라고 제시한다.

여기에서 교과교육이란 일반교육과정에서와 같이 교과(예: 국어, 수학, 사회, 체육 등)에 관한 교육을 의미하며, 치료교육은 특수교육대상자의 장애로 인하여 발생하는 결함에 대한 다양한 치료(예: 물리치료, 언어치료 등)를 학교환경에서 제공하는 것을 의미하며, 직업교육이라 함은 학령기 교육이 종료된 이후 성인기 고용과 직업생활을 위해 제공되는 특별히 중학부와 고등부 학생의 진로교육, 직업교육, 전환교육이 해당될 수 있다.

그런데 「특수교육진흥법」은 개정을 하여 2007년 5월 25일 새로운 법, 「장애인 등에 대한 특수교육법」으로 공포된 상태다. 앞으로 새 법의 시행령 및 시행규칙의 제정을 앞두고 있어서 교육현장의 교육실제에서 많은 변화가 예상되고 있다. 이 새 법은 2008년 5월 26일부터 시행 예정이다. 2007년 5월 25일에 법률 제8483호로 공포된 「장애인 등에 대한 특수교육법」, 제2조(정의) 1항에서는 특수교육을, 제2조 2항에서 특수교육관련서비스를 다음과 같이 정의하고 있다.

> "특수교육이라 함은 특수교육대상자의 교육적 요구를 충족시키기 위하여 특성에 적합한 교육과정 및 제2호에 따른 특수교육관련서비스 제공을 통하여 이루어지는 교육을 말한다." "특수교육관련서비스라 함은 특수교육대상자의 교육을 효율적으로 실시하기 위하여 필요한 인적 · 물적 자원을 제공하는 서비스로서 상담지원 · 가족지원 · 치료지원 · 보조인력지원 · 보조공학기기지원 · 학습보조기기지원 · 통학지원 및 정보접근 지원 등을 말한다."

특수교육은 특수교육대상자의 연령에 따라서 유아 특수교육, 초등 특수교육, 중등 특수교육(중학교, 고등학교, 전공과 포함)으로 주로 분류하고, 주로 유아기와 학교환경에서의 공교육 시기를 포함한다. 그러나 중등 이후(고등학교 졸업)의 성인기 교육 중에서 일반전문대학교 혹은 일반대학교에서의 대학교육이 아닌 발달장애인들을 위한 성인기 평생교육을 포함하기도 한다. 가장 최근, 우리나라의 경우는 현재 성인으로서 그들이 학령기 때 교육기회를 놓쳐서 기초적인 교육을 못 받은 장애인들에게 성인기 문해교육을 하는 것(예: 성인장애인 야학 등)을 국가의 특수교육 지원 범위에 포함시켜야 한다는 주장과 관심이 새롭게 생기고 있다. 이번에 2007년 5월 25일에 공포된 「장애인 등에 대한 특수교육법」에서는 이런 최근의 관심을 반영하여 국가 및 지방자치단체로 하여금 장애인에 대한 평생교육 방안을 강구하고, 학교 형태의 장애인평생교육시설을 설치 · 운영할 수 있도록 하는 규정을 포함하고 있다.

또한, 1995년부터 특수교육대상자 대학입학특별전형제도가 시행되었는데, 대학교 입학 신입생 정원 외로 특수교육대상자들의 대학교육 기회가 생겨서 해마다 대학진학률이 증가되는 추세다. 따라서 대학교에 입학하는 장애 대학생의 수가 증가됨에 따라 특수교육 논의 범위에 장애 대학생의 교육복지 문제가 새로운 쟁점으로 부각되고 있는 시점이다. 실제로 고등학교 교육 이후의 대학교육의 지원도 국가의 특수교육 지원에 포함시키고자 하는 움직임이 있다. 2007년 5월

25일에 공포된 「장애인 등에 대한 특수교육법」에서는 이런한 쟁점을 반영하여 국가 및 지방자치단체의 임무로서 장애인에 대한 고등교육 방안을 강구하도록 규정하고 있다. 즉, 장애인의 생애주기별로 적합한 교육기회 제공과 질 높은 교육을 제공하는 것이 관건인 것이다.

2. 특수교육의 목적

특수교육의 목적은 특수교육대상자에게 적합한 교육을 제공하여 학생들이 생산적이고 독립적인 혹은 상호의존적인 성인으로서 사회에 기여하는 한 시민으로 성장하도록 교육시키는 것이다. 따라서 일반교육의 교육목적과 다르지 않다. 특수교육이던 일반교육이던 그 목적에서 가장 최선의 교육을 제공하여 사회에 기여하는 한 시민으로 학생들을 성장시키는 성과를 지향하는 점은 동일하다.

II. 특수교육대상자와 등록장애인 용어에 대한 이해

일반교육 및 특수교육 환경의 많은 전문가들과 준전문가들, 그리고 부모들 모두는 특수교육대상자와 등록장애인(장애인)의 정의와 그 차이에 대한 정확한 이해가 부족한 것으로 조사되었다(박승희, 2005; 박승희, 나수현, 2006). 특수교육대상자가 모두 장애인은 아니며, 장애인이 모두 특수교육대상자는 아님에도 불구하고 특수교육대상자와 장애인이라는 이 두 용어의 정확한 의미에 대해 많은 사람들이 혼돈한다. 실제로는 특수교육을 제공받고 있는 학생들을 지칭하는 대명사로 특수교육대상자와 장애학생을 일반적으로 혼용하여 사용할 때가 많다. 다음에서는 특수교육대상자와 등록장애인 용어의 정의에 대한 정확한 설명을 제공한다. 그러나, 본 책에서는 특수교육대상자와 장애인이 동일어가 아님에 대한 분명한 이해 하에, 특수교육대상 학생을 일반적으로 장애아동, 장애청소년, 장애학생으로 부르고 있는 현실을 감안하여 문맥에 따라 가장 자연스런 용어들을 혼용하여 사용한다.

1. 특수교육대상자의 정의 및 선정

1) 특수교육대상자 정의

장애를 가진 아동 및 청소년 모두가 특수교육대상자는 아니다. 우선 특수교육대상자가 되기 위해서는 「특수교육진흥법」 제10조에 의해 특수교육대상자로 선정되어야 한다. 「특수교육진흥법」에서 규정하고 있는 특수교육대상자 정의는 제10조의 규정에 의하여 특수교육을 필요로 하는 사람으로 선정된 사람을 말한다(동법 제2조의 2). 동법 제10조 제1항에 의하면, 다음 각호의 1에 해당하는 장애가 있는 사람 중 특수교육을 필요로 하는 사람으로 진단 · 평가된 사람을 특수교육대상자로 선정한다.

1. 시각장애
2. 청각장애
3. 정신지체
4. 지체부자유
5. 정서장애(자폐성을 포함한다)
6. 언어장애
7. 학습장애
8. 심장장애 · 신장장애 · 간장애 등 만성질환으로 인한 건강장애
9. 기타 교육인적자원부령이 정하는 장애

이번에 새로 공포된 「장애인 등에 대한 특수교육법」 제15조에서는 특수교육대상자로 해당될 수 있는 장애를 다음과 같이 정하고 있다.

1. 시각장애
2. 청각장애
3. 정신지체
4. 지체장애
5. 정서 · 행동장애
6. 자폐성장애(이와 관련된 장애를 포함한다)
7. 의사소통장애
8. 학습장애
9. 건강장애
10. 발달지체
11. 그 밖에 대통령령으로 정하는 장애

2) 특수교육대상자에 포함되는 장애유형 정의

「특수교육진흥법」 시행령 제9조에 의하면, "특수교육대상자로 선정받고자 하는 자 또는 그의 보호자는 교육감 교육장 또는 학교의 장에게 특수교육대상자로의 선정을 신청하여야 한다."고 명시되어 있으며, "특수교육대상자의 진단 평가 심사 및 선정의 기준은 〈별표〉와 같다."로 명시되어 있다. 이 기준을 제시하면 다음의 〈표 1-1〉과 같다.

표 1-1 특수교육대상자의 진단 · 평가 · 심사 및 선정의 기준

(「특수교육진흥법」 시행령 제9조 제2항) 〈개정 2005.9.29.〉

1. 시각장애를 지닌 특수교육대상자

가. 두 눈의 교정시력이 각각 0.04 미만인 자

나. 시력의 손상이 심하여 시각에 의하여 학습과제를 수행할 수 없고, 촉각이나 청각을 학습의 주요수단으로 사용하는 자

다. 두 눈의 교정시력은 각각 0.04 이상이나 특정의 학습매체 또는 과제의 수정을 통하여서도 시각적 과제수행이 어려운 자

표 1-1 특수교육대상자의 진단 · 평가 · 심사 및 선정의 기준 (계속)

라. 특정의 광학기구, 학습매체 또는 설비를 통하여서만 시각적 과제수행을 할 수 있는 자

2. 청각장애를 지닌 특수교육대상자

가. 두 귀의 청력손실이 각각 90데시벨 이상인 자

나. 청력손실이 심하여 보청기를 착용하여도 음성언어에 의한 의사소통이 불가능하거나 곤란한 자

다. 일상적인 언어생활과정에서 청각의 기능적 활용이 불가능하며 일반인과 함께 교육받기가 곤란한 자

3. 정신지체를 지닌 특수교육대상자

지능검사결과 지능지수가 75 이하이며 적응행동에 결함을 지닌 자

4. 지체부자유 특수교육대상자

지체의 기능 · 형태상 장애를 지니고 있고, 체간의 지지 또는 손발의 운동 · 동작이 불가능하거나 곤란하여 일반적인 교육시설을 이용한 학습이 곤란한 자

5. 정서장애를 지닌 특수교육대상자

가. 지적 · 신체적 또는 지각적인 면에 이상이 없음에도 학습 성적이 극히 부진한 자

나. 친구나 교사들과의 대인관계에 부정적인 문제를 지니는 자

다. 정상적인 환경 하에서 부적절한 행동이나 감정을 나타내는 자

라. 늘 불안해하고 우울한 기분으로 생활하는 자

마. 학교나 개인문제에 관련된 정서적인 장애로 인하여 신체적이 통증이나 공포를 느끼는 자

바. 감각적 자극에 대한 반응 · 언어 · 인지능력 또는 대인관계에 결함이 있는 자

6. 언어장애를 지닌 특수교육대상자

조음장애 · 유창성장애 · 음성장애 · 기호장애 등으로 인하여 의사소통이 곤란하고, 학습에 어려움이 있는 자

7. 학습장애를 지닌 특수교육대상자

셈하기 · 말하기 · 읽기 · 쓰기 등 특정한 분야에서 학습상 장애를 지니는 자

8. 건강장애를 지닌 특수교육대상자

심장장애 · 신장장애 · 간장애 등 만성질환으로 인하여 3개월 이상의 장기입원 또는 통원치료 등 계속적인 의료적 지원이 필요하여 학교생활 · 학업수행 등에 있어서 교육적 지원을 지속적으로 받아야 하는 자

3) 일반학교에서 특수교육대상자가 선정되는 절차의 예

일반학교에서 특수학급에 입급될 특수교육대상자 선정은 대개 학년 말에 이루어지며 수시로도 가능하다. 〈표 1-2〉는 그 선정 절차의 한 예를 제시한다. 이 절차는 각 학교나 각 교육청마다 조금씩 다르기 때문에 한 예로서 이해하는 것이 적절하다. 모든 학교에서 동일한 절차가 사용되고 있지는 않다. 아래 제시되는 선정절차에 대해 많은 고등학교 교사들은 주로 초등학교와 중학교에서 이루어지는 절차로 오인하고 있다. 실제 고등학교에서는 장애인등록증(복지카드) 소지자만 특수학급 학생으로 입급되는 것으로 편의적으로 해석하는 관행이 있다. 고등학교 이하 과정에서 특수교육대상 학생으로 선정되기 위한 필요한 서류를 〈표 1-3〉에 제시하였는데, 고등학교 이하 과정과 전문대학 이상에서 다른 서류가 요구된다. 특수교육대상자로 선정되기 위해 고등학교 이하 과정에서는 장애인등록이 필수사항이 아니며, 전문대학 이상의 경우 장애인등록이 요구된다. 그렇지만 대학 진학을 목적으로 특수교육대상자 대학입학특별전형제도를 이용하기 위해 고등학교 입학 때까지 장애인등록을 안 했던 장애학생들이 고등학교 3년 동안에 장애인등록을 하게 되는 것은 흔한 일이 되었다.

2. 장애학생과 등록장애인의 정의

1) 특수교육대상자가 아닌 장애학생

장애를 가진 학생 중에서 특수교육을 필요로 하는 학생은 특수교육대상자로 〈표 1-2〉와 같이 선정이 되어야 한다. 그런데 현재 일반학교에 재학하고 있는 학생 중에는 여러 종류의 다양한 정도의 장애를 가진 학생들이 포함되어 있다. 이러한 장애학생 중에는 특수교육을 필요로 하여 특수교육대상자로 선정이 된 학생도 있지만(대부분 특수학급 입급생으로 판별되어 특수학급 혹은 일반학급에서 교육을 받음), 특수교육이 필요하지 않다고 생각되어 특수교육대상자로 선정되지 않은 장애학생들도 있다.

표 1-2 일반학교에서 특수교육대상자가 선정되는 절차의 예

단계	내용	방법	주관	자료 및 기타
대상자 선별	선별추천	입급 대상아동에 해당된다고 인정되는 학생을 담임교사가 소정양식에 의하여 추천한다.	일반학급 담임교사	• 생활기록부 • 학력검사 검토 • 평소생활태도 관찰 • 기초조사서 작성 (장애가 심한 경우, 선별과정 없이 부모요청에 의해 서류제출, 교육청 특수교육운영위원회에 입급 의뢰)
기초학력검사	학력검사	기초학력검사(읽기, 쓰기, 셈하기)	특수학급 담임교사	• 기초학력 검사지
선별 검사	지능검사	• 개별지능검사 • 기초학습기능검사 • 심리검사 -위의 검사를 통하여 정신지체, 학습장애아 및 정서장애아를 선별한다.	특수학급 담임교사	• KEDI-WISC TEST • 심리검사(HTP) • 기초학습기능검사
	건강검진	보건교사와의 면담을 통해 아동의 건강상태를 살피고, 학교생활 적응에의 영향 여부를 파악한다.	보건교사	• 건강기록부 • 운동능력검사
담임 및 학부모 면담	면담	위의 검사결과를 바탕으로 아동을 1차 선별하여 대상아동의 담임 및 부모와의 면담을 실시하고 입급 여부를 결정한다.	특수학급 담임교사	• 검사결과물 참고
선정 대상자 심사 요청	심사선정 원서제출 선정대상자 진단평가서 제출	심사선정을 위한 원서제출 (학부형이 학교장에게) 학교장이 특수교육대상자 진단 평가서를 교육장에게 제출 및 선정	특수학급 담임교사 학부모 학교장	• 선정원서 • 진단평가자료 • 특수교육대상자 심사선정원서 • 대상자 명단
심사 선정	교육대상자 심사선정	교육대상자의 심사, 선정 학교에 통보	교육청	• 선정대상자 진단평가지 • 선정통보서
학급 편성	선정완료 및 편성	새 학년 특수학급을 편성하여 각 가정에 편성됨을 알린다.	특수학급 담임교사	• 도움학급 편성표 (일반학급, 특수학급, 순회학급, 특수학교)

출처: 문순영(2006). 제1기 장애통합(특수)교육보조원 기초직무교육, p. 241. 발췌 재구성.

표 1-3 특수교육대상자 선정 · 배치 서류: 고등학교 과정 이하 및 전문대학 이상

취학학교	특수교육대상자 선정 · 배치 신청 서류	근거
	필요한 서류	
전문대학 이상	1. 장애인증명서, 장애인등록증 사본 또는 상이등급이 기재된 국가유공자증명서 사본 1부 2. 진단서 1부 3. 고등학교졸업증서사본 또는 고등학교졸업증명서 1부(해당 자에 한함) 4. 고등학교졸업학력검정고시 합격증서 사본 또는 고등학교 졸업학력검정고시합격 증명서 1부(해당자에 한함)	특수교육 진흥법 시행규칙 제3조 1항
고등학교 과정 이하	1. 장애인증명서, 장애인등록증 사본 또는 상이등급이 기재된 국가유공자증명서 사본, 진단서 또는 학교장의견서 1부 2. 중학교졸업사본 또는 중학교졸업증명서 1부(해당자에 한함) 3. 고등학교입학자격검정고시합격증서 사본 또는 고등학교 입학자격검정고시합격증명서 1부(해당자에 한함)	특수교육 진흥법 시행규칙 제3조 2항

출처: 박승희(2005), p. 6.

예를 들면, 교통사고로 한 다리를 잃게 되어 의족을 착용하고 다니지만, 일반교육과정으로 진행되는 일반학급 수업 참여에 일반학생들과 동일하게 참여하는 데 문제가 없어 특수교육대상자로 선정이 안 된 학생도 있을 수 있다. 이 장애학생은 특수교육대상자는 아니지만, 한 다리가 없는 자로서 「장애인복지법」에 제2조에 의하여 등록장애인의 하나인 지체장애인으로 등록이 가능하다. 이러한 등록장애인을 법적 장애인이라고도 칭하는 것으로 등록장애인과 법적 장애인은 동의어다.

특수교육지원 *Tips 1*

특수교육대상자

특수교육대상자는 법에서 특수교육대상자로 적격하다고 정한 장애를 가지면서 동시에 특수교육을 필요로 하는 학생으로 선정된 사람이다. 즉, 모든 등록장애인이 특수교육대상자는 아니며, 모든 특수교육대상자가 등록장애인이 아니다.

2) 등록장애인과 특수교육대상자의 관계

「장애인복지법」 제2조에 의하면, "장애인을 신체적, 정신적 장애로 인하여 장기간에 걸쳐 일상생활 또는 사회생활에 상당한 제약을 받는 자"로 정의하고 있다(「장애인복지법」은 2007년 3월 6일 전면 개정이 통과되었고 동년 4월 11일에 법률 제8367호로 공포됨). 등록장애인 범주에는 15가지 장애종류가 포함되며 장

표 1-4 등록장애인의 15가지 장애종류 및 기준

[「장애인복지법」 시행령 별표] 〈개정 2003.5.1〉

1. 지체장애인

가. 한 팔, 한 다리 또는 몸통의 기능에 영속적인 장애가 있는 사람

나. 한 손의 엄지손가락을 지골관절(指骨關節) 이상 부위에서 잃은 사람 또는 둘째손가락을 포함하여 한 손의 두 손가락 이상을 각각 제1지골관절 이상 부위에서 잃은 사람

다. 한 다리를 리스프랑(Lisfranc) 관절 이상 부위에서 잃은 사람

라. 두 발의 모든 발가락을 잃은 사람

마. 한 손의 엄지손가락의 기능에 영속적인 현저한 장애가 있거나, 둘째손가락을 포함하여 한 손의 두 손가락의 기능을 잃은 사람

바. 왜소증으로 인하여 키가 심하게 작거나 척추에 현저한 변형 또는 기형이 있는 사람

사. 지체에 위 각목의 1에 해당하는 장애정도 이상의 장애가 있다고 인정되는 사람

2. 뇌병변장애인

뇌성마비, 외상성 뇌손상, 뇌졸중(腦卒中) 등 뇌의 기질적 병변에 기인한 신체적 장애로 보행 또는 일상생활동작 등에 제한을 받는 사람

3. 시각장애인

가. 나쁜 눈의 시력(만국식 시력표에 의하여 측정한 것을 말하며 굴절이상이 있는 사람에 대하여는 교정시력을 기준으로 한다. 이하 같다)이 0.02 이하인 사람

나. 좋은 눈의 시력이 0.2 이하인 사람

다. 두 눈의 시야가 각각 주시점에서 10도 이하로 남은 사람

라. 두 눈의 시야의 2분의 1 이상을 잃은 사람

4. 청각장애인

가. 두 귀의 청력 손실이 각각 60데시벨(dB) 이상인 사람

나. 한 귀의 청력 손실이 80데시벨(dB) 이상, 다른 귀의 청력 손실이 40데시벨(dB) 이상인 사람

다. 두 귀에 들리는 보통 말소리의 명료도가 50퍼센트 이하인 사람

라. 평형기능에 현저한 장애가 있는 사람

표 1-4 등록장애인의 15가지 장애종류 및 기준 (계속)

5. 언어장애인
음성 기능 또는 언어 기능에 영속적인 현저한 장애가 있는 사람

6. 정신지체인
정신발육이 항구적으로 지체되어 지적 능력의 발달이 불충분하거나 불완전하고 자신의 일을 처리하는 것과 사회생활에의 적응이 현저히 곤란한 사람

7. 발달장애인
소아기 자폐증, 비전형적 자폐증에 의한 기능 및 능력 장애로 인하여 일상생활 혹은 사회생활을 영위하기 위한 기능 수행에 제한을 받아 도움이 필요한 사람

8. 정신장애인
지속적인 정신분열병, 분열형 정동장애(情動障碍), 양극성 정동장애 및 반복성 우울장애에 의한 기능 및 능력장애로 인하여 일상생활 혹은 사회생활을 영위하기 위한 기능 수행에 현저한 제한을 받아 도움이 필요한 사람

9. 신장장애인
신장의 기능 부전으로 인하여 혈액투석이나 복막투석을 지속적으로 받아야 하거나, 신장의 기능에 영속적인 장애가 있어 일상생활 활동에 현저한 제한을 받는 사람

10. 심장장애인
심장의 기능 부전으로 인하여 일상생활 정도의 활동에도 호흡곤란 등의 장애가 있어 일상생활 활동에 현저한 제한을 받는 사람

11. 호흡기장애인
폐나 기관지 등 호흡기관의 만성적 기능부전으로 인한 호흡기능의 장애로 인하여 일상생활을 하는 데 있어 상당한 제한을 받는 사람

12. 간장애인
간의 만성적 기능부전과 그에 따른 합병증 등으로 인한 간기능의 장애로 인하여 일상생활을 하는 데 있어 상당한 제한을 받는 사람

13. 안면장애인
안면부위의 변형 또는 기형으로 인하여 사회생활을 하는 데 있어 상당한 제한을 받는 사람

14. 장루 · 요루 장애인
배변기능 또는 배뇨기능의 장애로 인하여 장루(腸瘻) 또는 요루(尿瘻)를 시술하여 일상생활을 하는 데 있어 상당한 제한을 받는 사람

15. 간질장애인
간질에 의한 뇌신경세포의 장애로 인하여 일상생활 또는 사회생활을 하는 데 있어 상당한 제한을 받아 다른 사람의 도움이 필요한 사람

애정도에 따라 같은 장애종류 내에서 여러 세부 등급(1～3급 또는 1～6급 등)이 포함된다. 특수교육대상자의 경우 같은 장애유형에서 장애등급을 하위로 세분화하지는 않는다. 장애인등록절차에 의해 등록장애인으로 등록될 수 있는 15가지 장애와 그 기준을 〈표 1-4〉에 제시한다.

특수교육대상 학생들은 동시에 등록장애인일 수도 있고 그렇지 않을 수가 있다. 대략, 특수학교 학생들은 장애인등록률이 높으면서 물론 특수교육대상자로 선정된 학생들이다. 일반학교 특수학급 학생의 경우는 조금은 다른 상황이다. 우선 특수학급 입급생은 해당 일반학교에서 특수교육대상자로 선정이 된 학생이라고 볼 수 있는데 이 학생들은 모두 장애인등록을 할 수 있는 경우도 아니며, 실제로 장애인등록률은 특수학교 학생에 비해서 낮다. 2006년 9월 특수교육 연차보고서(교육인적자원부, 2006.9)에 의하면, 특수학교 학생 중 장애인등록률은 97.9%이며, 특수학급 학생 중에서는 67.2%가 장애인등록이 된 상태다. 여기에서 보듯이, 고등학교 과정 이하에서 특수교육대상자로 선정 배치되기 위한 필요한 서류에 장애인등록증이 필수 서류는 아님을 알 수 있다(박승희, 2005 참조).

특수교육대상자에 포함되는 장애는 8종류인 데 반하여, 이 학생들이 장애인등록을 할 수 있는 장애종류는 더 많아서 15종류가 되어 특수교육대상자로 선정될 때의 장애유형명과 장애인등록 시의 장애유형명은 동일할 수도 있지만 그렇지 않을 수도 있다. 예를 들면, 「특수교육진흥법」에 의거한 특수교육대상자에 포함되는 정신지체는 장애인복지법의 등록장애인 유형에 정신지체가 동일하게 포함되어 있어, 특수교육대상자 선정과 장애인등록에서의 장애유형이 정신지체로 '동일하게' 이루어진다. 반면, 특수교육대상자에 포함되는 '학습장애'는 장애인복지법에 의거한 장애인등록에는 포함되지 않는 장애종류로서 이 경우에 특수교육대상자 선정 시에는 학습장애로 판별이 되었지만 장애인등록이 안 된 경우가 많을 것이다. 혹은 학습장애가 아닌 다른 장애로 등록이 되었을 확률이 높다.

다음의 〈표 1-5〉는 2006년 통계자료에 의거하여 특수교육대상자에 해당되는 8가지 장애유형의 학생 수와 15가지 장애유형으로 등록된 장애인 수를 같은 표

표 1-5 15가지 장애유형의 등록장애인 수와 8가지 장애유형의 특수교육대상자 수

장애인복지법의 '등록장애인' 장애유형	등록장애인 수(명)			특수교육 진흥법의 '특수교육 대상자' 장애유형	특수교육대상자 수(명)			
	남	여	계		특수학교	특수학급	일반학급	계
계	1,223,644 (62%)	743,682 (38%)	1,967,326 (100%)	계	23,291 (37%)	32,506 (52%)	6,741 (11%)	62,538 (100%)
1. 지체장애	671,062	378,334	1,049,396	1. 지체부자유	3,039	2,543	1,375	6,957
2. 뇌병변장애	114,311	80,034	194,345					
3. 시각장애	128,870	77,281	206,151	2. 시각장애	1,504	252	146	1,902
4. 청각장애	105,450	78,378	183,828	3. 청각장애	1,526	728	552	2,806
5. 정신지체	82,610	52,842	135,452	4. 정신지체	14,099	17,309	2,550	33,958
6. 정신장애	41,299	33,759	75,058	5. 학습장애	0	6131	607	6,738
7. 언어장애	10,730	4,005	14,735	6. 언어장애	23	127	151	301
8. 발달장애	9,062	1,864	10,926	7. 정서장애	3,054	4,797	1,001	8,852
9. 신장장애	24,980	19,591	44,571	8. 건강장애	46	619	359	1,024
10. 심장장애	8,441	5,298	13,739					
11. 호흡기장애	10,241	2,794	13,035					
12. 장루요루장애	6,580	3,881	10,461					
13. 간질장애	4,410	3,481	7,891					
14. 간장애	4,504	1,371	5,875					
15. 안면장애	1,094	769	1,863					

출처: 교육인적자원부(2006). 2006년도 특수교육실태조사서.
보건복지부, 등록장애인현황(2006.12) 통계. 두 자료에서 발췌 재구성.

에 제시한다. 특수교육대상 학생의 경우는 교육받는 장소에 따라서 특수학교, 특수학급, 일반학급으로 세분화하여 수를 제시한다. 등록장애인의 수는 2006년 말까지 등록장애인 현황이란 보건복지부 인터넷 자료이며, 특수교육대상자 관련 수는 2006년 특수교육실태조사서(교육인적자원부, 2006)의 자료를 발췌하여 표를 새롭게 재구성한 것이다.

2006년 12월 말 통계 자료에 의하면 우리나라 등록장애인 수는 〈표 1-5〉와 같다. 등록장애인 총 수는 1,967,326명이며, 이 중 남성은 1,223,644명, 여성은 743,682명으로 남성장애인은 62%를 여성장애인은 38%를 차지하여 남성이 여성보다 훨씬 많은 것으로 나타났다. 이런 비율은 특수교육환경에서의 남학생과 여학생 비율에서도 비슷한 양상으로 나타난다고 볼 수 있다. 특수교육대상 학생 중 남녀 비율은 총 62,538명 중 남학생이 41,447명으로 66.3%, 여학생이 21,091명으로 33.7%로서 남학생 수가 여학생 수의 거의 2배에 이르는 양상을 보인다.

3. 장애인등록 절차

특수교육 및 일반교육 환경의 교사나 부모들은 장애인등록에 대해 정확한 정보가 부족한 경우가 많다. 그러나 실제로는 특수교육대상 학생들과 그 부모들은 장애인등록제도를 조기에 가장 빈번히 사용하는 고객이라고 볼 수 있다. 장애인등록제도는 1988년 11월 1일부터 전국적으로 실시되어 정부가 장애인의 수 및 장애인의 복지 욕구 등에 대한 실태를 파악하여 장애인 복지정책 입안의 기초 자료를 제공하는 데 활용하고 있다. 장애인등록제도는 「장애인복지법」 제29조에 의거하여 시행령과 규칙에 그 운용에 대한 사항들이 구체화되어 있다. 장애인등록제도는 장애가 있는 사람들이 장애의 법적 정의에 의하여 공식적으로 장애인이라는 표찰을 가지게 되는 통로가 되며, 장애인등록이란 절차를 통하여서만 정부가 장애인에게 제공하는 각종 복지시책(〈부록 2〉 참조)의 수혜자가 될 수 있다(박승희, 2005). 한 개인은 한 번 장애인등록을 한 후에도 등록된 장애유형이

특수교육지원 *Tips 2*

장애인등록제도

장애인등록제도는 장애가 있는 사람들이 「장애인복지법」에서 규정하는 법적 장애인으로 등록하여 장애유형과 장애등급을 판정받아 등록장애인이 되게 하는 제도다. 장애인등록을 하면 장애인등록증(복지카드)이 발급된다. 등록장애인이 되어야 국가의 장애인복지시책의 적격성을 가질 수 있다(〈부록 2〉 참조).

나 등급에 대해 조정을 받을 수 있다. 장애인등록절차에 대한 기본 정보는 특수교사나 특수교육보조원 및 부모들이 알아야 할 필수 정보 중의 하나다. 다음은 장애인등록 절차에 대한 간결한 설명을 제공한다.

1) 장애인등록 신청

장애인으로 등록하고자 하는 사람은 「장애인복지법」 시행규칙 별지 제1호 서식에 의한 장애인등록 신청서에 사진 2매를 첨부하여 관할 읍 · 면 · 동장을 거쳐 시장 · 군수 · 구청장에게 제출한다.

2) 장애진단 의뢰

등록신청을 받은 시장 · 군수 · 구청장은 등록대상자와의 상담을 통하여 보건복지부장관이 정하는 장애유형별 해당전문의가 있는 의료기관에 장애진단을 의뢰한다.

3) 장애진단 및 진단결과통보

장애진단의뢰를 받은 장애진단기관은 장애를 진단하여 장애진단 의뢰 시 송부된 장애진단서의 모든 항목을 성실히 기재하여 시장 · 군수 · 구청장에게 통보한다. 시장 · 군수 · 구청장은 통보받은 진단결과에 대해 보다 정밀한 심사가 필요하다고 인정되는 경우는 보건복지부장관이 정하는 전문기관에 장애 정도에 관한 심사를 의뢰할 수 있다.

4) 장애인등록증(복지카드) 신청 및 교부

시장 · 군수 · 구청장은 진단결과 혹은 장애정도 심사결과를 통보받은 경우에는 장애등급(제2조의 규정에 의한)에 해당하는지 여부를 확인하여 장애인등록카드를 작성하고, 장애인등록증을 발급한다.

제1장 '특수교육의 기본이해'를 공부한 후

다음을 알 수 있다.

• 특수교육은 특수교육대상자 개개인의 독특한 교육적 욕구에 부합하는 교육을 의미하며, 동시에 특수교육이 개인학생에게 최대한 유익이 되게 하기 위해 필요한 관련서비스를 함께 제공하는 것이라고 할 수 있다. 특수교육의 목적은 특수교육대상자에게 적합한 학교교육을 제공하여 학생들이 생산적이고 독립적인 혹은 상호의존적인 성인으로서 사회에 기여하는 한 시민으로 성장하도록 교육시키는 것이다.

• 장애가 있는 사람은 「장애인복지법」의 장애인등록 절차에 따라 15가지 장애유형과 장애등급으로 판정되어 등록장애인으로 등록할 수 있다. 특수교육대상자로 선정되기 위해서는 「특수교육진흥법」의 8가지 장애유형에 적격한 자로서 특수교육을 필요로 하는 사람으로 진단 · 평가된 사람이다. 고등학교 과정 이하에서 특수교육대상자로 선정되기 위해 장애인등록은 필수 사항은 아니다.

• 특수교육대상 학생 교육을 지원할 수 있는 장애관련 법에는 「특수교육진흥법」 「장애인복지법」 「장애인고용촉진 및 직업재활법」 「장애인 · 노인 · 임산부 등의 편의증진보장에 관한 법률」 「교통약자의 이동편의증진법」 「장애인차별 금지 및 권리 구제 등에 관한 법률」이 있다. 2007년에 이 법들이 개정되거나 제정되는 큰 변화를 맞이하였다.

제2장 특수교육 환경과 교육과정에 대한 이해

Ⅰ. 특수교육 환경에 대한 이해
Ⅱ. 특수교육 환경에서 사용되는 교육과정 이해
Ⅲ. 특수교육의 최근 동향

제 2 장 특수교육 환경과 교육과정에 대한 이해

학습목표

- 일반학교, 특수학교, 순회교육 및 병원학교와 같은 특수교육 환경에 대해 이해한다.
- 특수교육 환경에서 사용되는 특수학교 교육과정 및 일반교육과정을 이해한다.
- 특수교육의 최근 동향을 안다.

I. 특수교육 환경에 대한 이해

1. 일반학교와 특수학교

현재 우리나라 특수교육대상 학생의 학교 교육환경은 일반학교와 특수학교를 포함한다. 법적으로 '특수교육기관' 이란 함은 "특수교육대상자에게 유치원, 초등학교, 중학교 또는 고등학교(전공과 포함)의 과정을 교육하는 특수학교 및 특수학급을 말한다"(「특수교육진흥법」 제2조 제3호)로 명시한다. 일반교육 환경으로는 일반 유치원과 일반 초중등학교의 일반학급 및 특수학급을 포함하며, 특수학교 환경은 장애학생들을 교육하고 있는 분리교육 환경인 다양한 장애유형으로 분류된 특수학교다. 특수교육대상 학생의 교육 환경으로 일반학교와 특수학교 이외에 순회교육과 병원학교가 있다.

학령전기 유아들의 특수교육 환경으로는, 일반유치원에 완전통합된 경우, 일반유치원 특수학급, 유아 특수학교(학령전 아동만 교육하는 특수학교), 특수학교 유치부, 사설 유아특수교육기관, 어린이집, 통합보육기관 등으로 학령기 아동보다는 좀 더 다변화되고 있다. 학령기 특수교육대상 학생들은 거의가 일반학교(일반학급 및 특수학급)와 특수학교(유치부, 초등부, 중학부, 고등부, 및 전공과[전환교육 및 직업교육에 집중하는])에서 교육을 받고 있다. 특수교육대상자의 연령별 혹은 학교급별 교육환경을 나누어 보면, 유아교육기관, 초등학교, 중등교육기관(중학교 및 고등학교)으로 나눌 수 있다. 물론 이 3가지 기관은 교육목표, 교육과정, 교수방법 및 운영체계에서 각 특징을 가지고 있다.

특수교육지원 *Tips 3*

특수학교 대 일반학교 특수교육대상 학생 수

특수학교 특수교육대상자 수 대 일반학교(특수학급 및 일반학급) 특수교육대상자 수의 비율은 2006년 통계치에 의하면, 37 대 63이다.

1990년대 이후 지속되고 있는 통합교육 강조는 일반교육 환경에서 교육받는 특수교육대상자 수를 계속 증가시켜서 현재는 일반학교(특수학급과 일반학급 포함)에서 교육받고 있는 특수교육대상자가 약 63%에 이르며, 특수학교에서 교육받는 특수교육대상자가 37%에 이르게 하였다(교육인적자원부, 2006). 특수학급은 전국 일반유치원, 일반초등학교, 일반중학교, 일반고등학교에 총 5,204개 학급이 설치되어 있는데, 초등학교 특수학급 수가 3,645개로서 70%로 가장 많다.

특수학교는 전국에 총 143개교로서, 장애유형별로 분류되는데, 정신지체 특수학교가 88개교, 62%로 가장 많고, 지체부자유 특수학교 18개교, 청각장애 특수학교 18개교, 시각장애 특수학교 12개교, 정서장애 특수학교 7개교 순서다(교육인적자원부, 2006). 특수학교를 행정 편의상 장애유형별로 분류를 하였으나, 실제 각 장애유형별 특수학교의 재학생의 장애유형과 정도를 상세히 살펴보면, 중복장애를 가진 학생들의 수가 늘어나고 있다는 지적이다. 예를 들면, 시각장애 특수학교에 단순 시각장애를 가진 학생만 있는 것이 아니고 정신지체와 시각장애를 겸하고 있는 학생들이 상당수 있다는 것이다.

통합교육의 지속적 강조로 일반학교에 특수학급 설립은 계속적으로 증가되었고 동시에 일반학급에 전일제로 완전통합되는 학생수가 증가함에 따라서 이제는 특수교육대상자의 주요 교육환경이 통합교육 환경인 일반학교라는 점을 충분히 인식할 필요가 있다(박승희, 2003). 일반학교 환경에 대한 다방면의 심층적 이해가 필수적이라는 점이다. 요즈음은 일반학급이란 용어보다 '통합학급'이란 용어를 많이 사용하는데, 통합학급은 일반학교의 일반학급으로서 특수교육대상자가 통합되어 비장애학생들과 함께 수업을 받는 학급을 일컫는 용어다. 최근에는 특수학급 입급학생으로서 일반학급의 다양한 교과수업에 시간제로 통합이 되는 경우가 증가하는 추세다. 특수교육대상자로 선정이 되었지만 일반학급 수업시간이 특수학급 수업시간보다 많거나 완전통합으로 일반학급에서 수업을 받는 학생들이 증가 추세에 있다. 또한 특수교육대상자로 선정이 되어 일반학교 일반학급에 배치되었는데 그 학교에 특수학급이나 특수교사가 없는 경우에 특수교육보조원이 배치되는 사례가 전국적으로 상당수가 있다(〈표 2-1〉 참조). 현재 일반학교에 특수교사가 없는 가운데 특수교육보조원만 배치하여 특수교육대상자의 교육을 지원하고 있는 것은 문제점으로 인식되어야 하며, 과도기적 상황으로 시급한 시정이 요구된다고 하겠다.

가장 최근 통계 자료에 의하면, 일반학급, 특수학급, 특수학교에서 교육을 받고 있는 특수교육대상자 수의 장애유형별 및 학교급별 분포는 다음 〈표 2-1〉, [그림 2-1], [그림 2-2]와 같다.

표 2-1 특수교육대상 학생 수: 교육환경별, 장애유형별, 학교급별 분포

구분			특수학교	일반학교		계
				특수학급	일반학급	
특수교육 대상학생			23,291	32,506	6,741	62,538
학생수	장애영역별	시각장애	1,504	252	146	1,902
		청각장애	1,526	728	552	2,806
		정신지체	14,099	17,309	2,550	33,958
		지체부자유	3,039	2,543	1,375	6,957
		정서장애	3,054	4,797	1,001	8,852
		언어장애	23	127	151	301
		학습장애	0	6,131	607	6,738
		건강장애	46	619	359	1,024
		계	23,291	32,506	6,741	62,538
	과정별	유치원	1,114	538	1,591	3,243
		초등학교	8,203	21,700	2,360	32,263
		중학교	6,246	6,598	1,128	13,972
		고등학교	7,728	3,670	1,662	13,060
		계	23,291	32,506	6,741	62,538
학교수			143	4,171	3,347	7,661
학급수			3,166	5,204	5,763	14,133
특수학교(급)교원수			5,911	5,348	–	11,259
특수교육보조원 배치수			1,516	3,074	569	5,159

출처: 교육인적자원부(2006). 2006년도 특수교육실태조사서, p. 3.

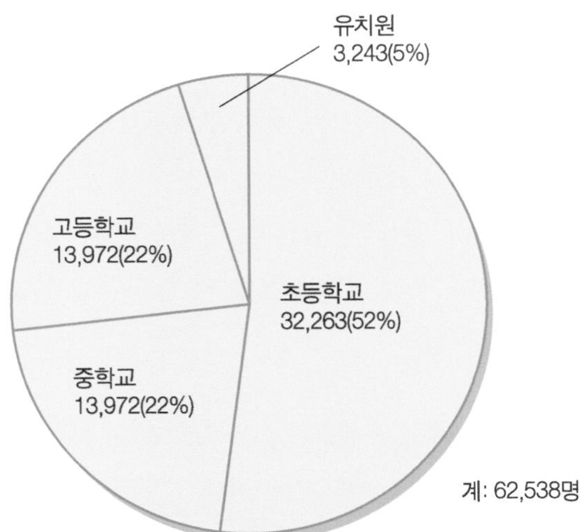

[그림 2-1] 학교급별 특수교육대상 학생 수

출처: 교육인적자원부(2006). 2006년도 특수교육실태조사서, p. 4.

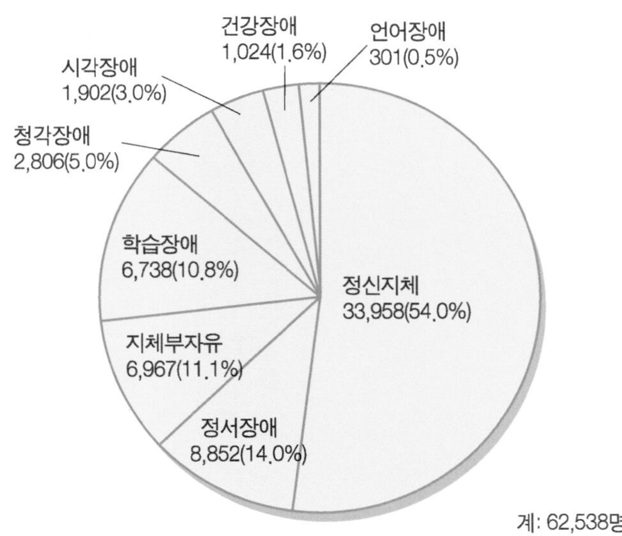

[그림 2-2] 장애영역별 특수교육대상 학생 수

출처: 교육인적자원부(2006). 2006년도 특수교육실태조사서, p. 3.

특수교육지원 Tips 4

장애영역별 특수교육대상 학생 수

특수교육대상 학생의 장애 빈도의 우선순위는 정신지체(54%), 정서장애(14%), 지체부자유(11.1%), 학습장애(10.8%), 청각장애(5.0%), 시각장애(3.0%), 건강장애(1.6%), 언어장애(0.5%) 순이다.

2. 순회교육 및 병원학교

「특수교육진흥법」 제2조 제5항에 의하면, "순회교육이라 함은 특수교육을 담당하는 교원(이하 특수학교교원이라 한다)이 가정이나 의료기관, 학교 기타 시설 등에 있는 특수교육대상자를 방문하여 행하는 특수교육을 말한다."라고 정의하고 있다. 실제로 순회교육은 가정이나 장애인복지시설, 아동복지시설, 치료기관에 있는 특수교육대상자의 특수교육을 위해 특수학교의 파견학급이나 특수학급의 형태로 특수교사에 의해 제공되고 있다. 따라서 일반학교나 특수학교라는 학교 환경의 학급형태는 아니지만, 특수교육을 제공하기 위해 특수교사가 특수교육대상자가 있는 가정이나 시설에 직접 방문하여 지도한다는 점이 특이한 것이다. 일반적으로 가정으로 교사가 파견되어 특수교육을 제공하는 것을 재택순회학급이라고도 부른다.

2006년 교육인적자원부 자료에 의하면 순회교육 현황에서, 순회교육의 첫 유형은, 특수학교에서 순회 · 파견한 학급으로서 총186개 학급에서 830명의 특수교육대상 학생에게 순회교육을 제공하고 있다. 두 번째 유형은 특수학급에서 순회 · 파견 · 겸임의 형태로서 총 348개 학급에서 2,500명의 학생에게 순회교육을 제공하고 있다.

교육인적자원부는 특수교육대상자의 교육환경에 2004년부터 병원학교를 포함시키고 있다. 병원학교란 장기 입원이나 장기 통원치료로 인해 학교교육을 받을 수 없는 학생들을 위해 병원 내에 설치된 학교이나, 교사 1인이 운영하는 파견학급 형태로 설치 운영되고 있다. 병원학교는 교육청 소속과 병원자체 운영으로 대분된다. 2006년 자료에 의하면 총 14개 병원학교가 운영되고 있으며, 12명의 교사가 담당하고 있고, 1일 평균 이용학생 수는 154명 정도 된다(교육인적자원부, 2006). 최근에 특수교육대상자에 포함된 건강장애 학생들이나 병원에 장기 입원하는 학생들이 이 병원학교의 이용자로 볼 수 있다.

II. 특수교육 환경에서 사용되는 교육과정 이해

1. 특수학교 교육과정과 일반교육과정: 국가수준, 지역수준 및 학교수준 교육과정

현재 우리나라 특수교육 환경에서 사용되는 공식적인 국가수준의 교육과정은 2가지가 있다. 우선 특수학교 학생을 대상으로 개발된 '특수학교' 교육과정이 있고, 일반학생에게도 공통적으로 사용되는 일반교육과정인 '국민공통기본교육과정'과 '선택중심교육과정'이 있다. 이러한 교육과정은 국가수준의 교육과정으로서 그 교육과정의 적용을 받게 되는 전국의 모든 학교에서 다루어야 할 일반적 및 공통적 기준을 제시하게 된다.

이러한 광범위한 국가수준의 교육과정은 지역수준 및 학교수준의 교육과정으로 전환될 수 있다. 즉, 국가수준의 교육과정이 일선 학교의 학교수준 교육과정으로 구체화되기 위해서 그 중개적, 매개적, 교량적 역할을 하는 것이 지역수준 교육과정이라고 할 수 있다. 시 · 도 혹은 시, 군 단위지역의 특수성과 해당 지역의 학교, 학생 실태, 학부모 및 지역사회의 요구 등을 고려해 지역 여건에 맞추어 구체화한 교육과정을 지역수준 교육과정이라고 부른다. 예를 들면, 서울특별시 교육청 교육과정 편성, 운영지침이 이에 해당될 수 있다.

학교수준 교육과정은 특정 한 학교의 실태를 반영하여 학부모와 학생들의 특성과 요구를 고려하여 학교 단위의 교육과정 내용을 담아낸 것이다. 전국의 특수학교들 중에는 국가수준 및 지역수준의 교육과정 기준을 참조하면서 각 학교

환경과 학생들의 특성에 맞게 각 단위학교 고유의 교육과정을 개발하여 사용하는 학교들이 있다. 특수학교의 교육과정은 장애유형별 특수학교 교육과정 기준을 기본적으로 사용하며, 일반학교 특수학급의 경우는 특수교육대상 학생의 교육적 욕구에 따라서 일반교육과정과 특수학교 교육과정을 병행하여 사용할 수 있다(박승희, 정영희, 2002).

2. 제7차 특수학교 교육과정 개관

현행 제7차 특수학교 교육과정은 우선은 장애유형별 특수학교에 따라서 2가지 다른 적용 방안을 제시하고 있다. 첫째, 시각장애, 청각장애, 지체부자유 특수학교는 기본적으로 '일반교육과정' (국민공통기본교육과정)을 중심으로 사용하면서 장애학생의 장애에 따라서 치료교육활동 적용과 직업교과의 적용을 포함하고 있다. 둘째, 정신지체, 정서장애 특수학교의 경우는 '기본교육과정' 을 적용하게 되어 있다([그림 2-3], [그림 2-4], [그림 2-5] 참조). 즉, 이 기본교육과정이라는 것이 순수한 의미에서 특수학교 교육과정을 의미한다고 볼 수 있다. 다음에서는 제7차 특수학교 교육과정 개관을 표들로 간략히 제시한다.

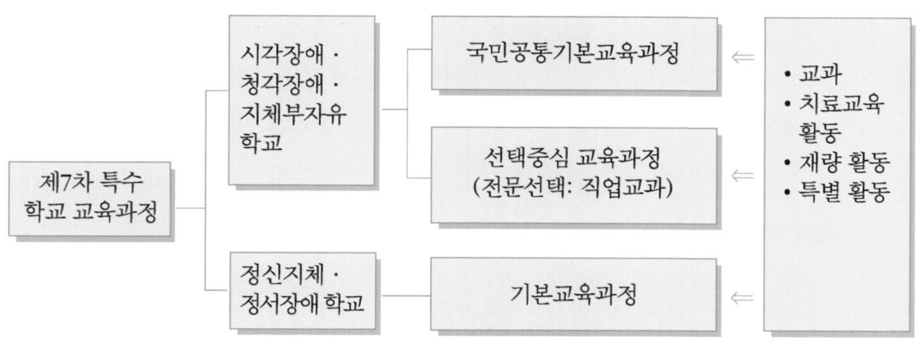

[그림 2-3] 제7차 특수학교 교육과정 개관: 장애유형별 특수학교의 교육과정

출처: 교육부(1998). 특수학교 교육과정. 교육부고시 제1998-11호. (내용을 도식화한 것)

<table>
<tr><td rowspan="8">치료 교육 활동

• 언어 치료
• 청능 훈련
• 물리 치료
• 작업 치료
• 감각 · 운동 · 지각 훈련
• 심리 · 행동 · 적응 훈련
• 보행 훈련
• 일상생활 훈련</td><td colspan="4">선택중심 교육과정 (시각, 청각, 정신지체 고등부 2, 3학년)</td></tr>
<tr><td rowspan="2">• 일반선택</td><td rowspan="2">• 심화선택</td><td colspan="2">직업교과(전문선택)</td></tr>
<tr><td>• 공예
• 포장 · 조립 · 운반
• 농업
• 전자조립</td><td>• 제과 · 제빵
• 정보처리
• 상업디자인
• 이료(맹학교)</td></tr>
<tr><td colspan="4">국민공통기본교육과정(시각, 청각, 지체 학교 초등 1학년~고등 1학년)</td></tr>
<tr><td colspan="2">• I 교과군: 국어, 도덕, 사회
• II 교과군: 수학, 과학, 실과
• III 교과군: 체육, 음악, 미술
• IV 교과군: 외국어(영어)</td><td colspan="2">-시각장애: 점자 익히기
-청각장애: 언어지도
-지체부자유: 특수체육</td></tr>
<tr><td colspan="4">기본교육과정(정신지체, 정서장애학교)</td></tr>
<tr><td colspan="4">• 국어 • 사회 • 수학 • 과학 • 건강 • 예능 • 직업</td></tr>
</table>

[그림 2-4] 제7차 특수학교 교육과정 내용의 전 영역

출처: 교육부(1998). 특수학교 교육과정. 교육부고시 제1998-11호. (내용을 도식화한 것)

3. 국민공통기본교육과정 개관

제7차 특수학교 교육과정은 통합교육의 추세에 맞추어 특수교육대상 학생들이지만 일반교육과정에의 접근을 중요시하였다. 정신지체 · 정서장애 특수학교가 아닌 다른 특수학교의 경우는 유치부 교육과정과 1학년부터 10학년까지 일반교육과정인 국민공통기본교육과정을 함께 사용하는 것으로 구성되어 있다([그림 2-4], [그림 2-5], 〈표 2-2〉 참조). 또한, 실제로 일반초등학교 특수학급의 경우, 특수교사들은 일반교육과정에 근거한 교과서들을 많이 사용하고 있는 것으로 조사되었다(박승희, 정영희, 2002). 국민공통기본교육과정에 의하면, 1학년부터 10학년(고등학교 1학년)까지의 교과는 국어, 도덕, 사회, 수학, 과학, 실과, 체육, 음악, 미술, 외국어(영어)의 10개 교과다. 유치부 경우는, 언어생활, 사회생활, 탐구생활, 건강생활 및 표현생활이 교육과정의 5개 하위 영역으로 포함된다.

[그림 2-5] 제7차 특수학교 교육과정의 편제

출처: 교육부(1999). 특수학교 교육과정해설 (1): 총론, p. 131.

표 2-2 **유치부 및 국민공통기본교육과정**

구분 \ 학년		유치부			초등부						중학부			고등부		
		1	2	3	1	2	3	4	5	6	7	8	9	10	11	12
교과	국어	언어생활			국어 204~306		(136)				(102)			선택 과목 (132과목)		
	도덕				수학 102~136		238~408 (34)				204~374 (34)					
	사회	사회생활					(68)				(68)					
	수학	탐구생활			바른생활 68~102		3~4학년 (68)				(68)					
	과학						136~272 (68)				204~408 (68)					
	실과	건강생활			슬기로운 생활 68~102		5~6학년 170~340 (34)				기술 · 가정 (68)					
	체육						(34)				(34)					
	음악	표현생활			즐거운생활 136~204		102~272 (34)				68~136 (34)					
	미술				우리들은 1학년 80		(34)				(34)					
	외국어 (영어)						34~68 (34)				68~136 (68)					
치료 교육 활동					30	34	68	68	68	68	68	68	68	34	4단위	
재량 활동					60	68	68	68	102	102	136	136	136	238	•	
특별 활동					30	34	34	68	68	68	68	68	68	68	8단위	
연간 수업 시수		180분×180일 (연간)			830	850	986	986	1,088	1,088	1,156	1,156	1,156	1,224	144단위	

① 이 표의 국민공통기본교육 기간에 제시된 시간 수는 34주를 기준으로 한 교과(군)별 · 영역별 · 학년당 연간 최소 · 최대 수업 시간 수이며, ( ) 안은 각 교과별 · 학년별 연간 최소 수업 시간 수다.

② 1학년의 교과, 치료 교육 활동, 재량 활동 특별 활동에 배당된 시간 수는 30주를 기준으로 한 것이며, '우리들은 1학년' 에 배당된 시간 수는 3월 한 달 동안의 수업 시간 수를 제시한 것이다. 초등부 3, 4학년은 실과를 이수하지 않는다.

③ 1시간의 수업은 초등부 40분, 중학부 45분, 고등부 50분을 원칙으로 한다. 다만, 기후, 계절, 학생의 발달 정도, 학습 내용의 성격 등을 고려하여 실정에 알맞게 조절할 수 있다.

④ 11, 12학년의 치료 교육 활동과 특별 활동의 연간 수업 시간 수에 제시된 단위 수는 2년 동안 이수하여야 할 단위 수다.

⑤ 국민공통기본교육과정에 제시된 연간 수업 시간 수는 각 학년별로 이수하여야 할 연간 최소 수업 시간 수다.

출처: 교육부(1999). **특수학교 교육과정해설 (1): 총론**, p. 141.

III. 특수교육의 최근 동향

특수교육의 최근 동향은 여러 차원과 여러 각도에서 몇 가지 주요 주제로 집약시켜서 설명될 수 있겠다. 특수교육보조원이나 다른 장애관련종사자들이 실제 일반학교와 특수학교에서 특수교육대상 학생과 교사들을 직접 지원함에 있어서 기본적으로 알고 있어야 할 특수교육 및 장애인서비스 분야의 최근 동향을 다음 5가지로 설명할 수 있다. 특수교육의 최근 동향 5가지는 다음을 포함한다: (1) 장애 및 장애인 이해의 변화된 시각; (2) 장애관련 문제 해결의 초점 변화; (3) 개별화된 지원을 제공하는 지원 네트워크 중시; (4) 성과중심의 교육 강조; (5) 통합교육의 질적 향상.

1. 장애 및 장애인 이해의 변화된 시각

장애에 대한 이해는 시대별로 변화되어 왔다. 현 시점에서 장애 및 장애인에 대한 이해의 가장 주요한 근간이 되는 것은 장애를 개인 안의 내재된 문제가 아닌 개인의 제한성과 사회의 요구 사이의 상호작용의 결과로 바라본다는 것이다. 장애의 개념화 시도 노력을 의학 중심의 의료적 관점에서부터 다학문적 관점에서 장애를 이해하려고 한다. 현재의 장애 개념은 다중적 관점이라고 볼 수 있는데, 소위 '생리심리사회적' 모델이라고 볼 수 있다(박승희, 2004a). 장애를 이러한 다학문적 시각에서 바라본다는 것은 이제까지의 장애관련 문제를 재정의하게 하고, 그에 따라 다르게 정의된 문제에 대한 보다 다차원적 문제 접근을 가능케 하였다. 즉, 장애 문제에 대해 의료적 모델로 개념화하여 재활접근 일변도에서 접근하던 것에서부터 탈피하여 장애를 사회적 문제로 확대하는 사회적 모델에서는 장애문제를 소수집단 접근(장애인을 사회적 소수자의 하나로 개념화하는)으로 접근하는 것을 가능케 하였다. 나아가 이제는 장애를 다중적 관점에서 바라보면서 '보편주의적 접근'으로 장애문제의 접근을 지향해 가고자 한다(상세논의 박승희, 2004a 참조).

장애를 한 개인 속성의 문제나 영속되는 개인의 불변의 특성이라고 바라보던 관점에서부터 보다 다차원적이고 사회적인 문제로 이해하고, 나아가 장애를 환경과 맥락의 제약 속에서 개인의 제한성이 표현되는 상태와 정도로 이해하고자 하는 관점이 출현하게 된 것이다(박승희 역, 1994). 이러한 장애에 대한 새로운 시각에 따라 일반인들의 장애인에 대한 인식의 개선, 나아가 장애인을 지원하는 법의 제정 및 사회정책 제도 등의 정립은 장애인의 기능성에 대해서도 변화된 기대를 하게 하였다. 장애인을 한 환자 혹은 서비스의 대상자로서 간주하던 것에서부터 통합된 사회의 구성원과 시민으로서 생산적인 기여를 할 수 있는 적극적인 참여자로 기대하게 하였다.

이러한 장애 및 장애인 이해에서 변화된 시각은 특수교육 분야에도 그대로 영향을 미치게 되었다. 장애학생의 수행에 대한 기능적인 다차원적 묘사 강조, 통합교육 기회 확대 및 질적 제고 노력, 교육의 성과 강조, 개인학생의 기능성을 향상시키기 위한 최선의 교육제공과 적합한 지원 제공, 교육소비자 중심의 교육과 서비스를 지속적으로 강조하는 추세를 산출하고 있다. 예를 들면, 특수교육보조원으로서 장애에 대한 첫 번째 이해의 노력은 장애를 질병, 집안의 내력, 유전적인 것, 불변하는 개인의 특성, 개인의 불행 등으로만 접근해서는 안 된다는 것을 의미한다(대안적 사고는 본 책의 제3장 내용 참조). 개인 장애학생의 기능성은 적합한 교육과 지원으로 향상될 수 있다는 전제를 기초로 개인학생의 장애를 이해해야 한다.

2. 장애관련 문제 해결의 초점 변화

장애 및 장애인을 이해하는 데 있어서 변화된 관점은 장애관련 문제를 어떻게 접근해가고 어떻게 구체적인 해결방안을 마련할 것인가에서도 변화를 초래하였다. 즉, 교육과 제반 서비스의 노력이 개인 장애인에게만 초점이 맞추어지던 경향에서부터 그 개인이 처해 있는 다양한 환경과 맥락 및 주변 사람들 전체에게로 확대되게 되었다. 즉, 요약하면, '개인 안에서의 해결' 에서 '맥락의 변화' 를 해결의 초점으로 그 강조가 변화되고 있다(박승희, 2006, p. 5). 장애학생이 보이는 다양한 문제들의 해결은 개인 장애학생이 보이는 다양한 영역들에서 능력의 제한성에 집중하여 강도 높은 프로그램을 제공하는 것만으로는 부족하고 그 개인학생이 처해 있는 다양한 환경과 맥락을 함께 변화시키는 것에도 집중하여야 함을 의미한다. 예를 들면, 통합교육 상황에서의 장애학생이 보이는 문제행동은 개인 장애학생 자체에만 집중해서 최선의 감소방안을 고안하기 힘들고, 같은 학급의 비장애학생들의 태도와 행동문제와 학급분위기와 학급규칙 및 담임교사의 태도와 행동 그리고 나아가 가정에서의 양육 문제 등을 모두 함께 고려하여야 한다는 것이다.

3. 개별화된 지원을 제공하는 지원 네트워크 중시

한 장애학생이 필요한 다양한 요구를 장애유형이나 장애정도로 집단적으로 표현하고 교육과 서비스를 제공하던 생각의 틀은 지나가고 있으며, 개인중심적 지원을 강조하는 추세가 강조되고 있다(Holburn & Vietze, 2002). 예를 들면, 정신지체 학생이라고 할 때 정신지체라는 집단적 특성보다는 한 특정 정신지체 학생, 김수철의 6학년 통합학급에서의 교육적 요구와 사회정서적 요구의 판별과 그 요구를 어떻게 지원할 수 있는가에 대해 관심을 집중하게 되었다. 이러한 관점에서 개인중심적 지원 제공을 가능케 하는 방안을 '개인중심계획' (person-centered planning)이라고 부른다(Holburn & Vietze, 2002). 개인중심계획에 대해서 학교상황은 아니지만 공동생활과정(그룹홈)에서 개인중심계획을 활용하는 방안에 대해 전남 광주 엠마우스 복지관에서 실시한 세미나 자료집을 참조할 수 있다(엠마우스 복지관 편, 2005).

장애인의 다양한 문제의 해결을 전문가 주도 일변도로 나아가던 시대의 문제들, 예를 들면 장애인 본인과 가족 참여의 부재, 장애인의 문제를 과도로 전문화하는 문제 등은 심각하게 비판받아 왔다. 이런 문제는 장애인 자기옹호운동(장애인의 문제를 장애인 스스로 해결해 보고자 하는 것) 혹은 우리나라의 장애인 당사자 운동 같은 것을 출현시키기도 하였다. 장애문제 해결은 '전문가 중심' 의 문제해결 접근만으로는 부족하다는 것이 지적되었고, 동시에 전문가 개개인의 노력에는 한계가 있기에 협응된 '지원 네트워크' 가 필요하다는 것이 강조되어야 한다는 주장이다(박승희, 2006).

장애학생이 직면하는 다양한 교육적 요구를 충족시키기 위해서는 특수교사나 일반교사 혹은 다른 관련전문가 및 특수교육보조원 개개인의 분산된 성실한 노력만으로는 부족하다. 장애학생의 다양하고 복잡한 요구에 대한 지원은 다양한 전문가, 준전문가, 또는 가족들, 친구들 사이의 협응과 협력을 전제로 하여야 한다. 장애학생 주변의 다양한 사람들의 지원은 산발적으로 일회성으로 제공되는 것은 아니다. 한 장애학생의 지원 요구의 종류와 정도는 전문가뿐 아니라 그를 잘 아는 사람들에 의해 판별되고 각 요구에 대해 지속적 지원을 해 줄 수 있는 제공자들은 하나의 지원 네트워크로 구축되어 지원을 제공하는 것을 강조하는 추세다(박승희, 2006; 박승희, 신현기 공역, 2003). 물론 장애학생에게 교육적 측면에서 개별화된 지원을 제공하는 데 있어서 특수교육보조원은 이러한 지원 네트워크의 일원으로서 주요한 기여가 기대된다.

4. 성과중심의 교육 강조

최근 특수교육의 주요한 추세 중 하나는 교육의 결과나 성과와 그것에 대한 점검을 중시한다는 것이다. 즉, 학교교육이 종료된 시점에서, 주로 고등학교 졸업 시점에서 한 장애학생의 최종 교육성과는 무엇이 되어야 하는가? 에 관심이 증대된 것이다. 그러한 배경에는 많은 장애학생들, 특별히 지적 장애가 있는 발달장애 학생들이 특수교육을 유아기부터 고등학교까지 받고, 고등학교 졸업 시점에 성공적인 성인기 생활에 준비가 안 된 상태라는 점이다. 즉, 직업생활, 지역사회에서 독립(반독립)된 주거생활(시설이 아닌), 여가생활, 혹은 결혼생활 등에 많은 발달장애 학생들이 준비되지 못했다는 것에 대해 특수교육 분야에 새로

제2장 '특수교육 환경과 교육과정에 대한 이해'를 공부한 후 **다음**을 알 수 있다.

- 특수교육 환경은 일반학교, 특수학교, 순회교육 및 병원학교가 있다.

- 현재 특수교육 환경에서 사용되는 주요 교육과정으로는 제7차 특수학교 교육과정과 일반교육과정(국민공통기본교육과정)이 있다.

- 특수교육보조원과 다른 장애관련종사자들이 기본적으로 알고 있어야 할 특수교육의 최근 동향은 다음의 5가지를 포함한다: (1) 장애 및 장애인 이해에 대한 변화된 시각; (2) 장애관련 문제 해결의 초점 변화; (3) 개별화된 지원을 제공하는 지원 네트워크 중시; (4) 성과중심의 교육 강조; (5) 통합교육의 질적 향상.

제3장 학교환경에서 경험하는 장애

제 3 장 학교환경에서 경험하는 장애

학습목표

- 한 학생의 장애를 이해하기 위한 필수 전제에 대해서 안다.
- 학교환경에서 경험하는 주요 장애 7가지의 정의를 알고, 각 장애학생의 다양한 교육적 요구를 이해한다.

I. 한 학생의 장애를 이해하기 위한 필수 전제

특수교육보조원을 포함하는 장애관련종사자가 학교환경에서 만나는 특수교육대상 학생들은 각자 특수교육대상 학생으로 선정될 때 장애진단명을 가지게 된다. 물론 이 장애유형은 「특수교육진흥법」 시행령 제9조 제2항에서 명시한 특수교육대상자 적격성에 해당되는 8가지 장애: (1) 시각장애; (2) 청각장애; (3) 정신지체; (4) 지체부자유; (5) 정서장애; (6) 언어장애; (7) 학습장애; (8) 건강장애를 포함한다.

2006년 특수교육실태조사서에 의하면(교육인적자원부, 2006), 우리나라 특수교육대상 총 학생의 장애진단명으로 가장 높은 빈도의 장애유형은 정신지체로서 54%에 이르며, 그 다음이 정서장애 14%, 지체부자유 11.1%, 학습장애 10.8%, 청각장애 5%, 시각장애 3% 순이다(〈표 2-1〉, [그림 2-2] 참조). 이러한 장애들을 정확히 이해하기 위해서는 각 장애에 대한 기본적인 지식이 필요하다. 그런데 특수교육보조원 자신이 지원할 대상 학생들의 장애에 대해 기본적인 지식을 습득하고 이해함에 있어서 필수적으로 전제가 되어야 할 사항이 있다. 다음에서는 특수교육보조원을 포함하는 장애관련종사자들이 학교환경에서 빈번히 경험하게 될 장애들을 이해하기 위한 필수 전제 4가지를 지적하고 각각에 대한 설명을 제공한다.

1. 장애는 한 학생을 이해하는 데 단 한 가지 측면

특수교육보조원이 한 학생을 처음 대할 때 제일 먼저 궁금한 것이 아마도 그 학생의 장애명일 수 있다. 그러나 바로 이러한 것은 앞으로 특수교육보조원이 피하여야 할 태도와 호기심일 수 있다. 한 특수교육대상 학생은 특수교육대상자로 선정되기 위해 장애진단명을 부여받은 것은 사실이다. 그러나 한 학생을 처음 대할 때 그 학생의 장애명은 가장 중요한 요소는 아니다. 오히려 처음에 그 학생을 보통 일반아동과 일반청소년과 동일하게 보고, 일단은 그 학생을 '한 사람'으로 만나는 것이 가장 중요하다. 이 학생이 어떤 것을 좋아하고, 싫어하고, 누구와 친하거나 불편한 관계를 맺으며, 습관에는 어떤 것이 있고, 어떤 물건을 좋아하고, 좋아하는 음식은 무엇이고, 좋아하는 교과목은 무엇이며, 운동을 좋아하는지, 조용한 성격인지 등을 알아가는 것이 중요하다. 아마도 이 학생의 장애는 그러한 것들을 알아가는 도중에 자연스럽게 성급하지 않게 알아 가면 되는 것이다. 특수교육보조원이 한 학생을 인간적으로 만나고 이해하고 그 학생의 욕구에 민감해지기 위한 노력에 그 학생의 장애는 가장 중요한 첫 번째의 정보가 될 필요가 없고, 가장 나중에 알아도 될 정보이어도 좋다(박승희 역, 2003 참조).

한 장애학생이 보이는 다양한 문제들이 모두 장애와 연결되는 것은 아니다. 한 장애학생이 보이는 여러 문제들은 일반학생의 경우와 마찬가지로 아주 다양한 이유를 유추해 볼 수 있다. 예를 들면, 사춘기 정신지체 청소년이 보이는 다양한 문제는 우선 청소년의 공유된 문제일 수 있고, 사춘기의 공유된 문제일 수 있고, 성격이 급한 학생의 문제일 수 있고, 외동딸의 문제일 수도 있고, 국어보다 수학을 싫어하는 학생의 문제일 수 있으며, 물론 정신지체 학생의 공유된 문제일 수 있다는 것을 생각해 보아야 한다. 장애는 한 학생을 이해하는 데 오로지 1가지 측면이라는 것을 기억할 필요가 있다.

2. 장애는 현재 기능성의 제한된 상태

한 학생의 장애는 그 학생의 전반적이고 영속적이고 절대적인 불변의 특성을 나타내는 것이 아니다. 그 학생의 장애는 '현재' 기능성의 한 '상태' 에서 제한성을 나타낼 뿐이다. 특정 시점에 한 개인학생이 보이는 장애 혹은 기능성 수준은 그 '개인의 속성' 이 아니라 그 개인의 능력과 특정 환경의 요구 사이의 상호작용의 결과이다(박승희 역, 1994). 한 학생의 제한된 능력은 그 개인학생이 처해 있는 환경의 요구와 상호작용한 결과 한 개인의 기능성 수준을 나타낸다. 한 개인의 이 기능적 수준은 적합한 지원에 따라 변화될 수 있고, 다른 환경과 다른 시간 대에서 다른 수준으로 표출될 수가 있어서, 장애를 현재 기능성의 제한된 한 상태로 정의한다(박승희 역, 1994; 박승희, 신현기 공역, 2003).

예를 들면, 한 정신지체 학생의 제한된 인지능력(사고능력)은 학교의 여러 교과 수업시간에서 요구하는 과제 성격에 따라 다른 기능적 수준을 보일 수 있다. 즉, 수학 시간에는 좀 낮은 기능성을 보이는데, 실과 시간에는 좀 더 높은 기능성을 보일 수 있다. 휠체어를 사용하는 한 지체장애 학생의 이동능력은 엘리베이터가 설치된 학교에서와 엘리베이터가 설치되지 않은 학교, 즉 각기 다른 환경에 따라서 이동능력의 제한성 상태가 다르고, 그에 따라서 이동성에서 다른 수준의 기능성을 보인다는 것이다.

3. 동일한 장애명이지만 각기 다른 개인 학생

동일한 장애명으로 진단받은 학생들이더라도 그 학생들은 모든 면에서 매우 다를 수 있다는 것을 기억할 필요가 있다. 동일하게 자폐성 장애로 진단을 받은 2명의 학생들 간의 차이가 자폐범주성 학생 1명과 일반학생 1명의 차이보다도 더 클 수 있다는 것을 생각해 볼 수 있어야 한다. 특수교육을 소개하는 특수교육개론 책에는 물론 여러 장애들을 열거하고, 각각 장애의 정의와 특성을 담아낸다. 그러나 이것들을 올바르게 이해하는 사람은 많지가 않은데, 이러한 정의는 특수교육이라는 학문체계에서 개발되는 각 장애를 판별하기 위한 정의이고 각 장애의 특성은 가장 공통적이고 평균적인 특징들을 수합한 것이다. 각각의 장애를 가진 모든 개인들이 그 특성을 모두 보인다는 것은 결코 아님을 늘 명심하여야 한다.

특수교육지원 *Tips 6*

동일한 장애명이지만 각기 다른 학생

같은 장애명을 가진 학생들 사이에의 차이가 다른 장애명을 가진 학생들의 차이보다도 클 수도 있다는 것을 생각할 필요가 있다. 동일한 장애명을 가졌지만 학생들은 한 명 한 명이 다르다.

그리고 특수교육보조원이 한 학교 환경에서 접해 본 경험이 있는 특정 장애에 대한 이전 경험과 정보를 같은 장애명을 가진 다른 학생에게 그대로 적용해보려는 것은 무리일 수가 있다. 한 특수교육보조원이 접해 본 특정 장애에 대한 이해와 경험이란 것도 사실에 근거한 중립적인 것일 수도 있지만, 우리 사회 전반의 장애에 대한 편견, 고정관념과 그리고 보조원 개인의 개인적 생각과 감정 및 이전 학교환경의 특별한 상황이 함께 영향을 미친 결과라는 점이다. 동일한 장애명을 가졌다 할지라도 각 학생은 다른 개별적 특성을 가지고 있기에 동일한 장애명을 가졌다는 이유 하나로 한 학생에 대한 경험과 지식을 다른 학생에게 일반화하기가 매우 어렵다는 것을 기억할 필요가 있다.

4. 특수교육과 적합한 지원은 개인학생의 기능성을 향상시킬 수 있다는 신념

특수교육은 한 장애학생의 장애를 기적적으로 없애는 것을 의미하지는 않는다. 장애학생의 장애를 이해하기 위한 마지막 필수 전제는 한 개인학생의 다양한 교육적 욕구를 판별하여 가장 최선의 특수교육과 적합한 지원을 제공하는 것이 개인학생의 기능성을 향상시킬 수 있다는 신념을 가지는 것이다. 이것은 아무리 심한 장애를 가진 학생들을 대할 때도 동일하게 적용되어야 한다. 즉, 예외가 없이, 모든 학생들의 교육가능성과 성장가능성에 대한 확고한 믿음이 필요함을 의미한다. 어떤 특정 장애진단명에 대한 부정적 예후보다는 현재의 기능성을 어떻게 하면 조금이라도 향상시킬 수 있나에 집중할 필요가 있다. 개인학생에게

특수교육지원 *Tips* 7

장애는 모든 문제의 원인이 아님

한 장애학생이 보이는 다양한 특성과 다양한 문제들은 그 학생의 장애로 모두 설명되는 것이 아니다. 학교환경에서 한 학생이 보이는 모든 문제를 그의 장애와 연결하는 것은 적절하지 않다.

적합한 특수교육과 지원 제공은 그 학생의 기능성을 반드시 향상시킬 것이라는 신념 하에 교사나 특수교육보조원은 각자의 역할과 책임을 수행할 필요가 있다. 특수교육보조원의 역할 수행은 질 높은 특수교육을 제공하는 데 일익을 담당하여 개인학생 교육의 긍정적 성과를 초래하는 데 한 자원으로 작용할 수 있다.

II. 주요 장애의 정의 및 교육적 요구

특수교육보조원이 일반학교와 특수학교에서 가장 빈번히 접하는 장애들을 이해하기 위해서는 올바른 관점과 기초 지식이 필요하다. 물론 이러한 지식의 이해를 위해서는 위에 기술한 전제 4가지가 필수적이다. 즉, 다음에 서술할 주요 장애의 정의와 교육적 요구(보통 특수교육개론 서적들에서 장애의 특성으로 표현되기도 함)는 같은 장애명을 가진 모든 학생들이 모두 보이는 특성이 '아님'이 상기되어야 한다. 특수교육보조원은 한 학생의 장애조건을 이해하기 위한 필수 전제를 충분히 숙지하는 상태에서 아래 기술될 각 장애에 대한 개략적 설명을 이해할 것을 권고된다.

다음은 일반적으로 학교 환경에서 자주 접하는 7가지 장애: (1) 정신지체; (2) 학습장애; (3) 정서 및 행동장애; (4) 자폐성 장애; (5) 지체장애; (6) 시각장애; (7) 청각장애에 대해서 간단한 정의와 그 장애를 가진 학생들이 보이는 교육적 요구에 대한 '요약적' 설명을 되도록 쉬운 용어들을 사용하여 간결하게 제공한다. 각 장애별로 그 장애를 가진 학생들이 보일 수 있는 교육적 요구들이 기술된다. 그 요구들은 개인에 따라서 모두 나타날 수도 있고, 그중 일부만 나타날 수가 있으며, 그 요구의 정도도 매우 다양할 수 있다. 이러한 이유로 같은 장애진단명을 가진 학생들일지라도 개인학생별로 다른 요구(필요)를 가질 수 있다는 면을 강조하기 위해 각 장애의 '특성' 이란 표현보다는 각 장애학생의 교육적 '요구' 로 표현하고자 한다. 각 장애와 각 장애학생의 전반적 교육적 요구에 대한 정교한 이해를 위해서는 다른 특수교육 전문 서적(〈부록 3〉) 참조를 권장한다.

1. 정신지체

1) 정신지체의 정의와 이해

정신지체라는 장애의 가장 주요한 특징이 될 수 있는 면은 소위 인지능력 혹은 사고력으로 표현될 수 있는 지적 능력에서의 제한성이다. 정신지체는 지적 능력의 제한성과 동시에 사회적 적응행동 면에서도 제한성을 보이는 장애다. 보통 학교환경에서 학업과제를 수행하고 학교생활 전반에 원만히 적응하고 또래를 사귀고 교사들과의 관계를 맺는 데 있어서 같은 연령의 또래아동과 비교하여 명백한 차이나 지체를 보이는 경우다. 그럼에도 불구하고, 정신지체는 지적 제한성과 적응적 제한성의 하나의 특정 상태이지 전반적 무능력의 상태가 아니다(박승희 역, 1994, p. 29).

특수교육이라는 학문 체계에서 정신지체에 대해 가장 권위 있는 학회로 미국 지적 및 발달장애학회(AAIDD; American Association on Intellectual and Developmental Disabilities; AAMR이 2007년 1월 이후 AAIDD로 개칭됨)에서는 주기적으로 정신지체 정의를 개정하여 발표하고 있다. 가장 최근 2002년에 10번째로 개정된 정신지체 정의는 다음과 같다(박승희, 신현기 공역, 2003,

특수교육지원 *Tips 8*

정신지체의 새로운 명칭은 지적 장애

1876년에 창립된 미국정신지체학회(AAMR)는 2007년 1월 1일부터 학회 이름을 '미국 지적 및 발달장애학회' (AAIDD: American Association on Intellectual and Developmental Disabilities)로 개명하였다. 이 학회는 정신지체의 전반적인 현상을 이해하고 정의하고 분류하는 데 주도적 역할을 해 오고 있는 정신지체에 대한 가장 권위 있는 국제적인 학회다. 이 학회에서는 2007년부터 정신지체(mental retardation)를 지적 장애(intellectual disabilities)로 개칭하기로 하였으며 일단은 두 용어를 혼용하고 있다.

p. 22). "정신지체는 지적 기능과 개념적, 사회적, 실제적 적응기술로써 표현되는 적응행동의 양 영역에서 심각한 제한성을 가진 장애로 특징지어진다. 이 장애는 18세 이전에 시작된다."

최근에 발표된 AAIDD의 2002년 10번째 정신지체 정의를 조작적으로 정의하는 데 가장 중요한 점은 유의하게 평균이하인 '지적 기능'과 '적응행동' 상의 제한성이 동시에 존재할 것과 이 2가지 제한성이 모두 발달 기간인 18세 이전에 발생한 경우다. 동시에 '맥락'에 대한 평가를 필수적으로 한다는 것이다. 유의하게 평균이하인 지적 기능이라는 기준은 주로 지능검사에 의해 결정되는데 대략 평균에서 2표준편차 이하로 본다. 유의하게 평균이하의 지능지수(IQ)는 IQ 70~75 이하로 융통성 있게 규정하였다. 즉, 지능검사 점수 자체보다는 적응행동 면에서 관찰된 결과와 그 개인에 대해 충분한 정보를 가지고 있는 전문가의 그 개인과 그 개인의 맥락에 대한 '임상적 판단'이 정신지체를 판별하는 정의에 더 중요할 수 있음을 의미한다(박승희, 1994).

또한 적응행동이란 개인이 학교, 지역사회 및 가정생활 환경들에 적응하는 데 필요한 기술로서 개념적, 사회적, 실제적 적응기술로 표현되며, 이 3가지 유형 중 1가지 혹은 개념적, 사회적 및 실제적 표준화된 측정도구에서 전반적 점수의 평균보다 적어도 2표준편차 이하의 수행으로 조작적으로 정의된다. 적응행동의 제한성은 지적 능력의 제한성과 함께 정신지체를 정의하는 데 주요한 요인이다(박승희, 신현기 공역, 2003, p. 35).

정신지체의 정의가 다른 장애의 정의보다 더 중요한 의미를 지니는 것은 우선 특수교육대상자 중에 가장 많은 부분을 차지하는 장애라는 현실적인 중요성에 더하여 또 다른 이유가 있다. 정신지체의 정의는 인간의 지적 능력의 정상성과 비정상성의 경계를 설명하는 한 개념일 수 있을 뿐 아니라 특수교육이란 학문세계의 진전들과 연구 및 정책의 발전들을 담아내는 한 통로가 된다는 것이다. 장애에 대한 이해의 진전, 교육실제 및 연구에서의 발전, 교육정책에서의 진보, 장애분야의 최선의 서비스 철학과 실제가 지속적으로 축적이 되다가 주기적으로 정신지체의 정의에 반영된다는 것이다. 정신지체의 변화되는 정의는 물론 다른 장애의 정의 변화에도 영향을 미칠 수 있다. 정신지체의 진전되는 정의 자체가 특수교육 및 장애인서비스 분야의 진보를 나타내는 한 지표로 이해되고 있다(박승희, 1994).

우리나라의 「특수교육진흥법」, 시행령 제9조 제2항 관련 [별표]에서는 "정신지체를 지닌 특수교육대상자란 지능검사 결과 지능지수가 75 이하이며 적응행동에 결함을 지닌 자"로 규정하고 있다. 이러한 「특수교육진흥법」 상의 정의는 적응행동이 의미하는 바에 대한 구체적인 설명이나 기준이 없다. 또한, 현재 많은 교사들과 진단가들이 신뢰롭고 타당하게 사용할 수 있는 적응행동 검사가 충분히 유용하지 않기 때문에 정신지체를 정의하는 데 지능지수가 실질적으로 유일한 기준처럼 사용되는 문제를 야기시키고 있다.

교육현장에서 일반적으로 정신지체를 그 지체 정도(주로 IQ 범위에 따라 하위그룹화)에 따라 심한 정신지체를 중도 정신지체, 중간 정도를 중등도 정신지체, 경한 정도를 경도 정신지체라고 분류하기도 한다. 그런데 미국 지적 및 발달장애학회(AAIDD)의 1992년 정의체계에 의하면, 지능지수에 따른 하위분류를 하지 않고 한 개인이 필요한 '지원 강도'에 따라 그 개인의 지능지수와 관계없이 특정 영역에서 간헐적, 제한적, 확장적 혹은 전반적 지원이 필요한 정신지체인으로 분류하기도 한다(박승희 역, 1994). 또한, 정신지체라는 장애에 국한하지 않고 다양한 장애유형에서 그 정도의 심각도를 표현할 때, 경도, 중등도, 중도라는 용어를 일반적으로 사용하는 경우가 많으므로 알아둘 필요가 있다.

2) 정신지체 학생의 주요 교육적 요구

(1) 인지능력 및 학업성취

정신지체 학생은 인지능력과 학업성취가 또래아동보다 현저하게 뒤처진다. 주의력 및 기억력에서 제한성을 보이며 학습속도가 느리다. 추상적 자료보다는 구체적이고 만질 수 있고 단순하여 이해하기 쉬운 교수자료가 제공될 때 학습에 더 효과적이다. 모방학습이나 우연학습 능력이 부족하고, 동기화되고 지적 호기심을 보이는 것에도 문제를 보인다. 반복되는 실패로 인해 자신이 무엇인가를 배울 수 없다고 생각하는 '학습된 무기력' 이 생기기도 한다. 특정 과제를 해결하기 위해 어떤 생각하기 전략이 필요한지를 알고 자신이 하는 일에 대해 지속적으로 검토하며 결과와 효과에 대해 점검하는 능력인 '초인지' 에 어려움을 보인다.

(2) 언어 및 사회성

대부분의 정신지체 아동들은 정상적인 언어발달 단계를 따르지만 비장애아동에 비해 발달속도가 지체된다. 말을 이해하는 수용언어와 표현하는 표현언어 모두에서 지체를 보일 수 있다. 언어를 통해 자기 의사표현과 타인과 주변 환경 통제를 충분히 할 수 없을 때는 문제행동으로 통제를 하려고 할 수도 있다. 타인을 이해하고 관계를 맺는 사회성 기술이 부족하여 친구를 사귀고 친구관계를 유지하기 힘들므로 교사나 특수교육보조원의 구체적인 지원을 통해 긍정적 상호작용이 촉진될 수 있다. 그러나 교사나 특수교육보조원이 또래관계를 지원할 때는 아동들 사이에 자연발생적으로 생기는 자연적 지원과 협력에 방해가 되지 않도록 민감한 지원을 하여야 한다. 오히려 어른들의 도움이 아동들 사이의 관계 형성에 장벽이 되기도 한다는 것을 명심하고 꼭 필요하고 침입적이지 않은 지원을 제공하여야 한다는 것을 기억할 필요가 있다.

2. 학습장애

1) 학습장애의 정의와 이해

학습장애 학생은 평균의 지적 기능을 지니고 있으면서도 주의 집중이나 지각, 기억력 등의 결손으로 인해 특정 기술의 학습에 어려움을 보이는 학생을 말한다. 이러한 학습장애 특성에 따라 우리나라 「특수교육진흥법」에서는 학습장애아동을 "셈하기, 말하기, 읽기, 쓰기 등 특정한 분야에서 학습상 장애를 지니는 자" 로 정의하고 있다. 미국 장애인교육법(IDEA, 2004)에서는 "특정학습장애란 듣기, 생각하기, 말하기, 읽기, 쓰기, 철자법, 수학 계산을 수행하는 불완전한 능력으로 나타날 수도 있는, 말이나 글로 표현된 언어를 이해하고 사용하는 데 포함되는 1가지 이상의 기본적인 심리적 과정에 있어서의 장애를 의미한다. 이 용어는 지각장애, 뇌손상, 미세뇌기능 이상, 난독증, 발달적 실어증 과 같은 상태를 포함한다. 시각, 청각, 또는 운동기능상의 장애, 정신지체, 정서장애, 환경적, 문화적, 경제적 불이익이 주요 원인이 되어 학습문제를 보이는 아동은 포함하지 않는다." 라고 정의하고 있다.

학습장애의 정의는 다양한 것들이 발표되고 있는데 그것들의 공통적인 면이 다음과 같이 지적될 수 있다(이소현, 박은혜, 2006, pp. 118-119): (1) 학습장애는 정상적인 범주에 속하는 지적 기능을 보인다; (2) 학습장애는 학습영역, 특히 듣기, 말하기, 읽기, 쓰기, 수학 등의 영역 중 1가지 이상에서 어려움을 보인다; (3) 학습장애는 학습의 문제가 일차적으로 정신지체나 정서 및 행동장애 등의 기타 장애나 문화적인 차이, 교육기회의 결여, 빈곤 등의 외부적인 요인에 의하여 발생하는 경우는 제외한다. 물론 학습장애가 이들 기타 요소들과 동반되어 나타날 수는 있지만 아동의 주 장애가 학습장애로 간주되기 위해서는 학습문제가 일차적으로 학습장애에 의한 것이어야 한다; (4) 학습장애는 정보처리 능력이나 학습능력과 같은 중추 신경체계의 기능 이상으로 인하여 발생하는 개인 내적인 문제로 추측되고 있다; (5) 학습장애는 잠재적인 능력과 학업성취 간에 심각한 차이를 보이는 장애를 의미한다.

2) 학습장애 학생의 주요 교육적 요구

(1) 학업성취

학습장애 학생은 특정 과목에서 어려움을 보이기도 하고 대부분의 경우 학과목 전반에 걸쳐서 성취의 저하 문제를 나타내기도 한다. 학습장애로 진단되는 아동의 반 이상이 읽기에서 문제를 보이며, 그중에서도 특히 단어재인과 학습전략의 사용에서 어려움을 나타낸다. '난독증' 은 이러한 학습장애 학생의 읽기에서의 심각한 문제를 일컫는 용어로 알아둘 필요가 있다. 또한 학습장애를 가진 많은 아동은 쓰기 영역에서도 어려움을 보이며, 맞춤법, 적절한 단어나 문장구조의 사용 등 글쓰기와 관련된 활동들에서 부족함을 나타낸다. 또한, 수학도 학습장애 학생이 어려움을 보이는 영역의 하나이며, 기본적인 수학개념뿐 아니라 연산과 분류, 수학문제 풀이 등의 문제들과 계산 및 추론의 각 영역에서 어려움을 가질 수 있다.

(2) 사회정서적 요구

많은 학습장애 학생은 누적된 학습 실패로 낮은 자아개념을 보인다. 낮은 학업 성취에서 오는 낮은 자아개념은 다음 학습 성과에 부정적 영향을 미친다. 정서적으로는 반성적 사고보다는 충동적 경향을 보이며, 쉽게 좌절하는 경향을 보인다. 또한 사회적 인지의 부족함으로 인해 상대방과의 상호작용 중의 사회적 단서들(예: 대화 중 타인의 표정을 읽어 내어 상대방 기분을 알 수 있는 것 등)을 해석하지 못하거나 다른 사람의 감정을 잘 이해하지 못해 원만한 사회정서적 관계를 형성하고 유지하는 데 어려움을 보일 수 있다.

(3) 주의집중 및 과잉행동

학습장애 학생의 약 1/3 정도는 주의집중에 어려움을 나타낸다. 쉽게 주의가 산만해지고, 선택적 주의를 집중하는 상황에서 어려움을 보인다(김동일, 이대식, 신종호, 2002). 과제를 완성하는 데 어려움을 보이며, 지시 따르기에도 문제를 보이며 충동적이고 과잉행동을 보이기도 한다. 이러한 이유로 학습장애 학생의 특성을 설명할 때 '주의집중장애' 또는 '주의력 결핍 과잉행동장애'(ADHD, Attention Deficit Hyperactivity Disorders)라는 용어가 많이 사용되고 있다.

(4) 지각장애 문제

학습장애 학생 중에는 신체지각적인 면에서 전반적으로 저조함을 나타내어, 시각, 청각, 촉각을 통하여 수용된 자극을 인식하고 식별하여 적절하게 해석하는 능력에 문제를 보이는 학생이 있다. 이들은 또한 시각-운동 협응능력이 낮아서 세밀한 동작을 요하거나 지각과 동작 간에 협응을 요하는 과제수행력이 떨어진다(김동일, 이대식, 신종호, 2002). 이는 감각적인 능력 상의 문제가 아니라 감각적 자극을 받아들이고 정리하고 해석하는 데 있어서의 부족함을 의미하며 이러한 문제들은 아동의 학업성취 저하의 한 요인이 된다.

(5) 동기 및 귀인

학습장애 학생 중 많은 학생들이 학습에 대한 의욕과 동기에 문제를 보인다. 많은 학습장애 학생들은 학습동기 측면에서 학습된 무기력을 보인다. 즉, 동기수준이 낮고 반복된 실패로 과제성공 여부를 자신의 노력보다는 운이나 외부 여건으로 돌리는 경향이 있다. 귀인이란 개인들이 그들 환경에서 일어나는 사건들의 이유를 찾는 것인데, 계속되는 실패를 경험하면서 학습장애 학생은 자신이 아닌 다른 사람들이나 외부 요인에 의존하는 경향이 생길 수 있다.

3. 정서 및 행동장애

1) 정서장애의 정의와 이해

정서장애는 다른 장애에 비해 정의하기가 가장 어려우며, 정의에 대한 논의가 끊임없이 계속되고 있는 장애다. 정서라는 것이 측정하기 매우 어려운 개념이기 때문이다. 더구나 정서상으로 정상과 이상으로 분류하기 위한 경계선을 분명히 긋기가 모호하다. 우리나라의 「특수교육진흥법」 상의 정서장애의 정의는 현재 “지적, 신체적 또는 지각적인 면에 이상이 없음에도 불구하고 학습성적이 극히 부진한 자”, “친구나 교사들과의 대인관계에 부정적 문제를 지닌 자”, “정상적인 환경 하에서 부적절한 행동이나 감정을 나타내는 자”, “늘 불안하고 우울한 기분으로 생활하는 자”, “학교나 개인문제에 관련된 정서적인 장애로 인하여 신체적 통증이나 공포를 느끼는 자”, “감각적 자극에 대한 반응, 언어, 인지능력 또는 대인관계에 결함이 있는 자”로 명시되어 있다.

교육적 측면에서의 기능적인 정의로서 NMHSEC(National Mental Health

and Special Education Coaliation, 전미 정신건강 및 특수교육협회)는 학교 상황에서 학생이 나타내는 반응에 초점을 두어 다음과 같은 정의를 제시한다. '정서 및 행동장애' 란 학교 프로그램에 대하여 적절한 연령, 문화, 윤리적인 기준과는 매우 다른 정서나 행동반응을 보여 학습, 사회성, 직업 또는 개인적 기술을 포함하는 교육적 성취를 불리하게 하는 데 영향을 주는 장애를 의미한다. 이 장애는: 첫째, 환경에서의 긴장사건들에 대해서 일시적이고 예상가능한 정도 이상의 반응을 보이고; 둘째, 학교관련 환경을 포함한 두 개의 다른 상황에서 지속적으로 나타나며; 셋째, 교육 프로그램 내에서 제공된 개별화된 중재에도 불구하고 문제가 지속된다. 정서 및 행동장애는 다른 장애(예: 불안장애, 품행장애 등)를 포함할 수 있다.

2) 정서 및 행동장애 학생의 주요 교육적 요구

(1) 지능 및 학업성취

정서 및 행동장애 학생의 평균 지능은 일반아동의 하위 평균정도다. 학업활동의 다방면에서 어려움을 겪는다. 학업성취가 대부분 저조하며 학습장애를 함께 나타내기도 한다. 부적합한 행동이 낮은 학업성취를 초대하고, 낮은 학업성취로 인해 부적합한 행동, 나아가 반사회적 행동까지 하게 되기도 한다.

(2) 사회정서적 요구

공격행동이나 방해행동 등 외부적으로 드러나는 행동을 보이는 아동도 있는 반면, 내부적으로 위축행동, 우울증을 보이는 아동도 있다. 만족스러운 인간관계를 발달시키는 데 어려움이 있어 사회적으로 고립되기 쉽고 사회성 기술의 결핍을 보이며 이유 없이 우울증 증세를 보이기도 한다.

(3) 행동적 요구

정서 및 행동 장애학생들이 보이는 보편적인 행동으로는 공격행동, 방해행동, 주의력 결핍, 과다행동, 산만함(활동으로부터 쉽게 방해를 받거나 특정과제에 주의를 기울일 수 없는 경우), 충동성(주의 깊은 생각이나 목적 없이 발생하는 행동)등이 포함된다. 기타 행동 문제로 기능적 목적 없이 동일한 행동을 반복하는 상동행동, 자신을 상해하는 자해행동 등이 있다. 정서 및 행동장애 문제를 다룰 때, 최근에는 약물 복용, 자살, 학교 중도탈락, 학교 폭력 등의 문제와도 결부되어 교사들뿐 아니라 사회의 관심이 증대되고 있다.

4. 자폐성 장애

1) 자폐성 장애의 정의와 이해

자폐성 장애는 사회적 상호작용과 언어적 · 비언어적 의사소통에 있어서의 비정상적 발달을 보이면서 활동과 관심영역에 제한성을 보이며 교육적 성취에 부정적 영향을 미친다. 이러한 특성이 생후 3세 이전에 나타나는 장애로 알려져 있다. 자폐의 범주에 속하는 다양한 하위유형들과 다양한 심각 정도의 자폐적 성향을 모두 포함하여 지칭하기 위하여 자폐라는 용어와 함께 '자폐범주성' 용어가 사용되고 있다.

자폐를 진단하기 위해 가장 많이 사용하고 있는 진단기준은 1994년에 미국정신의학협회에서 출간한 진단자료에서 제시한 기준으로서 이 기준에 의하면 자폐는 다음의 특성을 포함한다(이소현, 박은혜, 2006, pp. 344-345): (1) 사회적 상호작용의 질적 결함; (2) 의사소통의 질적 결함; (3) 제한적이고 반복적인 상동행동적 특성을 보이는 행동, 관심, 활동; (4) 사회적 상호작용, 사회적 의사소통을 위한 언어, 상징놀이나 상상놀이 중 1가지 이상의 영역에서의 발달지체나 비정상적인 기능이 3세 이전에 나타난다. 실제 학교 환경에서 접하는 자폐성 장애 학생들은 사회적 상호작용과 의사소통에서의 결손뿐 아니라 지적 능력과 학업 성취에서 같은 연령의 또래아동에 비해 뒤쳐지는 범위에 있는 경우가 많다. 이번에 새로 공포된 「장애인 등에 대한 특수교육법」에서는 "자폐범주성 장애라는 용어 대신 자폐성 장애(이와 관련된 장애를 포함한다)"로 명시되어 있다.

2) 자폐성 장애학생의 교육적 요구

(1) 지능 및 학업성취

자폐성 장애로 진단된 아동들의 약 20% 정도는 평균이나 그 이상의 지적 기능을 보이는 학생도 있지만, 대체적으로 약 70~80% 정도는 정신지체를 지닌 것으로 알려져 있다. 평균이상의 지적 능력을 가진 경우라도 자폐로 인한 장애의 특성은 그대로 가지고 있기 때문에 학교적응과 사회적 적응을 성공적으로 해내는 데에는 어려움을 가질 수 있다. 자폐성 장애학생의 학업성취는 이들의 다양한 지적 수준에 의해 영향을 받게 되며 동시에 자폐장애가 지니는 문제들(예: 의사소통 어려움, 주의 집중의 어려움, 상동행동, 감각적 비전형적 반응 등과 관련된 특성)로 인해서도 부정적 영향을 받을 수 있다.

(2) 사회정서적 요구

사회성 발달과 대인관계에서의 어려움은 자폐성 장애의 핵심적 문제다. 자폐성 학생들은 주변 사람들과 일상적인 사회적 관계를 형성하고 유지하는 데 필요한 비구어적 및 구어적 행동의 사용에서 결함을 보인다. 또래나 양육자와 관심, 즐거움 또는 성취를 자발적으로 공유하려들지 않는 경향을 보인다. 사회적 또는 정서적으로 주변 사람과 교환하는 상호적 반응과 유대가 미약하다. 특히 이러한 사회적 행동의 결손은 상대방과 경험을 나누거나 공동관심을 형성해야 하는 상호적 맥락에서 두드러지게 나타나게 된다. 이러한 사회적 상호작용에서의 결손은 양육자와의 관계에서나 교사 및 또래와의 관계에서 분명하게 나타난다.

(3) 의사소통 요구

자폐성 장애학생의 언어발달은 일반적으로 지체된다. 언어 및 의사소통의 문제는 다양하고 구어사용에는 심각한 문제를 보인다. 말을 할 줄 아는 자폐아동 중 80%는 다른 사람이 말한 단어나 문장을 의미 없이 반복하는 '반향어' 를 사용하는 것으로 보고되었다. 즉, 언어기술이 있다 하여도 사회적 상호작용(예: 자신의 요구 표현, 사회적 관계 개시 및 종료, 타인의 요구에 적절한 반응표현 등)을 하기 위해 언어를 매개로 사용하는 데 어려움이 있다는 것이다. 또한 빈번한 조음상의 실수를 보이거나 알아들을 수 없게 말하는 등 정확한 발성에도 문제가 있는 것으로 나타난다. 말의 강세나 높낮이, 리듬형태의 운율학적인 면에서 문제를 나타내기도 한다. 이러한 언어에서의 어려움은 단순한 말의 습득과 적합한 사용에서의 문제뿐 아니라 사회적 상호작용을 형성하고 유지하는 데 필요한 말을 대체할 수 있는 비구어적 의사소통에서도 문제를 보이는 것으로 사회적 인지 측면의 결손과도 연결된다고 볼 수 있다.

(4) 행동적 요구

자폐성 장애학생들은 다양한 행동 문제를 보일 수 있다. 공격행동에서부터 위축행동, 방해행동, 자해행동 및 반복적인 상동행동 등을 나타내 보이는 것으로 보고된다. 이러한 행동들은 자신의 감정 및 요구를 표현하는 의사소통적 기능을 가진 것일 수도 있고, 자신의 각성 수준을 조절하기 위한 기능을 가질 수도 있다. 자폐성 장애학생이 보이는 이러한 행동 문제들은 단순 제거의 대상이 아니라 각 개인 학생의 환경 맥락에서 각 문제행동의 기능을 파악하여 이를 대체할 수 있는 보다 적합한 행동을 선정하여 대체행동으로 교수하는 교육적 접근이 필요하다(박승희 역, 1994; 안수경, 박승희, 2000).

5. 지체장애

1) 지체장애의 정의와 이해

지체장애란 일반적으로는 체간(몸통), 상지 및 하지에 장애가 있는 상태를 말하는데, 현재 우리나라의 「장애인복지법」에서는 지체장애, 「특수교육진흥법」에서는 지체부자유란 용어를 사용하고 있다. 새로 공포된 「장애인 등에 대한 특수교육법」에서는 지체장애로 명시하고 있다. 지체장애는 "지체의 기능, 형태상 장애를 지니고 있고, 체간의 지지 또는 손발의 운동, 동작이 불가능하거나 곤란하여 학습 활동이나 일상생활에서 특별한 지원을 요구하는 자" 로 정의한다(정동영

외, 2001). 지체장애의 하위 분류는 '신경성 증후군'과 '운동기 질환군'으로 나눌 수 있다. 신경성 증후군 범주에는 뇌성마비, 진행성 근이영양증, 척수성 마비, 간질 등이 속하고 운동기 질환군에는 골질환, 관절질환, 외상성 관절 등이 속한다(정동영 외, 2001).

지체장애가 외관상 가시적이지 않은 장애(예: 청각장애)에 비해 대부분 '가시적'이라는 점은 또 다른 문제를 일으키기도 한다. 예를 들면, 뇌성마비 아동이나 휠체어사용 학생이 자동적으로 지적 능력에서도 제한성이 있거나 장애 정도가 전반적으로 심각한 것으로 자주 오인되는 것은 지체장애에 대한 잘못된 편견임이 지적되어야 한다. 학교환경에서 자주 접할 수 있는 지체장애의 대표적인 하위 유형 몇 가지에 대해 간략한 정보를 제공한다.

(1) 뇌성마비

뇌성마비는 가장 일반적인 지체장애 유형으로서 우리나라 지체장애 학생들이 나타내는 장애 중 가장 높은 비중을 차지하고 있다. 뇌성마비는 출생 전, 출생 시, 출생 후의 뇌의 손상, 질병, 사고 등으로 인해 신체 여러 부위의 마비나 운동 능력의 장애를 갖게 된 경우를 지칭한다. 뇌성마비는 아주 심한 정도에서 아주 경한 정도까지 다양한 형태로 나타나며 경우에 따라서는 인지적, 감각적, 정서적 장애를 동반하기도 한다. 뇌성마비는 운동기능의 특성에 따라 경직형, 불수의 운동형, 운동실조형, 강직형 등으로 구분할 수 있고, 장애 부위에 따라 사지마비, 편마비, 하반신 마비, 삼지마비 등으로 분류될 수 있다. 이러한 뇌성마비를 가진 학생들은 언어장애로 인한 의사소통상의 어려움을 가질 수 있으며 운동기능에서의 장애로 인해 자세유지, 위생관리 및 이동 등에서 다양한 어려움을 가진다(김세주, 성인영, 박승희, 정한영 공역, 2005).

(2) 척수장애

척수장애는 교통사고, 산업재해, 질병(척수종양, 척수염, 바이러스 감염 등)등 불의의 사고로 인해 척추신경(척수)에 손상을 입어 손상부위 이하의 운동 및 감각에 마비를 보이는 장애다. 척수손상은 운동뿐 아니라 내장의 기능, 피부의 감각에도 장애를 초래할 수 있다. 방광 및 항문의 근육을 움직이지 못해 물리적 방법으로 용변을 보아야 하는 경우가 많으므로 요로 감염과 욕창 등 합병증 유발가능성이 높다. 따라서 이런 문제를 해결하기 위한 위생시설 및 장소가 요구되며 체온이나 땀의 조절, 기타 두통 등 건강상의 문제들을 주의해야 한다.

(3) 진행성 근이영양증

진행성 근이영양증은 중추신경계나 말초신경계의 신경에는 손상이 없는 상태이나 근육자체에 문제가 발생하는 질병이다. 현재까지는 발병 원인을 모르며, 유전적 성향을 갖는 질환으로 알려져 있다. 몸의 근육을 만들어 주는 단백질이 제대로 형성되지 못해 근육이 조금씩 약해지고, 초기에는 자주 넘어지는 현상을 보이다가 점차 뛰고 걷기가 어려워지며 나중에는 앉아 있기조차 힘들어지다가 끝내는 눕게 되고 호흡마저 힘들어지는 경우를 맞기도 한다. 이러한 근이양증을 가진 학생의 경우, 특별히 점차 장애가 심해지기 때문에 갖게 되는 심리적 고통과 신변처리와 이동상의 어려움, 안전사고와 질환의 위험성들을 특별히 고려해야 한다.

(4) 간질

간질이란 신경세포가 짧은 시간 동안 과도한 흥분상태를 일으킴으로 발작이 일어나는 것을 말한다. 간질의 유형에는 학생이 의식을 잃고 쓰러지며 전신의 근육이 경직되는 형태로 나타나는 대발작이 있고, 이보다는 덜 심각하지만 잠시 동안 눈의 초점을 잃고 멍해지거나 얼굴이 창백해지는 형태로 나타는 소발작이 있다. 이중에서도 우리가 흔히 접하게 되는 대발작이 발생할 경우 쓰러지거나 발작을 하는 동안 학생이 위험한 상황에 처할 수 있으므로 이에 대한 적절한 대처방법을 알고 침착하게 대응하는 것이 중요하다(간질에 대한 적절한 대처방안은 본 책 9장 참조). 간질은 약물을 복용하여 대부분 통제할 수 있는데 학생이 간질약을 복용하는 경우, 학생의 규칙적인 식사를 하고 약을 잘 복용할 수 있도록 하며, 관련된 부작용을 알고 이를 신중히 고려하는 등 약물복용과 관련한 세심한 주의가 요구된다.

2) 지체장애 학생의 교육적 요구

(1) 인지능력과 학업성취

지체장애학생은 다양한 수준의 인지능력을 가지고 있다. 시각장애, 청각장애 혹은 정신지체 등 다른 장애를 함께 가지고 있을 경우에는 인지발달과 학업성취에 문제를 보인다. 또한 수술 입원 등으로 인한 빈번한 결석으로 성적이 뒤쳐질 수도 있다. 신경계통의 장애가 있는 경우에는 인지 및 지각능력에도 결함을 가지므로 학업성취가 낮을 수 있다.

(2) 사회정서적 요구

지체장애학생은 신체 및 건강상의 문제로 인해 학교에 자주 결석하게 되고, 치료와 입원, 수술 등의 빈번한 병원생활을 경험하게 되어 이로 인해 신체적 고통뿐 아니라 사회적 · 정서적으로도 많은 어려움을 경험하게 된다. 특히 잦은 결석으로 인해 학교친구들과 친밀한 관계를 형성하는 데 어려움이 있을 수 있고, 또래들과는 다른 자신의 신체적 특성으로 인해 위축되거나 자존감이 낮아져서 우울, 공격성 등과 같은 정서적 문제를 겪거나 적극적으로 타인에게 접근하거나 관계를 형성하는 데 있어서 어려움을 갖기도 한다. 특별히 진행성 근이양증과 같은 말기적 질병을 가진 학생의 경우에는 이러한 정서적인 측면에서의 어려움이 더욱 심각하기 때문에 세심한 배려가 요구된다.

(3) 신체운동적 요구

근육의 협응이 어렵고 자연스럽지 않은 운동 양상을 보이며, 특정 근육이 마비 또는 위축됨으로 인해 이동에 어려움을 겪는 경우가 많다. 또한 구강주변 근육의 조절과 협응의 문제로 침을 흘리거나 혀를 조절하기 힘들거나, 말을 잘하지 못하거나 알아듣기 힘든 말을 하거나 말을 아주 천천히 할 수가 있다. 그러나 이러한 양상을 보이는 것이 그들의 인지능력까지도 저조함을 의미하는 것이 아님을 숙지하여야 한다.

6. 시각장애

1) 시각장애의 정의와 이해

시각장애란 눈의 기능이 저하되어 사물을 잘 볼 수 없는 상태를 말하는데 장애의 기준은 시력 또는 시야의 이상 유무 또는 그 정도에 의해 결정된다. 시력의 저하는 안경으로 보완되므로 장애 유무를 판단하기 위해서는 안경, 콘택트렌즈를 착용한 후 교정시력으로 측정을 하게 된다. 시각장애인은 시력교정을 위해서 안경을 착용하기도 하고 빛에 대한 감각을 느끼기 위해 색깔 있는 안경(렌즈)을 착용하기도 한다. 「특수교육진흥법」에서 시각장애를 지닌 특수교육대상자는 두 눈의 교정시력이 0.04 미만인 자로 규정하고 있다(상세 내용은 〈표 1-1〉 참조).

시각장애 학생들은 시각적인 정보를 정안인(정상시력을 가진 자)과 같은 방법으로 취득하기 어렵기 때문에 다른 방법들을 통하게 되는데, 음성적인 정보와 촉각을 이용하게 된다. 시각장애 학생들은 점자를 사용하는 경우가 많다. 점자는 시각장애인이 손가락으로 더듬어 읽을 수 있도록 만든 기호 글자다. 종이 위에 볼록 튀어나오게 점을 찍어 손가락 끝으로 읽을 수 있도록 해서 '점자'라고 한다. 점자는 6개 점을 여러 가지로 맞추어 문자나 부호가 나타나게 한 것으로 세계 여러 나라에서 각 나라 문자에 맞게 사용하고 있다. 점자는 6점이 한 칸을 이루는데 이 칸들이 연결되어 한 단어를 만든다(〈부록 6〉 참조).

시각장애 학생들은 중복장애를 가지고 있는 경우를 제외하고는 인지능력에 장애가 없으므로 시각장애를 보완할 수 있는 보조공학 기기와 교사의 배려가 있다면 비교적 통합교육이 용이한 학생들이다. 그런데 다른 장애영역과는 달리 우리나라의 시각장애 학생들은 통합교육보다는 특수학교에서 고등학교 및 전공과 교육까지 받는 경우가 많다. 시각장애 학생들을 교육적 요구에 따라 분류하면 완전히 시각을 상실하여 시각이 아닌 다른 감각(예: 촉각)을 사용하여 학습해야 하는 '맹학생'과, 심각한 시각장애가 있으나 어느 정도의 사용가능한 시각능력이 있어서 광학기구, 비광학기구, 환경적 변형기술 등을 통해 시각기능이 향상될 수 있는 '저시력 학생' 으로 나눌 수도 있다.

2) 시각장애 학생의 교육적 요구

(1) 신체발달 요구

시각장애 아동들은 흥미 있는 물체를 보기 위해 고개를 들고 좌우로 돌리는 등의 초기 운동 발달부터 어려움을 겪게 된다. 물체를 향해 손을 뻗거나 몸을 움직이지 않으며, 근긴장도, 신체공간 감각이 낮아 자세 및 보행이 어색하다.

(2) 인지능력과 학업성취

선천적인 시각장애이거나 어린 나이에 시각장애가 생긴 경우 개념 형성에 어려움을 갖게 된다. 시각 이외에 기타 감각을 사용하여 개념형성을 하다 보면 정확하지 않은 개념을 갖게 될 경우가 생기고, 촉각이나 청각으로는 알 수 없는 개념도 많기 때문에 다른 사람의 설명에 의존해야 할 때가 많다. 지적 장애가 없더라도 사물의 영속성이나 인과관계에 대한 개념습득에 오랜 시간이 걸리고, 모방 및 관찰을 통해 배울 수 있는 기회가 부족하여 인지발달이 늦어지게 된다. 그러나 시각장애 학생들의 인지능력은 다양한 분포를 보이며 학업성취 또한 비장애 학생과 마찬가지로 다양한 환경적 요인에 의해 영향을 받으므로 시각장애로 인해 자동적으로 인지능력과 학업성취가 낮을 것이라고 생각할 필요는 없다.

(3) 사회성 요구

시각장애학생들은 시각장애가 없는 사람들이 사회적 상호작용을 할 때 사용하는 비언어적 신호를 보지 못하므로 자연스럽게 대화하기나 사회적 관계를 형성하고 유지하는 데 어려움을 보인다. 사회적 상호작용에서 직접 상대방 얼굴을 볼 수 없거나, 문자나 다른 시각적 단서를 활용하여 의사소통하기가 불가능하거나 어렵기 때문에 빈번하고 자연스런 의사소통이나 관계형성 기회와 질적인 진보에서 방해를 받는다.

(4) 시각장애 학생 교육을 위한 지침과 방법

• 환경조성

점자 노트북이나 점자 프린터를 비롯한 다양한 학습도구를 놓을 수 있도록 큰 책상이 필요하고, 저시력 학생의 경우에는 조명의 위치와 밝기에 신경을 써야 한다. 스스로 교실 및 학교 안에서 이동할 수 있도록 환경을 탐색하고 독립적 이동을 연습하도록 도와주어야 한다. 또한 사람들의 이동이 빈번한 곳에 있는 장애물을 없애야 한다.

• 문자교육

일반 정안인이 읽는 인쇄물을 읽을 수 없는 많은 시각장애 학생들은 점자를 사용한다(〈부록 6〉 참조) 최근 점자타자기가 나와 점판과 점필을 사용하여 직접 종이에 점자를 찍을 때 보다는 속도가 빨라지게 되었지만 비장애 아동이 읽고 쓰는 것보다는 느리다. 또한 점자로 된 책자는 묵자(일반인들이 사용하는 글자)로 된 책보다 훨씬 부피가 커지며, 모든 서적이 다 점자화되어 있는 것은 아니라는 문제점이 있다. 점자를 사용하는 학생이라도 워드 프로세서 사용을 지도하면 읽기 및 쓰기에 도움을 준다. 최근에는 입력한 글자를 음성으로 전환하는 프로그램도 개발되어서 사용되고 있다(김미선, 2006).

• 보행훈련

보행훈련은 보행훈련사에 의해 처음엔 일대일 직접 지도를 받는다. 맹인안내견, 흰 지팡이, 전자보행기구 등을 이용하여 독립적으로 주변 환경의 시설 등을 이용할 수 있도록 지도한다.

• 보조도구의 사용

저시력 학생의 경우 시력을 이용하도록 최대한의 지원을 한다. 독서대 사용, 굵은 글씨 사용, 큰 활자를 사용한 교재 등이 보조도구로 많이 사용된다(본 책의 10장 참조). 맹학생의 경우, 점자판(점첩, 점관, 점판, 점필 1종), 점자타자기, 컴퓨터를 활용한 점자 프린터와 관련 소프트웨어 등의 보조도구를 사용한다. 카세트 녹음기를 이용하여 필기를 대신하거나 녹음 도서를 이용하여 책을 읽기도 한다. 최근에 컴퓨터 공학의 발전이 시각장애인들의 교육과 재활에 많은 도움을 주고 있다(예: 점자정보단말기, 음성합성변환 프로그램, 화면확대 프로그램 등)(정동영, 박승희, 원성옥, 유숙열, 2005).

7. 청각장애

1) 청각장애의 정의와 이해

청각장애는 청력손실이 심하여 보청기를 착용하고도 청각을 통해 음성언어에 의한 의사소통이 불가능한 '농'과 잔존청력이 있어서 보청기를 사용하면 청각을 통한 정보교환이 어느 정도 가능한 '난청'으로 구분할 수 있다. 청각장애는 소리 파장을 신경적 충동으로 바꾸어 두뇌에 전달하는 과정 중 어느 부분에 결함이 있을 때 발생한다. 외이나 중이의 이상으로 인해 내이까지 도달하는 소리의 양이 줄어든 전음성 청각장애와 달팽이관이나 청신경에 손상을 입어 청력 손실이 심각해진 감음신경성 청각장애로 나눌 수 있다.

청력손실을 나타내는 단위는 데시벨(dB)이라고 부른다. 「특수교육진흥법」상 청각장애를 지닌 특수교육대상자는 '두 귀의 청력손실이 각각 90데시벨 이상인 자', '청력손실이 심하여 보청기를 착용하여도 음성언어에 의한 의사소통이 불가능하거나 곤란한 자', '일상적인 언어생활 과정에서 청각의 기능적 활용이 불가능하며 일반인과 함께 교육받기가 곤란한 자'로 명시되어 있다.

청각장애는 교육에서 기본 수단으로 사용하는 소리를 가진 언어, '말'(구어)을 통한 교육에 한계가 있다는 것을 의미한다. 청각장애 학생들 중에는 잔존청력을 최대한 활용하여 조기에 구화교육을 받아서 구화를 사용하는 학생들과 수화를 사용하는 학생들이 공존하고 있다. 과거에는 구화교육과 수화교육을 갈등적 구조로 보고 둘 중 하나의 우위성에 대한 논쟁을 벌였으나 현재는 개인 청각장애인에 따라 시기별로 가장 적합한 의사소통 선택의 문제로 이해되고 있다. 최근에는 '인공와우이식수술'을 조기에 시술하여 청력 재활을 통하여 청력을 활용하고 말을 사용하려는 아동들이 증가하고 있다.

청각장애인은 건청인(정상 청력을 가진 자)과는 다른 방법으로 의사소통하게 되는데, 다른 사람의 입술 모양과 움직임을 읽는 '독화'를 통해 말을 이해할 수 있으며, 흔히 건청인과 의사소통하기 위해 글을 써서 할 수도 있으며 수화를 사용할 수도 있다. 수화는 청각장애인이 단어와 생각 및 개념들을 표현하기 위해 손짓과 몸짓을 사용하여 표현하는 의사소통 수단이다(〈부록 6〉 참조). 수화는 표현에서 직시적이고 회화적이기 때문에 감정 변화 등의 표현을 위해서는 얼굴 표정이나 몸짓이 중요한 역할을 한다.

통합교육 상황에서 청각장애 학생들은 일반학급에서 교사와 일반또래들과의 관계가 구화로서 이루어지는 경우가 대부분이기 때문에 학습에서뿐 아니라 사회적 통합에서도 심각한 문제를 직면한다. 청각장애 학생들은 외관상으로는 전혀 장애학생처럼 보이지 않을 수도 있기(가시적인 지체장애와 구별되게) 때문에 다른 장애학생들 보다 통합교육 상황에서 주변의 지원을 덜 받을 수도 있음을 주목할 필요가 있다.

청각장애 학생의 교육에서 구화교육뿐 아니라 수화교육은 주요하게 지속적 관심을 받고 있다. 수화는 많은 청각장애인에게는 제1언어로서 수화사용 자체를 저가치화하거나 낙인하여서는 안 된다. 수화는 청각장애인 공동체를 구축하고 결집하는 데 결정적인 수단이며 언어임이 존중되어야 한다. 최근에는 장애인식 개선 프로그램을 통하여서나 일반인의 청각장애나 수화에 대한 관심 증대로 수화교육에 대한 관심이 이전보다는 향상되고 있다. 비장애학생들에게는 청각장애 학생들이 사용하는 수화를 또 하나의 언어(외국어)로 소개하여 수화 자체에 대한 부정적 느낌을 감소시킬 수 있고, 학교의 특별활동 등을 통해 수화 학습에 대한 관심을 확산시킬 수 있다.

2) 청각장애 학생의 교육적 요구

교사들은 청각장애가 청각기능 수행에 어떠한 영향을 미치는가에 관심을 둔다. 청각장애 분류는 대개 청력손실의 정도, 청력손실의 원인과 부위, 청력손실 시의 연령 등 3가지 기준에 따른다. 교사들은 청력손실 발생 시기에 따른 분류에 관심을 둔다. 청력손실 발생 시기가 말과 언어 발달에 결정적 영향을 미치기 때문에 언어전 농과 언어후 농으로 구분하기도 한다(한국통합교육학회 편, 2005).

(1) 말과 언어발달 요구

청각장애 학생이 보이는 가장 주요한 문제는 사회에서 일반적으로 사용되는 언어로 의사소통을 하기가 어렵다는 것이다. 언어표현 능력이 생기기 전에 청력이 손실되면 구어기술 습득에 어려움이 많다. 청각장애 학생들의 국어, 특히 말하기 능력은 같은 또래의 일반아동들에 비해 많이 뒤떨어진다. 일반아동들은 들음으로써 자연스럽게 말과 언어를 습득하지만, 청각장애 아동들은 이 모든 것을 직접반복과 교정훈련 등을 통해 배워야 하기 때문이다. 청각장애 학생이 말을 할 때는 특정 음소를 탈락시키거나 다른 음소로 대치하기, 어색한 억양 및 고저, 부적절한 속도나 운율 등이 관찰될 수 있다. 어휘력이나 문법적 지식도 부족한 경우가 많다. 어휘력이나 문법적 지식의 부족은 청각장애 학생들의 저조한 작문 능력으로 연결되기도 한다(이소현, 박은혜, 2006).

(2) 사회정서적 요구

청력손실이 사회정서적 발달에 미친 영향에 대한 조사는 일관된 결론을 제시하지는 않는다. 그러나 청각장애학생들은 우울, 위축, 고립감을 경험한다고 보고된다. 청각장애 학생은 구어 중심의 의사소통 환경에서 친구관계를 형성하고 유지하는 데 어려움을 겪는다. 청각장애 학생들은 같은 청력손실이 있더라도 주로 주변 사람들의 태도와 상호간 의사소통할 수 있는 능력에 따라서 다른 사회적 응력을 보인다. 일반학생들이 청각장애 학생과 좀 더 쉽게 의사소통을 할 수 있

특수교육지원 Tips 9

수화는 많은 청각장애인에게 제1언어

수화는 많은 청각장애인에게 제1언어로서 존중되어야 한다. 수화는 청각장애인 공동체를 구축하고 결집하는 수단이다. 비장애학생들에게 수화를 또 하나의 언어, 외국어로 소개할 수 있으며 수화에 대한 부정적 느낌을 감소시킬 수 있다.

고, 서로에 대한 이해를 넓힐 수 있도록 일반학생을 위한 수화지도를 실시할 수 있다(예: 특별활동, 방과 후 프로그램 등).

(3) 청각장애 학생 교육을 위한 지침과 방법

• 환경조성

청각장애 학생은 소음으로부터 멀리 있어야 한다. 교사의 교육활동이 진행되는 곳과 가까운 자리에 배치하여 청각장애 학생이 교사를 정면으로 바라볼 수 있도록 하는 것이 중요하다. 교사는 학생이 자신의 입 모양을 잘 볼 수 있는 위치에서 자리하여 강의를 하는 것이 중요하다.

• 시각적 자료 제시

청각장애 학생들의 교육활동에서는 소리의 언어로 학습내용이나 공지사항을 전달할 때에도 시각적 자료를 추가로 제공하는 것이 이해에 많은 도움이 된다.

• 수화 및 구화교육

많은 청각장애 학생들이 수화를 대표적 의사소통 수단으로 사용한다. 한편 구화교육에서는 직접적이고 정확한 말소리 교육 및 독화(화자의 입술 움직임을 보고 무슨 말을 하는지 아는 것)를 통해 구어를 발달시키고자 보청기를 사용을 권장하며 청능훈련을 통하여 잔존청력을 활용하도록 가르친다. 그런데, 구화법만을 사용하였을 때 주고받을 수 있는 정보 양이나 질에서의 제한성 때문에 독화, 말하기, 듣기, 수화, 지문자를 모두 사용하는 '총체적 의사소통 방법'이 나오게 되었다. 청각장애 학생들이 조기에는 구화교육을 통해 구화 사용능력을 최대한 개발하고, 점차 학습내용이 많아지고 복잡해짐에 따라 구화만으로는 교육을 충분히 할 수 없을 때 수화 사용이 시작되는 것이 보편적인 경우다(김미선, 2006).

• 보청기와 보조도구 및 인공와우

보청기는 청각장애 학생에게 대표적인 보조기구다. 보청기는 청각장애인들이 자신의 잔존청력을 활용하여 최대한 잘 알아들을 수 있도록 외부소리를 증폭시켜주는 기계장치다. 보청기를 착용한다고 해서 모든 소리를 들을 수 있는 것이 아님을 알 필요가 있다. 그 외 일상생활을 위해 다양한 보조공학적 지원이 가능하다. 자막, 청각장애인용 전화기(TDD), 소리 보충장치(벨소리뿐 아니라 시각적인 요소를 포함하는 초인종, 화재 경보, 자명종, 전화벨)등이 있다. 시각장애인을 위한 안내견처럼, 청각장애인을 보조하기 위한 '보청견' 도 있다. 정보접근을 돕는 기기로는 캡션기, 휴대용 문자전송 시스템인 에어포스트, 전화증폭기, 팩스 등이 있다(정동영, 박승희, 원성옥, 유숙열, 2005).

인공와우란 외부의 소리를 전기적인 자극으로 변환하여 청신경에 전달하는 장치로 수술을 통해 달팽이관에 삽입한다. 인공와우수술은 일반적으로 양쪽 청력이 모두 심한 손실을 보이는 2세 이상의 아동부터 성인까지 수술의 대상이 되며 청력손실이 90데시벨 이상인 고도난청이면서 보청기 사용으로 도움을 받지 못하는 경우에 주로 수술의 대상이 되고 있지만 최근에는 대상자의 범위가 확대되는 실정이다. 실제 최근에는 청각장애 특수학교에서 인공와우수술을 한 아동들을 쉽게 접할 수 있으며 수술 후 이들을 위한 적합한 교육 프로그램 개발 및 제공이 쟁점의 대상이 되고 있다.

참고문헌

교육인적자원부(2006). 특수교육실태조사서. 서울: 교육인적자원부.

김동일, 이대식, 신종호(2002). 학습장애아동의 이해와 교육. 서울: 학지사.

김미선(2006). 특수아동의 이해. 한국자활후견기관협회 편. 제2기 특수(장애통합)교육보조원 초급과정 연수(pp. 23-61). 서울: 한국자활후견기관협회.

김세주, 성인영, 박승희, 정한영 공역(2005). 뇌성마비아동의 이해. 서울: 시그마프레스.

박승희(1994). 정신지체의 새 개념화의 성격과 그 함축성. 특수교육논총, 10, 1-26.

박승희 역(1994). 정신지체: 정의, 분류, 지원의 체계. 서울: 교육과학사.

박승희 역(2003). 마서즈 비니어드 섬 사람들은 수화로 말한다: 장애수용의 사회학(한국학술진흥재단 학술명저번역총서 서양편 10). 파주: 한길사.

박승희, 신현기 공역(2003). 정신지체 개념화: AAMR 2002년 정신지체 정의, 분류, 지원체계. 서울: 교육과학사.

안수경, 박승희(2000). 협동놀이 교수가 정신지체 아동의 공격적 행동에 미치는 영향: 자유놀이 시간의 행동을 중심으로. 교육과정 평가연구, 3(1), 221-236.

이소현, 박은혜(2006). 특수아동교육(2판). 서울: 학지사.

정동영, 김형일, 정동일(2001). 특수교육요구아동 출현율 조사연구. 안산: 국립특수교육원.

정동영, 박승희, 원성옥, 유숙열(2005). 대학 장애학생 교수-학습 지원편람 개발 연구. 서울: 교육인적자원부.

한국통합교육학회 편(2005). 통합교육. 서울: 학지사.

제3장 '학교환경에서 경험하는 장애'를 공부한 후 **다음**을 알 수 있다.

- 한 학생의 장애조건을 이해하기 위한 필수 전제 4가지에 대해 숙지한다. 4가지 필수 전제는 첫째, 장애는 한 학생을 이해하기 위한 단 1가지 측면이라는 것; 둘째, 장애는 학생의 현재 기능성의 제한된 한 상태라는 것; 셋째, 동일한 장애명으로 진단받은 학생들이라도 각각 학생은 모든 면에서 다를 수 있다는 것; 넷째, 특수교육과 적합한 지원은 개인학생의 기능성을 향상시킬 수 있다는 신념을 가지는 것이다.

- 일반학교와 특수학교에서 특수교육보조원이 빈번히 접하는 장애학생들이 보이는 주요 장애는 정신지체, 학습장애, 정서 및 행동장애, 자폐성 장애, 지체장애, 시각장애, 청각장애를 포함한다. 이 7가지 장애에 대해 그 정의와 그 장애를 가진 학생들의 보이는 주요 교육적 요구의 개관을 이해한다.

제4장 특수교육보조원의 정체성 및 역할

Ⅰ. 특수교육보조원의 정체성

Ⅱ. 특수교육보조원의 역할 규명

Ⅲ. 교사 역할수행과 특수교육보조원 역할수행의 관계

제 4 장 특수교육보조원의 정체성 및 역할

학습목표

- 특수교육보조원 제도에 대해 알고 특수교육보조원의 정체성에 대해서 이해한다.
- 특수교육보조원 역할의 변화과정을 알고 특수교육보조원의 역할 10가지를 이해한다.
- 교사의 역할과 특수교육보조원의 역할을 명확히 알고, 특수교육보조원 역할의 순기능과 잠재적 역기능을 이해한다.
- 특수교육보조원, 교사, 학생 및 부모 사이의 최선의 관계를 위한 지침 11가지를 숙지한다.

I. 특수교육보조원의 정체성

1. 특수교육보조원 제도

1) 특수교육보조원 제도 도입 배경

특수교육보조원 제도는 교사의 교수적 수행 능력을 지원하여 궁극적으로는 교육의 질 제고를 위한 한 방안으로 수립된 것이다. 최근에 이루어진 특수교육 정책 연구 중 하나인, '특수교육 발전 5개년(2003~2007) 종합대책 수립을 위한 기초연구' (박승희, 강영택, 박은혜, 신현기, 이효신, 정동영, 2001. 11.)에서 통합교육의 기회 확대 및 특수교육의 질 제고를 위한 방안으로 '교원의 전문성 제고 및 보조원제 도입' 을 제안하였다. 이는 장애학생을 위한 성공적인 통합교육을 달성하기 위해서는 물리적 통합 및 사회적 통합과 더불어 장애학생들의 교육적 성과 측면도 간과해서는 안 된다는 최근의 특수교육 경향이 반영된 것이라고 하겠다.

현재 교육 현장에서는 개인 학생의 교육의 질의 적합성을 향상시키는 데 방해가 되는 요소들이 산재해 있는 것이 사실이다. 그중에서 학급에서 교사 대 학생 비율이 아직은 높다는 점과 교사들이 특수교육의 최선의 실제(best practices)에 대한 지식과 정보가 있다 하더라도 자신의 교수를 지원할 보조인력이 전무한 상황에서 그것들을 실시할 수 없음에 대한 문제가 지적되어 왔다. 특히 통합교육의 실시가 확대되어 특수학급의 운영형태가 전일제보다는 대부분 시간제로 운영되어 하루 수업 중 많은 시간을 일반학급에서 아무런 지원 없이 수업을 받고 있는 특수교육대상 학생들의 교육의 질 적합성에 대하여 많은 우려들이 지적되었다(박승희, 1999, 2002; 박승희, 강경숙, 2003).

또한 일반학교의 특수교육대상 학생들의 교육의 질 제고를 위해서뿐 아니라 특수학교에서 제공되는 교육의 질 제고를 위해서도 보조인력의 필요성에 관심이 주어져야 한다. 또한, 전국 특수학교의 반 정도가 인근 일반학교와 통합교류 프로그램을 시도함으로써 교육의 질 제고 노력을 꾀하고 있으며, 보조인력 투입의 필요성이 증가하고 있다(박승희, 2007). 현재 우리나라는 특수학교가 장애유형별로 운영되어 비슷한 장애유형의 다양한 장애 정도의 학생들이 한 학급에 모여 있는 경우가 많다. 예를 들면, 한 지체부자유 특수학교의 한 학급의 경우, 10명 학생 중 6명이 휠체어 사용자라면 교사 혼자서 그 학생들의 화장실 사용을 지원하는 것 하나만으로 많은 시간이 필요하여 수업활동에 투여할 시간은 그만큼 부족할 수 있다는 것이다. 따라서 개개 학생의 독특한 교육적 욕구에 맞게 최선의 적합한 교육을 제공한다는 것은 현실적으로 어려움이 많다.

현재 일반학교의 특수학급과 특수학교의 현실을 감안하고, 현재와 미래의 일반학급에서 양질의 통합교육 실시를 기대할 때, 교사들이 교수 수행 능력을 최대한 발휘할 수 있도록 지원하는 보조인력의 필요성에 대해서는 정책입안자들과 연구자들 및 현장 교사들 사이에 동의가 있었고, 부모들의 적극적 요구 사항으로도 합의가 도출되었다. 2002년에 국립특수교육원에서는 '특수교육보조원제 운영방안에 관한 연구' (강경숙, 강영택, 김성애, 정도일, 2002. 8)를 내놓았다. 그 연구를 보면, 특수교육보조원 배치에 대한 교사 및 교육행정가의 찬반 조사 결과는 전체 785명(교사 525명, 행정가 260명) 응답 중 653명(83.2%)이 보조원제 도입을 찬성하는 것으로 나타났다. 이와 같이 특수교육 현장에서 질 높은 교육을 제공하기 위하여 교사를 지원할 보조 인력의 필요성에 대한 일치된 요구는 결국 우리나라 특수교육 분야에 처음으로 2003년에 공식적으로 '특수교육보조원 제도' 를 시범제로 도입하게 하였다. 현재까지 특수교육보조원 배치가 증가세에 있으며 앞으로도 확대 배치 계획이 있다.

특수교육보조원제가 정식으로 검토되기 전에는 한국 특수교육 분야에서는 교사를 지원하는 인력을 '보조 교사' 로 일반적으로 지칭하는 것이 보편적이었다. 보조 인력 사용의 공식적 제도화를 준비하는 과정에서 보조교사 명칭에 대한 여러 의견과 염려들이 도출되면서 '보조원' 으로 지칭하는 것으로 합의가 되어, 2002년 이후의 공식적인 문서와 문헌들에서 '특수교육보조원' 으로 사용되고 있다(강경숙 외, 2002. 8. 참조).

2) 특수교육보조원 제도 실시

특수교육보조원 제도는 2003년부터 공식적으로 시범 운영하게 되었으며, 2004년부터는 국고에서 30%를 지원하고 지방자치 단체에서 70% 예산을 확보하여 1,000여 명의 특수교육보조원을 배치하기에 이르렀다(교육인적자원부, 2004). 2006년 교육인적자원부 특수교육 연차보고서(교육인적자원부, 2006. 9.)에 의하면, '특수교육 보조인력 지원 확대'가 특수교육 지원체제 강화의 한 방안으로 제시되었다. 유급 특수교육보조원 채용 확대 계획이 세워져 있으며, 자원봉사자 및 공익근무요원 등 보조인력 활용 내실화(2006년 공익근무요원 659명)계획도 포함되어 있다.

실제 일선 학교에서 특수교육보조원의 배치를 희망하여 지원하는 절차는 다음 [그림 4-1]과 같다(교육인적자원부, 2006. 9.).

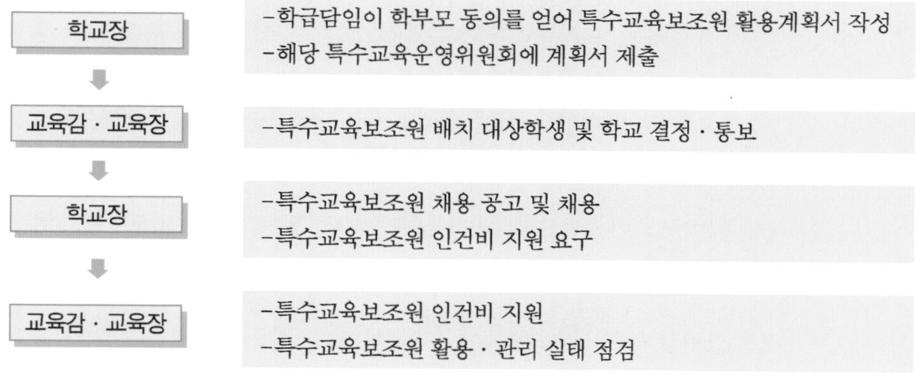

[그림 4-1] 특수교육보조원 배치를 위한 지원 절차

2006년 특수교육실태조사에 의하면 현재 특수교육보조원이 일반학교 및 특수학교에 배치된 수는 특수학교에 1,516명이고, 일반학교의 특수학급에 3,074명, 일반학급에 569명이 배치되어 총 5,159명에 이른다(〈표 2-1〉 참조). 이 수는 전국의 특수학교와 특수학급의 교사수 11,259명에 비교하면 약 46%에 이르는 수

표 4-1 유급 특수교육보조원 배치 및 활용방안

1. 신분
- 학교회계직

2. 자격
- 고등학교 졸업 이상의 학력을 소지하고 특수교육에 관심이 있는 자
- 시 · 도교육청 주관 특수교육에 관한 연수과정을 이수한 자

3. 역할
- 교사의 고유업무인 수업 · 학생지도 · 평가 · 상담 · 행정업무 등을 대리할 수 없고, 학급 담임교사의 요청에 의해 학생 지도를 보조
- 정규교사 감독 아래 다음과 같은 지원업무 수행
  - 특수교육 대상학생의 개인욕구 지원: 용변 및 식사지도, 보조기 착용, 착 · 탈의, 건강보호 및 안전생활 지원 등
  - 특수교육 대상학생의 교수-학습활동 지원: 학습자료 및 학용품 준비, 이동 보조, 교실과 운동장에서의 학생활동 보조, 학습자료 제작 지원 등
  - 특수교육 대상학생의 문제행동 관리 지원: 적응행동 촉진 및 부적응행동 관리 지원, 또래와의 관계형성 지원, 행동지도를 위한 프로그램 관리 지원 등

4. 배치방법
- 담임교사(특수학급 설치학교의 경우 일반학급과 특수학급 담임 공동)가 부모의 동의를 받아 특수교육보조원 활용 계획서를 작성하여 학교장 명의로 특수교육운영위원회에 제출한 이후, 특수교육운영위원회 심사를 통해 적격한 학생에 한해 배치

5. 배치기준
- 특수교육대상자로 선정되어 일반학교 일반학급, 특수학급, 특수학교에서 교육을 받고 있는 학생 중 중도 · 중복장애 학생부터 우선 배치

6. 활용 및 관리
- 특수학급 설치교: 유급 특수교육보조원을 통합학급에 배치 · 활용하고, 관리는 특수학급 담임교사가 담당
- 특수학급 미설치교: 유급 특수교육보조원을 통합학급에 배치 · 활용하고, 관리는 학급 담임교사와 특수교육지원센터에서 담당

출처: 교육인적자원부, 특수교육정책과(2007. 1.). 2007년도 특수교육 운영계획, p. 27.

다. 학교 환경에 처음으로 배치된 새로운 보조인력 혹은 지원인력으로서 특수교육보조원은 오히려 부담이 되어서는 안 되고 실질적인 도움이 될 수 있어야 한다. 기존의 교사들과의 관계에서 예측되는 갈등과 긴장을 최소화하여야 한다는

것을 의미한다.

궁극적으로, 장애학생의 교육의 질 제고를 위하여 도입한 특수교육보조원 제도는 명실 공히 교사의 교수 수행력 증진에 기여하여, 통합학교 및 특수학교의 장애학생들의 실질적인 교육성취를 최대화하는 데 일익을 담당하여야 한다. 이렇게 특수교육보조원 제도로 처음 출현하게 된 특수교육보조원은 우리나라 특수교육 및 장애인 서비스 분야에 새로운 한 보조 인력으로서 전문가를 지원하는 준전문가이다. 교육인적자원부에서 2007년도에 제시한 '특수교육보조원 배치 및 활용방안' 을 제시하면 〈표 4-1〉과 같다.

2. 특수교육보조원의 정체성

문헌에 의하면, 교사들의 교수(instruction)활동을 지원하는 역할을 담당하는 사람들은 현재 여러 가지 다른 명칭들: 준전문가(paraprofessionals), 교사 보조원(teacher aide), 교수적 보조자(instructional assistant), 교육적 보조자(educational assistant), 치료 보조사(therapy assistant), 전이 훈련가(transition trainer), 직무지도원 혹은 직무코치(job coach), 가정 방문교사 등으로 불리고 있다. 현재 우리나라에서는 위에서 상술하였듯이, 보조교사란 용어에서부터 특수교육보조원으로 개칭되어 공식적으로 사용되고 있다. 특수교육보조원의 정체성은 궁극적으로 장애학생에게 제공되는 교육의 질을 향상시키는 데 기여하는 특수교육의 다양한 보조인력 중의 한 사람이라는 것이다. 따라서 특수교육보조원이 누구인가에 대한 정체성은 다음과 같이 정의될 수 있다.

> 특수교육보조원은 자격증 혹은 면허가 있는 전문가에 의하여 감독을 받으며 전문가의 교수관련활동을 보조하고 학생들을 위한 지원 활동을 수행하는 보조 인력이다.

특수교육보조원은 전문가의 지도와 감독 하에 교수적 능력을 가진 자로서 교

특수교육지원 *Tips 10*

> 특수교육보조원 정체성
>
> 특수교육보조원은 자격증 혹은 면허가 있는 전문가에 의하여 감독을 받으며 전문가의 교수관련활동을 보조하고 학생들을 위한 지원 활동을 수행하는 보조인력이다.

수적 지원을 하는 것으로 요약될 수 있고, 이러한 개념은 특수교육보조원의 역할을 규명하는 데 기초적인 틀을 제시한다고 볼 수 있다. 우리나라 교육인적자원부에서 제시한 특수교육보조원의 역할에 대한 설명(〈표 4-1〉)에서는 특수교육보조원은 "교사의 고유 업무인 수업, 학생지도, 평가, 상담, 행정업무 등을 대리할 수 없고, 학급 담임교사의 요청에 의해 학생 지도를 보조" 하는 것으로 명시하고 있다. 다시 말해, 전문성을 갖춘 교사의 고유 업무와 보조 업무의 경계를 분명히 제시하면서, 특수교육보조원의 역할 수행을 정의한 점을 주목할 필요가 있다. 교육인적자원부에서 제시한 특수교육보조원의 정체성에 대한 설명에서 강조한 사실은 학교 환경에서 특수교육보조원은 교사의 고유 업무를 대리할 수 있는 사람은 '아님' 을 분명히 지적하고 있다. 다음에서는 특수교육보조원의 구체적 역할 규명에 대한 문헌고찰 내용을 제공한다. 아직 우리나라는 특수교육보조원제의 공식적 실시가 4년여 밖에 되지 않기에 미국 교육현장에서 활용한 특수교육보조원 사례를 문헌적으로 고찰한 내용을 제시함으로써 현재 초보적 단계의 특수교육보조원제 발전을 위한 시사점을 얻고자 한다.

II. 특수교육보조원의 역할 규명

1. 특수교육보조원 역할의 변화 과정

특수교육보조원 활용의 역사가 긴 미국의 경우에서 특수교육보조원 역할의 변화 추이를 간략히 살펴본다. 1970년대 이전까지 학교에서는 본래 사무적인 일이나 학교 혹은 교실의 일상적인 일과 중에 일어나는 과제들을 수행하기 위하여 비전문적인 직원을 채용하였다. 당시의 보조원들은 대개 출석 점검, 사무업무 및 금전관리, 서류 교정하기와 같은 일을 하였다. 1970년대 즈음에는 학생을 교수하는 것과 관련된 일에 관여하기 시작하여서, 운동장, 강당, 식당, 버스 승하차장에서 교사들의 일손을 덜어 주기 위한 일들을 하였으며, 사무 업무 외에 가르치는 일을 하였다(French, 1999b). 1990년대 중반부터 보조원 역할에서 현격한 변화를 초래하면서 대부분의 근무 시간을 학생들과 함께 시간을 보내는 것이 보편화되었다. 예를 들면, 읽기 시간 지원하기, 건강보호, 개인적 욕구, 숙제, 프로젝트, 소집단 활동, 일반학급의 전체학생을 지원하기 등과 같은 교수활동을 수행하였다. 단순한 사무 및 신변처리 정도에서 지원을 하던 것으로부터 교사 및 전문가의 감독 및 지시 하에 보다 비중 있는 교수적 활동에 개입하기 시작하였다(French, 1999a, 1999b).

종전보다 적극적으로 교수적 지원을 하는 보조원이 존재하고 이들의 역할이 변화하였다는 것은 특수교사 및 일반교사의 역할에도 변화가 초래되었음을 시사한다. 보조원이 장애학생의 교수와 관련된 직접 및 간접적인 지원을 제공하는 반면, 교사는 역할의 위임자, 프로그램 계획자, 연출자, 모니터, 코치, 프로그램을 종합하고 관리하는 역할을 함으로써 프로그램의 질을 책임지게 되었다. 그러나 이와 같은 역할 변화를 환영하는 교사들조차도 그에 상응하는 부수적인 대가를 지불해야만 하였다. 그것은 특정 학생과 접촉할 수 있는 기회나 일상의 특정 상황에 대한 통제권을 상실한다는 점이다. 최근에는 학생을 교수할 때 개별적인 접근을 하던 과거의 전통적인 방법에서부터 점차 협력적이고 자문적인 접근으로 변화하는 과정에 있다. 즉, 교사의 역할이 교사 혼자서 학생을 평가하고, 감독하고, 교수하고, 상담하였던 '교사 혼자(I Do)' 하던 시기에서, 함께 계획하고, 교수하고, 문제해결하고, 협력교수하고, 평가하는 '함께 하는(We Do)' 시기로 변화되는 것이다.

더 나아가 교사의 역할이 '교사가 자문 및 도움을 제공하면 보조원이 실시하는(I Help, You Do)' 자문적인 역할로 변모된 것은 교사로 하여금 학생에 대한 통제권을 어느 정도 상실하게는 하였지만 영향력을 높이는 계기가 되었다. 결론적으로 보조원이 일반교실에 공존하고 개입하게 되면서, 보조원의 역할 변화 및 역할 확대를 맞이할 준비가 되어 있지 않은 교사들에게는 갈등의 요인이 되기도 하였지만, 동시에 교사가 생각하고, 교수 계획을 실시할 수 있도록 부담을 덜어 주는 계기가 되었다(French, 1999a, 1999b).

2. 특수교육보조원 역할의 분류

특수교육보조원 역할 변화 추이에서 언급하였던 바와 같이 보조원이 교육 실제에서 행하여 왔던 역할들은 점차 다양성과 비중을 더해 왔다. Marks와 그의 동료들(1999)이 25명의 보조원을 대상으로 실시한 한 질적 연구에서 보조원은 자신들이 일반학급에서 수행하고 있는 역할 중에서 가장 중요한 지원 영역은 '학습 지원' 과 '행동 지원' 으로 간주하고 있었으며, 장애학생의 부모들은 보조원의 역할을 연결해 주는 자(connector), 팀의 한 구성원, 신체적 보살핌을 제공하는 자, 그리고 교수자로서 인식하였다(Brown, Farrington, Knight, Ross, & Ziegler, 1999).

2007년도 특수교육운영계획(교육인적자원부 특수교육정책과, 2007. 1)에서 제시된 특수교육보조원 역할은 교사의 고유 업무가 아닌 범위에서 학급 담임교사의 요청에 의해 학생 지도를 보조하는 것으로 제시한다(〈부록 1〉 참조). 정규 교사 감독 하에 다음과 같은 지원업무를 수행하는 것으로 윤곽을 제시한다(p. 27).

첫째, 특수교육대상 학생의 개인욕구 지원: 용변 및 식사지도, 보조기 착용, 착 · 탈의, 건강보호 및 안전생활 지원 등.

둘째, 특수교육대상 학생의 교수-학습활동 지원: 학습자료 및 학용품 준비, 이동 보조, 교실과 운동장에서의 학생활동 보조, 학습 자료 제작 지원 등.

셋째, 특수교육대상 학생의 문제행동 관리 지원: 적응행동 촉진 및 부적응 행동관리 지원, 또래와의 관계형성 지원, 행동지도를 위한 프로그램 관리 등.

문헌 고찰에 의하면 특수교육 현장에서 특수교육보조원들이 실제로 수행했던 역할 영역은 장애학생을 위한 특수교육의 전반적인 영역들에 걸쳐져 있는 것으로 나타났다. 장애학생의 신변처리, 건강 및 안전지원에서부터, 교육목표를 결정하는 팀의 한 구성원으로서 개별화 교육의 장 · 단기 목표를 결정하고, 교육과정의 내용들을 선정하고 수정하여 교수하는 일련의 과정에 적극적으로 참여하여 정보를 제공하고, 의견을 제시하고, 가르치는 일들을 수행하였다. 여기에서는 주로 미국 문헌들에서 제시한 특수교육보조원의 다양한 역할들을 10가지로 정리 분류하여 제시한 전인진과 박승희(2002) 논문의 내용을 인용하여 특수교육보조원 역할 10가지를 제공하고자 한다. 이 역할들은 현재 우리나라 특수교육보조원이 모두 수행하는 역할은 아닐 수 있다. 그렇지만 앞으로 우리나라 학교 환경들에서도 진전될 수 있는 특수교육보조원의 다양한 역할들이 될 수 있어서 참조할 필요가 있다. 다만, 교사의 역할과 특수교육보조원의 역할이 분명히 구분된다는 것과 특수교육보조원은 교사의 지시와 자문 하에서 보조자 역할을 한다는 것을 명확히 하는 것이 교사와 특수교육보조원 사이에 잠재적으로 있을 수 있는 갈등을 예방할 수 있다.

1) 특수교육보조원 역할 1: 사무행정 지원

특수교육보조원제 도입 초기에 단순한 보조원 역할이었던 사무행정 지원은 학교 전체의 행정업무에서부터 교실 내의 환경에서 교사를 지원하는 것에 이르는 잡무들을 담당하였다. 이러한 지원은 비중의 차이는 있지만 현재까지도 보조원들이 보편적으로 하는 일들의 일부다. 전체 교직원들이 요구하는 서류정리, 복사하기, 문서 작성하기, 파일 관리하기, 단순한 금전관리를 포함하는 회계업무, 잔심부름하기가 맡겨졌고, 교사들에게 요구되는 다양한 문서를 작성하고 교정하기, 학생의 서류를 기록 및 정리하고 관리하기, 교재로 사용할 교재 복사하기, 출석 점검하기와 같은 업무를 담당하였다(French, 1999a, 1999b; Giangreco, Broer, & Edelman, 1999a; Mimondo, Meyer, & Zin, 2001). 현재 우리의 학교 상황으로 볼 때는 교사의 교수활동 보조나 학생을 직접 지원하는 일보다 학교의 서무나 행정 잡무를 전반적으로 돕는 것이 특수교육보조원의 주요 역할로 인식되어 과도하게 맡겨지는 것은 삼가하여야 할 점이다. 이 점은 학교 관리자가 유념할 사항이다.

2) 특수교육보조원 역할 2: 개인적 욕구 지원

특수교육보조원들은 장애학생들이 독립적으로 다양한 과제들을 수행하는 데 겪게 되는 다양한 개인적 제한성들을 지원해 줌으로써 학교에서 또래들과 더불어 학교생활을 잘 수행하도록 지원할 수 있다. 앞에서 언급하였던 초기의 사무 행정 지원과 더불어 보조원에게 많이 의존하고 있는 영역이 장애학생의 기본적인 욕구를 지원해 주는 것이다. 특히 연령이 어린 학생이거나 중도장애(장애가 심한) 학생의 경우, 많은 사람들의 도움을 필요로 하는데 이러한 역할을 보조원이 담당하는 것이다. 구체적인 활동으로는 일상적인 생활에서 요구되어지는 신변처리 기술들이 여기에 속하며, 음식 먹기, 씻기, 화장실 가기, 몸단장하기, 옷이나 보조기구를 착용하고 벗기, 신발 신고 벗기 등의 도움을 주고 있다(French, 1999a, 1999b; Mimondo et al., 2001).

3) 특수교육보조원 역할 3: 건강보호 및 안전 지원

미국의 경우, 중도 및 복합장애 학생들이 점차적으로 일반학교 환경에서 교육을 받는 사례들이 증가하게 되었다. Tatro 판례(Turnbull, 1993, p. 191)와 같은 법적인 판례들을 통하여 중도 복합장애학생들을 위하여 간호사의 도움이라든가 건강 관리 및 보호를 위한 특별한 의료적 지원이 법적으로 지지되어 감에 따라 학교에서는 보조인력을 채용하지 않을 수 없는 상황에 놓이게 되었다. 따라서 기초적인 건강보호 절차들에 대하여 훈련을 받아 전문적인 의학 지식이 있는 보조원 혹은 훈련경험이 없는 보조원까지도 장애학생들의 의료적인 건강 보호에 대한 책임이 맡겨졌다. 이러한 예들로는, 튜브 섭식하기, 가래 및 침 등을 기구로 빼내가, 인공항문형성 수술을 받은 학생 뒷처리 해 주기(colostomy care), 도뇨관 삽입하기, 산소공급, 인슐린 투입, 흡입약 제공하기, 자세 바로잡아 주기,

들어올리기, 옮기기 등이 포함된다(Heller, Sherwood, Dykes, & Cohen, 2000; Mimondo et al., 2001).

그리고 학교의 다양한 환경(예: 운동장, 식당, 학교의 등하교 시 버스 승차장 등)에서 발생할 수 있는 다양한 위험으로부터 장애학생들을 안전하게 보호하는 것, 쉬는 시간과 다른 장소로 이동 시 안전성 제공하기, 그리고 학교를 벗어나 외부 환경에서 지역사회 활동을 하거나 현장수업을 실시할 때 지원을 제공한다(Giangreco, Broer, & Edelman, 2001a).

4) 특수교육보조원 역할 4: 이동 지원

장애학생들은 특수학급에서 일반학급으로, 일반학급에서 자신이 제공받아야 하는 언어치료, 물리치료, 작업치료와 같은 관련서비스들을 받기 위하여 학교 내에 있는 다른 치료실을 가거나, 체육실, 음악실, 특별활동실, 식당, 화장실, 운동장 등 여러 장소로 이동해야 할 경우가 많다. 장애학생이 독립적으로 이동할 수 없는 경우 한 장소에서 다른 장소로 이동하는 것, 체육 및 움직임이 필요한 교과활동 시간에 이동할 수 있도록 지원하는 것, 그리고 학교버스 타는 곳까지 데려다 주기 등을 지원하는 것이 특수교육보조원 역할의 일부로서 한 영역을 차지한다. 특히 휠체어나 크러치를 사용하는 학생의 경우 램프나 계단을 이용하여 이동할 수 있도록 지원한다(Giangreco et al., 1999a).

5) 특수교육보조원 역할 5: 보조장비 사용 지원

중도복합장애 학생의 경우 휠체어를 포함한 다양한 보장구를 사용하고 보완대체 의사소통의 일환으로 의사소통 기자재를 사용하는 경우, 컴퓨터 등 다양한 교육매체를 사용하여 교육활동에 접근할 수 있도록 지원하고 있다. 의사소통을 지원하는 장비 등의 사용법을 보조원이 습득한 후 학생과 교사, 학생과 또래 간의 의사소통을 촉진시킬 수 있도록 지원해 주는 것이 한 예일 수 있다(Giangreco et al., 1999a; Heller et al., 2000; Mimondo et al., 2001).

6) 특수교육보조원 역할 6: 의사소통 지원

장애학생들 중 구어 및 의사소통에 어려움과 제한성을 가진 경우가 많다. 장애학생들의 의사소통 체계를 개발하고 확장시켜 줌으로써 얻을 수 있는 많은 교육적, 사회적 유익함을 제공해 주는 데 있어서 특수교육보조원은 아주 유리한 위치에 있다. 즉, 장애학생과 일대일의 밀접한 관계에서 학생마다 가지고 있는 독특한 의사소통 수준과 욕구들을 잘 파악하고 이해할 수 있어서, 장애학생들이 보다 더 빈번하게 의사소통을 개시하고 표현할 수 있도록 다양한 지원을 유도해내고 촉진시켜 줄 수 있다. 이러한 목적을 달성하기 위하여 그 학생에게 맞는 독특한 의사소통 체계를 지원하거나 기존에 소개되어 있는 체계들을 채택 · 수정하여 활용할 수 있도록 해 준다(예: PECS; Picture Exchange Cards System; 그림카드 교환 의사소통 체계). 특히 비장애 또래들에게 장애학생이 사용하는 의사소통 체계를 알려 주고 그들을 장애학생과의 의사소통에 개입할 수 있도록 중개자의 역할도 담당한다(Freschi, 1999; Marks et al., 1999).

7) 특수교육보조원 역할 7: 행동문제 지원

일반교사들이 장애학생이 자신의 학급에 통합되는 것을 가장 꺼리는 이유 중 하나는 장애학생들이 보이는 행동문제 때문이다. 특히 학습활동을 방해하는 행동, 자리를 이탈하는 것, 다른 친구들에게 공격행동을 보이는 것, 교사의 지시에 불순응하는 것 등의 문제행동들은 교사가 전체 수업활동을 전개하고 유지해 나가는 것을 어렵게 만든다. 따라서 보조원이 일반학급에서 장애학생의 행동문제를 잘 관리하고 통제해서 교사와 비장애 또래에게 방해가 되거나 성가신 존재가 되지 않도록 지원하는 것이 앞에서도 지적한 바처럼 보조원의 주요 지원 중의 1가지이다. 보조원들이 문제행동 다루기, 강화 제공하기, 다양한 행동수정 방법 사용하기, 토큰 주기, 피드백 주기, 구체적인 칭찬 사용하기, 적절한 오류 정정하기, 적합한 교수적 지시하기 등의 행동기법들의 훈련을 받고 장애학생들의 행동문제를 감소시킴으로써 이들을 성공적으로 일반학급에 통합시킬 수 있었던 긍정적인 사례들이 소개되고 있다. 최근에는 행동문제뿐만 아니라 장애학생을 포함하는 전체 생활 양식을 변화시키려고 시도하는 생태학적인 접근의 긍정적 행동지원 접근법(PBS; Positive Behavior Support)을 사용하여 학급에서 교사 및 학생들의 활동을 유지해 나가는 데 방해가 되는 행동들의 중재에 보조원이 참여하고 있다(Giangreco et al., 1999a; Marks et al., 1999; Martella, Marchand-Martella, Miller, Young, & Macfarlane, 1995).

8) 특수교육보조원 역할 8: 교수적 지원

초기의 특수교육보조원 역할에 비하여 요사이 보조원 역할에는 많은 질적인 변화가 있다. 보조원은 단순하게 교실 내의 학습센터와 교수장비들을 정리하고 유지 · 관리하는 것에서부터 교사들이 실시하는 다양한 교수활동에 직접적으로 개입하여 교육 서비스를 제공함으로써 그 역할이 점차 '비중 있는 역할 '로 변화하고 있다. 물론 교사로부터 전문적인 훈련을 받고 감독을 받으며 교수적 지원을 한다는 단서가 있기는 하지만 보조원이 교실에서 실제적으로 교수활동에 적극적으로 참여하는 기회가 증가하게 되었다. 장애학생의 '학습적 욕구' 를 충족해 주기 위하여 수업 시간 중 자신에게 배정된 학생을 일부 시간 동안 가르치는 것까지 역할의 확대가 이루어지고 있다(Lipsky & Gartner, 1997; Marks et al., 1999).

문헌에서 제시되고 있는 특수교육보조원의 교수적 지원 역할들은 다음과 같다.

첫째, 학생들의 수행수준 평가에 참여하고 기초선(중재 혹은 프로그램을 하기 전 단계) 검사를 실시하기, 학생의 발달 상황을 체크하기, 진보에 대한 자료 수집하기, 학생 진보에 대하여 교사 및 전문가와 회합을 통하여 정보를 주고받음으로써 학생에 대한 정보를 공유한다.

둘째, 개별화교육계획(IEP)의 장 · 단기 목표 설정을 할 때 학생에 대한 정보를 제공하고 목표 달성을 위한 교육활동에 참여한다.

셋째, 수업내용 및 자료를 수정하고, 수업을 계획하고, 교수범위를 정하고, 교수자료를 준비하고 만드는 데 참여한다. 일반교사나 특수교사가 결정한 교육과정에 근거하여 학습활동을 제공하지만 매일 매일의 학습활동에 맞도록 교실 현장에서 즉각 수정의 필요가 발생할 경우에 보조원이 그 역할을 담당하게 된다.

넷째, 다양한 교수모형에 따라 소집단, 혹은 일대일로 장애학생의 교육 프로그램을 실행하고 수업보조를 한다. 그리고 학생이 이전에 학습하였던 기술들을 연습하도록 도와줌으로써 그 기술에 익숙해지도록 한다. 때로는 일반교사가 장애학생과 일대일의 수업을 진행하는 동안 보조원이 비장애학생을 대상으로 숙제를 점검하기, 읽어 주기 등의 활동을 한다.

다섯째, 시험보기(예: 받아쓰기, 수학문제 등)를 실시한다.

여섯째, 교수활동 중에 발생하였던 학생의 학습수행에 대한 기록을 하고 보고한다.

일곱째, 학생파일을 정리하거나 기록한다.

여덟째, 보조원은 다양한 교수활동 및 일과(routines)를 통하여 장애학생과 비장애학생과의 상호작용을 유도함으로써 일반학급 학생들이 장애 또래를 수용하고 의미있는 관계들을 갖도록 하며, 장애학생이 교수활동에 제외되지 않고 참여할 수 있도록 한다(Giangreco et al., 1999a; Marks et al., 1999; Lipsky & Gartner, 1997).

9) 특수교육보조원 역할 9: 팀의 구성원

장애학생을 위한 다양한 협력 팀의 한 구성원으로서 기여한다. 예를 들어, IEP 팀 회합에 참여해서 아동의 개별화 교육목표를 설정할 때 학생의 현행수준, 강점 및 약점, 행동문제 등과 관련된 정보를 제공하고, 일간 및 주간계획 짜는 교사를 보조함으로써 팀의 한 구성원으로 참여한다(Freschi, 1999; Mimondo et al., 2001).

10) 특수교육보조원 역할 10: 가족과의 상호작용

특수교육보조원들은 장애학생들을 매일 그리고 매우 밀접하게 접촉하기 때문에 이들의 학습적 욕구에서부터 행동문제를 통제하는 것까지 잘 파악하고 있을 수 있다. 따라서 부모들이 자신의 자녀가 무엇을 배우기를 원하는지와 관련한 교육적 제안들을 내리기 위해서뿐만 아니라 행동문제를 포함한 자녀에 대한 전반적인 정보를 얻기 위하여 계속적으로 보조원들과 접촉하고 상호작용하게 된다. 이때 특수교육보조원은 교사의 요청과 지시 하에서 가족과의 상호작용을 하여야 한다. 부정확한 정보나 비전문적인 교육적 판단과 의견전달을 교사가 모르는 가운데 부모에게 직접 제공하는 것은 삼가야 한다.

부모, 교사, 학교의 다양한 팀에 의하여 제시된 제안 및 권고들을 다루는 데 있어서 장애학생에 대한 정보를 많이 가지고 있는 특수교육보조원은 팀의 연결고리로서의 역할을 할 수 있다. 특수교육보조원은 교사의 자문 하에 일지 혹은 가정-학교 간의 연락장을 이용하여 가족과 지속적인 상호작용 및 의사소통을 통하여 학생 정보 제공하기, 진보에 대해 보고하기, 행동문제 다루는 방법 공유하기, 그리고 가족 지원을 위한 프로그램에 도움을 줌으로써 장애학생과 가족들에게 직접적 및 간접적인 서비스를 제공해 준다. 장애학생의 부모들도 보조원이 가정과 학교 간의 주요한 의사소통 제공자라고 인식하였다(French & Chopra, 1999; Freschi, 1999; Marks et al., 1999; Mimondo et al., 2001).

이상과 같이 특수교육보조원의 역할에 대해 다양한 문헌에서 언급된 것들을 다음의 〈표 4-2〉에 종합적으로 정리하여 제시한다. 〈표 4-2〉는 특수교육보조원이 수행할 가능성이 있는 역할들을 10가지로 정리한 것인데, 현재 우리나라 교육현장에서 특수교육보조원이 수행하는 역할보다는 더 많은 종류일 수 있다. 교육현장에서 특수교육보조원이 이러한 역할들을 수행할 때는 현재 지원하고 있는 학교의 특수교사와 일반교사의 지시와 자문 혹은 요청에 의해서 역할을 수행하게 된다. 특별히, 교사의 고유 업무의 교수활동에서 특수교육보조원이 보조자 역할로 교수적 지원을 할 때에는 교사의 지도에 의해서 지원활동을 하게 됨을 기억할 필요가 있다. 예를 들면, 특수교육보조원이 단독으로 수업내용을 수정하거나 수업을 계획하는 일은 지양되어야 한다. 또한 우리나라 현재 특수교육 환경의 실정으로 볼 때, 부모나 가족과의 상호작용의 경우, 특수교육보조원이 교사를 배

표 4-2 특수교육보조원 역할 10가지와 각 역할의 예

역할 구분	각 역할의 예
(1) 사무행정 지원	• 학교의 전반적인 사무직무: 서류 작성하기, 복사하기, 회계 및 금전 관리하기, 잔심부름하기 • 교실의 전반적인 사무직무: 서류 작성하기, 문서 교정하기, 교재물 복사하기, 출석 점검
(2) 개인적 욕구 지원	• 보조기기 착용 돕기, 신변처리, 먹기, 옷 입고 벗기, 화장실 사용하기
(3) 건강 보호 및 안전 지원	• 튜브섭식하기, 도뇨관 삽입, 인슐린 투입, 흡입약 투약 • 학교 내 환경의 위험에서 보호, 학교 내 장소 이동 중 안전 보호 • 학교 외 환경: 지역사회 활동 및 현장수업 시 안전보호
(4) 이동 지원	• 위험으로부터 안전 보호, 쉬는 시간과 다른 장소로 이동 중 안전을 보호
(5) 보조장비 사용 지원	• 휠체어 및 보장구 사용하는 것 돕기
(6) 의사소통 지원	• PECS 등 의사소통 체계 개발해 주기, 의사소통 체계 이해하기, 비장애또래가 장애학생의 의사소통체계 이해하도록 지원하기
(7) 행동 지원	• 문제행동 다루기, 강화 제공하기, 다양한 행동수정 사용하기, 토큰 주기, 피드백 주기, 칭찬하기, 오류 정정하기, 긍정적 행동 지원하기
(8) 교수적 지원	• 학생들의 수행수준 평가, 기초선 검사 실시, 발달상황을 체크하기, 진보에 대한 자료 수집하기, 학생진보에 대하여 교사 및 전문가와 의사소통하기 • 개별화교육계획(IEP)의 장 · 단기 목표 설정에 정보를 제공하기 및 목표 달성을 위한 교육활동에 참여하기 • 수업내용 및 자료 수정하기, 수업계획하기 및 교수자료 준비하고 제작하기에 참여하기 • 교육 프로그램을 실행하기, 수업보조 하기 • 교사의 지시 하에 시험 보기(예: 철자법, 수학 문제 등) • 교수활동 중에 학생의 수행을 기록하고 보고하기 • 학생파일 정리 및 기록하기 • 비장애학생과의 상호작용 유도하기
(9) 팀의 구성원	• 팀 운영의 효율성에 기여하기(적절한 의사소통, 문제해결하기에 참여하기)
(10) 가족과의 상호작용	• 가족과 상호작용 및 의사소통하기(학생 정보 제공, 학생진보에 대해 보고하기, 행동문제 다루는 방법 공유하기)

출처: 전인진, 박승희(2001), p. 247.

제하고 직접 상호작용하는 것은 무리가 있는 것으로 조심하여야 할 사항이다.

III. 교사 역할수행과 특수교육보조원 역할수행의 관계

1. 교사 역할과 특수교육보조원 역할의 명료화

교사는 학급 내에서 교수를 주도해 나가는 리더로서 역할을 하고, 직접적으로 그리고 지속적으로 장애학생과 상호작용을 하며, 특수교육보조원을 감독하고 훈련시킬 책임을 동시에 갖는 멘토(mentor)의 역할을 한다(Giangreco et al., 2001a). 리더 및 멘토로서의 역할을 하는 일반교사, 특수교사, 그리고 관련서비스 제공자들(예: 언어치료사, 작업치료사, 물리치료사)은 보조원이 실행하고 있는 교수 디자인, 교수 실시, 평가의 적절성에 대하여 궁극적인 책임을 가진다. 교사는 보조원에게 배정된 학생의 교육적 욕구(예: IEP 장 · 단기 목표, 일반교육 교육과정의 구성요소), 학교 및 교실에서 발생하는 다양한 교육적 실제와 규칙적 일상, 그리고 학생의 특성에 대한 정보를 보조원에게 제공해야 한다.

특수교육보조원은 교육 프로그램, 교수계획, 장애학생의 교육 팀이 고안하는 활동을 개발하는 데 기여할 수 있는 기회가 부여되어야 하지만, 이러한 것과 관련 활동에 대한 단독적인 책임이 주어지지는 않는다. 보조원은 교사의 교육계획 방향을 잘 인식하고 있어야 하며, 배정받은 장애학생의 진보에 대하여 교사에게 보고하고, 질문하고, 자신의 견해를 표현할 수 있도록 충분한 시간과 기제들이 마련되어야 된다(Giangreco et al., 1999a). 그리고 교사는 보조원이 자신의 역할을 정확하게 인식하고 수행할 수 있도록 역할 및 책임을 명시한 정확한 '직무지시서' 를 제공해 주어야 한다.

Martella와 그의 동료들(1995)은 특수교사가 특수학급에서 보조원을 활용하고 훈련시키기 위한 '교사의 역할 '들을 구체적으로 제시하였다. 이 역할은 7단계로 구성되어 있는데: (1) 교수할 기술 영역의 목표를 선정하고 정의해 주기;

(2) 보조원이 수행해야 할 기준을 개발해 주기; (3) 체계적인 관찰지 만들기; (4) 특수교사가 적절한 실제를 모델링해 준 후에 특수교사와 보조원이 역할극을 통하여 교수 실제를 실행해 볼 수 있는 기회를 제공하기; (5) 보조원의 수행자료 수집하기; (6) 피드백을 제공하기; 그리고 (7) 관찰을 소거하기가 포함되어 있다. 이러한 일련의 절차들을 행동문제를 보이는 중도장애 중학생 교육에 적용하였을 때 학생의 방해행동 횟수 및 빈도가 감소하였다고 보고하고 있다. 보조원에게 특수교육과 관련된 제반 영역에서의 교육 및 교수방법 실제를 체계적으로 훈련시키는 책임이 특수교사에게 있다. 이러한 훈련을 경험한 보조원들은 학생과 상호작용할 때 자신의 기술 능력에 대한 자신감을 가질 수 있어서 학생의 수행수준을 증가시켜 주는 결과를 가져오며, 학생들은 더 새로운 기술들을 배울 수 있는 기회를 가지게 된다.

반면, 특수교육보조원은 일반교사 및 특수교사의 감독과 지시에 따라서 학생을 지원한다. 보조원의 주된 기능은 일반교사 및 특수교사가 개발한 계획에 근거하여 교수 프로그램 실시를 지원하기, 학습활동을 촉진시키기, 학생 자료 수집하기, 기타 할당된 의무사항을 수행하는 것이다(예: 점심시간 및 쉬는 시간에 학생 감독하기, 학생의 개인적인 보호를 지원하기, 사무적인 일하기)(Giangreco, Cichoskikelly, Backus, Edelman, Tucker, Broer, & Cichoskikelly, 1999b). 보조원은 교사의 계속적인 감독과 직무지시서에 근거한 그리고 명확하게 정의된 과정 및 절차를 적용해서 실시하는 규칙적인 수행평가를 받아야 한다.

결론적으로 일반교사 및 특수교사와 보조원 간의 역할 관계는 일단 일반교사 및 특수교사는 보조원을 감독하고 지시하는 역할을 하고, 보조원은 일반교사와 특수교사의 감독과 지시 하에 장애학생의 교수적, 행동적, 정서적, 사회적, 및 신체적 제한점들을 지원해 줌으로써 통합환경에서 잘 적응해 나가도록 하는 것이다. 그리고 각각의 교사들은 학급에 배치되어 있는 장애학생과 지속적으로 상호작용적인 관계를 유지시켜 나가야 할 뿐 아니라, 학급 전체 학생에게도 관심을 가져야 한다. 비록 교사와 보조원들이 지시와 감독을 주고받는 관계이기는 하지만, 보조원은 학교 팀의 한 구성원으로서 기능해야 하고, 장애학생 및 비장애학생을 중심으로 모든 교사들은 서로 정보를 공유하고 상보적인 역할을 함으로써 통합되어 있는 장애학생이 일반학급에서 최대의 교육적 성과를 거두도록 하는 원래의 주된 목적을 성취해야 한다(박승희, 1996; 최선실, 박승희, 2001).

2. 특수교육보조원 역할의 순기능과 잠재적 역기능

특수교육 현장에서 특수교육보조원을 채용하는 주된 이유는 장애학생의 개별적인 욕구에 부응하는 지원을 제공함으로써 교육의 질을 높이고 통합이 실행가능할 수 있도록 한다는 점이다. '보조원이 존재하지 않는다면 통합교육은 성공할 수 없을 뿐 아니라 불가능하다' 라고 극단적으로 언급하는 전문가들도 (French, 1999a) 있지만, 일부에서는 보조원으로 인하여 오히려 장애학생의 통합이 방해받는 것에 대해 경계할 필요가 있음을 우려하는 목소리도 있다 (Freschi, 1999). 따라서 미국의 경우 오랫동안 보조원이 장애학생들과 교사들을 지원하기 위하여 존재해 왔지만, 장애학생과 교사와의 관계에서 갈등 및 역할의 균열을 창출해 낸 요인이기도 한 점이 지적되고 있다.

1) 특수교육보조원 역할의 순기능

(1) 장애학생과 비장애학생을 위한 순기능

특수교육보조원제를 도입함으로써 유익함을 얻을 수 있었던 것은 장애학생들이 일반학교에 통합되는 기회가 확장될 수 있었다는 점이다. 특히 분리환경이 최적의 환경이라고 간주되었던 중도장애 학생들에게도 보조원의 지원을 통하여 일반학교로의 통합 기회가 열렸다는 점은 매우 고무적인 일이라 하겠다. 행동문제가 있는 장애학생의 경우 체계적인 훈련을 받은 보조원의 지원으로 방해행동 문제가 의미 있게 감소하였다는 연구결과 보고가 있었다(Martella et al., 1995).

그러나 과밀 학급으로 인하여 장애학생들은 교과 및 다양한 활동에서도 제외될 수밖에 없었지만, 보조원의 도움으로 이러한 활동 참여의 양과 질이 증가하였다는 것과, 또한 보조원과 장애학생의 일대일의 관계로 말미암아 학습에서의 개별적인 욕구를 충족시켜 줄 수 있는 특별한 지원을 받을 수 있었다는 점, 그리고 일반교사가 장애학생과 일대일의 학습활동이나 상호작용을 하는 경우, 보조원이 전체 비장애학생에게 간단한 학습활동을 제공할 수 있어 비장애학생들도 장애학생으로 인하여 피해를 입지 않는다는 것이다. 나아가 보조원이 통합교육의 옹호자로 역할함으로써 장애학생의 긍정적 이미지를 높이는 계기가 되었다는 것이다(Marks et al., 1999).

(2) 교사를 위한 순기능

특수교육보조원에 대한 명확한 지침이 없기 때문에 발생하는 역할의 갈등들이 있기는 하지만, French(1999a)가 실시한 한 연구에서 교사들은 대체적으로 보조원의 역할에 대하여 긍정적인 견해를 가지고 있는 것으로 나타났다. 보조원의 역할이 교사에게 미친 긍정적인 영향으로는 과다한 교사의 업무를 덜어 주고 스트레스 수준을 감소시켜 주었다는 것이다. 교사들의 소진(burn-out)과 이직의 요인으로 지적된 것으로 교사 1명당 책임 학생의 수가 많고, 교수계획, 실시, 평가에서부터 행정적인 업무까지 감당하는 등 시간의 부족을 들 수 있다. 적절한 처우가 따르지 못하고 과부하된 업무량이 요구되지만 상대적으로 시간이 부족할 때 교사는 스트레스를 받게 된다. 따라서 이들은 자신들의 과다한 업무를 지원할 수 있는 다양한 방안들이 활용 가능하기를 원하고 있다.

예를 들어, 일반학급에 통합된 학생을 지원하기 위하여 특수교사는 특수교육 적격 대상자를 판별하기 위해 평가하기, 교수 계획하기, 학생의 장·단기 목표에 대하여 일반교사에게 자문하기, 학생들의 학업성취 여부에 관하여 교사에게 지속적으로 정보 제공하기, 전문적인 특수교육적 지원 제공하기 등과 같은 과다한 일들을 수행해야만 하는 책임이 있다. 이러한 업무를 보조원이 다양한 형태로 지원함으로써 교사들이 과다한 업무 부담에서 벗어날 수 있게 되고 궁극적으로는 직무로 인한 스트레스에서 해방될 수 있는 여지가 있다는 것이다. 또한 하나의 예로 섭식의 문제, 도뇨관 처리나 자세교정을 일정 시간마다 처리해 주어야

제4장 '특수교육보원의 정체성 및 역할'을 공부한 후 **다음**을 알 수 있다.

• 특수교육보조원 제도는 특수교육현장에서 장애학생의 교육의 질 제고를 위한 목적으로 도입되어 2003년부터 공식적으로 시범 운영하게 되었다. 이러한 특수교육보조원 제도로 처음 출현하게 된 특수교육보조원은 '자격증 혹은 면허가 있는 전문가에 의하여 감독을 받으며 전문가의 교수관련활동을 보조하고 학생들을 위한 지원 활동을 수행하는 보조인력' 으로 그 정체성을 정의할 수 있다.

• 특수교육보조원의 역할 10가지는 다음과 같다: (1) 사무행정 지원; (2) 개인적 욕구지원; (3) 건강보호 및 안전지원; (4) 이동지원; (5) 보조장비 사용지원; (6) 의사소통지원; (7) 행동문제 지원; (8) 교수적 지원; (9) 팀의 구성원; (10) 가족과의 상호작용.

• 일반교사 및 특수교사와 보조원 간의 역할 관계는 일단 일반교사 및 특수교사는 보조원을 감독하고 지시하는 역할을 하고, 보조원은 일반교사와 특수교사의 감독과 지시 하에 교사의 보조자 역할을 함과 동시에 장애학생을 다양한 면에서 지원하는 활동을 한다.

• 특수교육보조원은 학교환경에서 장애학생의 개별적 요구를 지원하고, 교사의 업무를 지원하며, 부모의 통합교육에 대한 요구들을 지원할 수 있는 역할로서의 순기능을 가진다. 그러나, 특수교육보조원과 장애학생의 일대일의 근접성 문제, 교사와 특수교육보조원 역할 경계의 불명확성 문제, 교사 및 특수교육 보조원의 개인적 특성이 야기하는 갈등, 비장애학생은 교사로 장애학생은 특수교육보조원으로 이분되는 문제, 특수교육보조원 소거문제, 특수교육보조원의 연수교육 부족의 문제 측면에서 잠재적 역기능을 가질 수 있다.

• 특수교육보조원은 각자의 학교 환경에서 일을 시작하기 전에' 특수교육보조원, 교사, 학생 및 부모 사이의 최선의 관계를 위한 지침 11가지' 를 숙지하고 역할 수행을 시작하는 것이 필요하다.

제5장 장애학생의 연간교육계획서: 개별화교육계획

Ⅰ. 개별화교육계획의 이해

Ⅱ. 개별화교육계획의 개발 과정 개관

Ⅲ. 학교급별 개별화교육계획의 이해

제 5 장 장애학생의 연간교육계획서: 개별화교육계획

학습목표

- 개별화교육계획(IEP)의 정의와 법적 근거에 대해 안다.
- 개별화교육계획의 일반적인 개발 절차에 대해 이해하고, 개별화교육계획의 구성요소에 대해 안다.
- 학교급별 개별화교육계획의 예시를 보고, 그 내용을 이해한다.

Ⅰ. 개별화교육계획의 이해

특수교육대상 학생은 모두 법적 근거를 가진 각자의 개별화교육계획(Individualized Education Plan, IEP)에 의거하여 교육을 제공받는다. 개별화교육계획(IEP)의 작성 및 실행에 관해서는 우리나라 특수교육진흥법에서도 규정하고 있으며 장애학생들은 각자의 능력과 특성이 다양하기 때문에 이에 적합한 개별화된 교육목표가 필요하다고 명시하고 있다. 2007년 5월 25일 공포된 새법, 「장애인 등에 대한 특수교육법」 제21조에서는 '개별화교육지원팀' 을 구성하여 '개별화교육지원계획' 을 다양한 인력이 협력하여 종합적으로 계획하도록 규정하고 있다.

특수교육보조원은 개별화교육계획을 직접 작성하지는 않는다. 그러나 특수교육보조원들이 교육현장에서 만나고 있는 특수교육대상 학생들은 모두 개별화교육계획에 의해 교육을 받고 있기 때문에 특수교육보조원은 이에 대한 기본적인 지식과 이해가 필요하다. 개별화교육계획은 장애학생들의 연간교육계획에 해당하는 주요 사항들이 문서화되어 있는 법적 문서인 것이다.

1. 개별화교육계획(IEP)의 정의 및 기능

개별화교육계획(이하, IEP)이란 특수교육대상 학생의 개별적인 요구를 반영하여 교육계획을 작성한 연간교육계획서다. IEP는 장애학생들의 교육을 비체계적으로 진행하는 것이 아닌 문서화된 계획안을 가지고 장애학생들에게 책무성 있는 질적 교육을 하겠다는 가치의 표현이기도 하며 동시에 법적인 문서다. IEP는 한 개인 학생의 연간교육계획서로서 기능을 하는 것으로, 주간 혹은 월간교육계획안처럼 상세한 교육활동을 기술한 문서는 아니다.

IEP의 주요 목적은 개별 학생의 학습목표를 수립하고, 학생들의 학습목표 달성을 위한 서비스의 범위를 결정하며, 프로그램에 대한 부모와 전문가 사이의 의

특수교육지원 *Tips* 12

개별화교육계획(IEP)은 개별지도(일대일)가 아님

IEP는 특수교육대상 개인 학생에게 질 높은 교육을 보장하고자 법적으로 지지되는 문서화된 연간 교육계획서로서, 개인학생의 구체적인 장단기 교육목표와 그 외 주요한 교육정보가 기술되어 있다. 특수교육대상 학생 개개인은 각자의 IEP를 가지게 되는데 IEP는 교사 한 명이 아닌 개별화교육팀에 의해서 개발된다. IEP는 개별지도(일대일)로 혼동하지 말아야 한다. IEP에 기술된 교육목적을 달성하기 위해 대규모(전체학급) 교수, 개별지도, 소집단 교수, 지역사회중심교수, 협동학습, 자습 등을 다양하게 활용할 수 있다.

사소통을 증진시키는 기회를 제공한다(신종호, 김동일, 신현기, 이대식 공역, 2002, p. 450). 실제 IEP를 계획하고 실행하는 과정에서 교사와 가족 간의 관계가 향상될 수 있고, 가족의 특수교육에 대한 이해가 증가할 수 있으며, 장애학생 개개인의 독특한 요구에 대한 관심이 증가될 수 있다. 또한 교사는 IEP를 통해 장애학생에 대한 교육목표와 교육목적을 설정하고 이를 실행하여, 1년 동안 학생의 학습 수행 결과를 체계적으로 평가하며, 이를 통해 교사 자신의 책무성을 높일 수 있다.

결론적으로 IEP는 특수교육대상 학생의 개별적인 필요와 요구를 반영하여 그들에게 가장 적합한 교수 방향과 교육 목적을 구체적으로 제시할 수 있고, 평가의 기초로서 기능할 수 있으며, 팀 구성원들 간의 의사소통을 증진시키는 것이 핵심적 목적이라 할 수 있다.

2. 개별화교육계획의 법적 근거

우리나라의 경우 특수교육진흥법과 그 시행령에 특수교육대상 학생들에게 개별화교육계획안을 의무적으로 작성하도록 규정하고 있다(「특수교육진흥법」은 전면 개정되어, 새 법 「장애인 등에 대한 특수교육법」이 2007년 5월 공포되었고, 다음의 개별화교육계획 관련 세부 규칙도 바뀔 예정).

「특수교육진흥법」 제16조(1994)에는 "각급 학교의 장은 특수교육대상자의 능력 및 특성에 적합한 개별화교육방법을 강구하여 특수교육대상자로 하여금 그의 능력을 최대한 계발하도록 하여야 한다." 고 명시되어 있다. 「특수교육진흥법」시행령 제14조(1994)에는 "① 각급 학교의 장은 법 제16조의 규정에 의한 개별화교육의 효율적 실시를 위하여 특수교육대상자 개개인에 대한 교육방법이 포함된 개별화교육계획을 작성하여야 한다. 이 경우 당해 특수교육대상자 또는

표 5-1 IEP 관련 법적 근거 규정(특수교육진흥법 중심)

	법 조항	주요 내용
「특수교육진흥법」 제16조 (개별화교육)	각급 학교의 장은 특수교육대상자의 능력 및 특성에 적합한 개별화교육방법을 강구하여 특수교육대상자로 하여금 그의 능력을 최대한 계발하도록 하여야 한다.	
동법 시행령 제14조 (개별화교육계획의 작성)	① 각급 학교의 장은 법 제16조의 규정에 의한 개별화교육의 효율적 실시를 위하여 특수교육대상자 개개인에 대한 교육방법이 포함된 개별화교육계획을 작성하여야 한다. 이 경우 당해 특수교육대상자 또는 그의 보호자에게 의견진술의 기회를 주어야 한다.	IEP 작성의 의무
	② 각급 학교의 장은 제1항의 규정에 의한 개별화교육계획을 매 학년이 시작되기 전까지 작성하여야 한다. 다만, 특수교육대상자가 학기 중에 배치된 때에는 배치된 날부터 30일 이내에 작성하여야 한다.	IEP 작성 시기
동법 시행규칙 제9조 (개별화교육 운영 등)	① 각급 학교의 장은 법 제16조 및 영 제14조의 규정에 의한 개별화교육계획의 효과적인 수립 · 시행을 위하여 당해학교에 개별화교육운영위원회를 설치 · 운영할 수 있다.	IEP 작성 책임
	② 제1항의 규정의 의한 개별화교육운영위원회는 위원장 1인을 포함한 5인 이상 10인 이하의 위원으로 구성하고 위원장은 당해학교의 장으로 하되, 위원회의 구성 및 운영 등에 관하여 필요한 사항을 당해 학교의 학칙으로 정한다.	IEP 팀 구성
	③ 개별화교육계획에는 대상 학생의 인적사항, 현재의 학습 수행 수준, 장 · 단기 교육목표, 교육의 시작 및 종료 시기, 교수의 방법 및 평가 계획, 기타 개별화교육운영위원회가 정하는 사항이 포함되어야 한다.	IEP 구성 요소

그의 보호자에게 의견진술의 기회를 주어야 한다. ② 각급 학교의 장은 제1항의 규정에 의한 개별화교육계획을 매 학년이 시작되기 전까지 작성하여야 한다. 다만, 특수교육대상자가 학기 중에 배치된 때에는 배치된 날부터 30일 이내에 작성하여야 한다."는 조항을 두고 있다.

또한 「특수교육진흥법」 시행규칙 제9조(1995)에는 "① 각급 학교의 장은 법 제16조 및 영 제14조의 규정에 의한 개별화교육계획의 효과적인 수립 · 시행을 위하여 당해학교에 개별화교육운영위원회를 설치 · 운영할 수 있다. ② 제1항의 규정의 의한 개별화교육운영위원회는 위원장 1인을 포함한 5인 이상 10인 이하의 위원으로 구성하고 위원장은 당해 학교의 장으로 하되, 위원회의 구성 및 운영 등에 관하여 필요한 사항을 당해 학교의 학칙으로 정한다. ③ 개별화교육계획에는 대상 학생의 인적사항, 현재의 학습 수행 수준, 장 · 단기 교육목표, 교육의 시작 및 종료 시기, 교수의 방법 및 평가 계획, 기타 개별화교육운영위원회가 정하는 사항이 포함되어야 한다."라고 명시되어 있다(〈표 5-1〉 참조).

2007년 5월 25일 공포된 「장애인 등에 대한 특수교육법」, 제2조 7항에서는 '개별화교육' 에 대하여 "각급 학교의 장이 특수교육대상자 개인의 능력을 계발하기 위하여 장애유형 및 장애특성에 적합한 교육목표 · 교육방법 · 교육내용 · 특수교육 관련서비스 등이 포함된 계획을 수립하여 실시하는 교육" 이라고 정의하고 있고, 이를 위하여 보호자, 특수교육교원, 일반교육교원, 진로 및 직업교육 담당교원, 특수교육 관련서비스 담당인력 등으로 개별화교육지원팀을 구성하도록 하고 있다.

한편 1998년 개정된 제7차 특수학교 교육과정의 지역 및 학교에서의 편성 운영에 대한 특별 지침에서는 학급의 공통 교육과정으로 집단학습이 어려운 학생은 해당 과목에 대해 IEP를 구안하여 실행하도록 하고 있다(교육부, 1998).

미국의 경우에도 「장애인교육법」(IDEA)에 3~21세에 해당하는 특별한 요구를 가진 아동 및 청소년들이 특수교육 및 관련서비스를 포함한 무상의 적절한 공교육을 받는 것을 보장하기 위해 IEP의 개발을 의무화하고 있다. 미국 「장애인교육법」에 "개별화교육계획은 장애학생 개개인을 위한 문서화된 진술이며, … (중략) …

각 학생의 개별화교육계획은 학생이 받고 있거나 받아야 할 특수교육과 관련서비스를 자세하게 기술하기 때문에 매우 중요한 문서다."라고 진술되어 있다.

이러한 관련 규정에 비추어 볼 때 IEP는 특수교육 서비스를 제공받는 장애학생을 위한 하나의 법적인 요구 조건으로서 장애가 있고 특수교육적 서비스가 필요하다고 진단 · 평가된 학생을 위해서 개별적으로 마련되어야 하는 공식적인 교육계획서라고 할 수 있다(이유훈, 김형일, 2002). 따라서 IEP는 장애학생이 분리된 특수학교에 있든 일반학교에 통합되어 있든 교육환경에 상관없이 모두 적용이 된다.

II. 개별화교육계획의 개발 과정 개관

1. 일반적인 개별화교육계획의 개발과 실행 절차

1) IEP의 작성 시기

IEP 작성 시기는 「특수교육진흥법」에서는 매학년 시작 전에 작성하도록 하고 있고, 특수교육대상자가 학기 중에 배치된 경우에는 배치된 날부터 30일 이내에 작성하도록 하고 있다. 새 법 「장애인 등에 대한 특수교육법」에서는 매학기마다 특수교육대상자에 대해 IEP를 작성하도록 하였다.

2) IEP의 작성 책임

IEP는 특수교육대상 학생과 관련된 다양한 전문가들이 팀을 이루어 작성하는 것이 바람직하다. 이 팀의 구성은 개별 학생의 특성에 따라 달라질 수 있으나 대개 특수교사, 일반교사, 학교관리자(학교장, 교감 등), 관련서비스 제공자, 부모 및 학생 본인 등이 포함된다. 이렇게 구성된 팀이 모여서 먼저 장애학생에게 가르쳐야 할 우선적인 교육적 요구를 결정하고, 이러한 우선순위를 기록할 문서를 개발하며, 이를 어떻게 교육할 것인가를 결정하게 된다(Fiscus & Mandell,

1983; Rees, 1986; Turnbull, Strickland, & Brantley, 1982). 이러한 팀 접근을 통하여 장애학생과 관련된 다양한 전문가들이 함께 협력하면서 IEP를 개발하고 실행하게 되면, 장애학생의 요구를 더 잘 파악할 수 있고 보다 적절하고 질 높은 교육을 제공할 수 있다.

우리나라의 경우 IEP 작성 책임은 학교 내 개별화교육운영위원회에 있다. 「특수교육진흥법」에서는 개별화교육운영위원회의 구성을 5~10인으로 하고 위원장은 학교장으로 하되, 기타 구성은 개별 학교의 학칙으로 정하도록 되어 있다. 개별 학교의 실정에 따라 개별화교육운영위원회의 구성은 다양하지만 대략적으로 학교장, 교감, 부장교사, 특수교사, 일반학급 담임교사, 보건교사, 관련서비스 제공자, 부모, 장애학생 본인 등이 여기에 포함된다. 그러나 실제로는 이러한 개별화교육운영위원회의 구성원들이 서로 협력하여 IEP를 개발하고 실행하기보다는 대개 특수교사가 IEP를 작성한 후 위의 구성원들에게 서명을 통하여 동의를 구하는 방식으로 진행되고 있다.

새 법, 「장애인 등에 대한 특수교육법」, 제22조에 보호자, 특수교육교원, 일반교육교원, 진로 및 직업교육 담당교원, 특수교육관련서비스 담당인력 등으로 개별화교육지원팀을 구성하도록 명시하였다.

3) IEP 개발 및 실행 절차

IEP는 장애학생에 대한 정보를 수집하고 교육적 요구를 파악하는 진단 및 평가에서부터 학생의 현행 수준에 근거한 장・단기 목표의 설정, 교수 방법 및 진도 점검의 방법까지를 모두 포함한 포괄적인 교육 계획이다(Bagnato, Neisworth, & Munson, 1997; Davis, Kilgo, & Gamel-McCormick, 1998). IEP의 개발 및 실행 절차는: (1) 일반교사에 의한 의뢰; (2) 특수교육 적격성을 판별하고 교육 계획을 세우기 위한 진단 및 평가; (3) 구체적인 IEP 내용 작성(장기목표와 단기목표 설정 및 교수 방법과 평가 방법 계획); (4) IEP 실행(교수-학습 지도) 및 평가 단계로 나눌 수 있다. IEP의 과정을 요약하면 [그림 5-1]과 같다.

의 뢰
특수교육 서비스의 필요 여부 확인

진단 및 평가
장애학생의 현재 능력과 요구를 파악하기 위한 정보 수집

구체적인 IEP 내용 작성
현행 수준을 근거로 장기 및 단기목표, 교수 계획, 성취 기준을 설정

IEP 실행 및 평가
장기 및 단기목표 중심으로 진보 평가 (이후 지도해야 할 목표 수정)

[그림 5-1] 개별화교육계획 개발 및 실행 절차

의뢰 단계는 학생에게 특수교육이 필요한지에 대한 여부를 확인하기 위한 첫 번째 단계로 주로 부모나 일반교사, 혹은 그 외 사람들에 의해 이루어진다. 교육 현장에서 일반학급에서 학업 성적이 부진하거나 문제행동이 심하여 교사나 학생들에게 부담이 되는 학생을 특수학급으로 보내버린다는 의도로 특수학급 입급생으로 의뢰하는 것은 부적절한 것이다.

다음으로 진단 및 평가는 의뢰된 학생이 장애를 가졌는지(즉, 특수교육대상자로 적격한 장애인지)의 여부를 판별하고, 대상 학생의 교육계획을 수립하기 위한 현행 수준 및 강점과 지도가 필요한 점 등의 정보를 수집하기 위한 것이다. IEP는 이러한 진단 및 평가 결과로 얻어진 정보들에 기초하여 개별 학생의 요구에 적절한 교육 계획이 되어야 한다. 대부분의 진단 및 평가는 특수교사와 기타 다양한 전문가들에 의해 이루어지는 것이 보통이지만, 특수교사의 요청에 따라 특수교육보조원은 평소 장애학생을 관찰한 결과를 중심으로 필요한 정보를 제공해 줄 수 있다.

장애학생의 현재의 능력을 정확히 파악하는 것은 쉬운 일은 아니다. 교사는 가장 정확한 정보를 얻기 위해 장애학생에게 적절한 평가도구를 사용할 수도 있고,

장애학생이 생활하는 자연스럽고 다양한 환경에서 학생을 관찰하거나 부모나 학생과 가까운 다른 사람들과의 면담 등을 통해 정보를 얻을 수도 있다.

장애학생에게 적용할 수 있는 진단 도구와 방법들은 매우 다양한데, 여기서 진단이란 반드시 표준화된 검사 도구에 의한 것만을 의미하는 것은 아니다. 표준화 검사 결과는 단지 검사에만 그칠 뿐 실제 IEP 상의 교육계획 수립에는 적절한

표 5-2 장애학생에게 사용되는 표준화된 진단 및 평가 도구의 예

영역	검사명	대상 연령
지능	유아용 웩슬러 지능 검사 (K-WPPSI)	3~7세 3개월
	한국 웩슬러 아동지능 검사 (K-WISC-III)	6~16세
	그림지능검사 (P.T.I)	4~7세
	종합인지기능 진단 검사 (CAS)	5~12세
	카우프만 아동용 개별지능 검사 (K-ABC)	2세 6개월~12세 5개월
발달	포테이지 발달검사	0~6세
	장애유아를 위한 캐롤라이나 교육과정	2~5세
	한국판 시지각 발달검사 (K-DTVP-2)	4~8세
언어	취학전 언어검사 (PLS)	0~6세 11개월
	그림어휘력 검사	2~8세 11개월
	언어 문제 해결력 검사	5~12세
학습	기초학습기능 검사	유치원~초등학교 6학년
	한국판 학습장애 평가척도 (K-LDES)	6~12세
	기초학력검사 (KISE-BAAT)	5~14세
기타	사회성숙도 검사	0~30세
	한국판 적응행동검사(K-SIB-R)	11개월~17세
	적응행동검사 (KISE-SAB)	5~14세
	아동-청소년 행동평가척도 (K-CBCL)	4~17세
	아동기 자폐증 평정척도 (CARS)	모든 연령

특수교육지원 *Tips 13*

표준화된 검사 이외의 다양한 자료 사용

진단 및 평가는 표준화된 검사 도구 이외에도 장애학생의 작업 샘플이나 사진, 비디오테이프, 학습지, 일기장, 수업시간에 사용한 학습지와 노트 필기 등을 통한 수행 평가 자료, 학생과 관련된 다양한 사람들과의 면담을 통해 얻은 자료 및 직접관찰 자료 등을 활용할 수 있다.

정보를 주지 못할 수 있다. 너무 어리거나 장애가 심한 학생의 경우 정확한 검사가 어렵기 때문에 검사 결과만으로는 그들의 능력을 정확하게 파악할 수 없다. 따라서 진단 및 평가는 표준화된 검사 도구 이외에도 장애학생의 작업 샘플이나 사진, 비디오테이프, 학습지, 일기장, 수업시간에 사용한 공책 등을 통한 수행평가 자료 등을 활용할 수도 있고, 학생과 관련된 다양한 사람들과의 면담을 통해 얻은 자료 및 직접 관찰 자료 등을 활용할 수 있다(장혜성, 김수진, 김지영, 2006).

〈표 5-2〉에는 장애학생들에게 주로 사용되는 표준화된 진단 및 평가 도구의 예가 나타나 있다. 특수교육보조원은 학교 환경에서 다양한 회의에 한 팀원으로 참석할 때나 교사와 학생의 교육계획 수립에 대해 대화할 때 〈표 5-2〉에 제시되는 검사 도구들의 이름과 각 도구가 검사하는 영역이나 검사 대상학생의 연령 범위에 대해 기본적인 정보를 알고 있을 필요가 있다.

개별 학생의 진단 및 평가를 근거로 하여 구체적인 IEP 내용을 작성하게 되는데, 학생의 현행 수준을 파악하여 학생에게 가장 필요한 우선적인 목표인 장기 및 단기 목표와 교육 계획, 성취 기준 등을 설정해야 한다. 이러한 IEP의 구체적인 내용을 작성하고 난 후, 이를 실행하고 장기 및 단기목표를 중심으로 진보를 평가한다. IEP 실행 중에 필요에 따라 IEP 내용은 다시 수정될 수 있으며, 이러한 평가 내용은 다음 목표 설정에 대한 근거가 되기도 한다.

2. 개별화교육계획의 구성요소

「특수교육진흥법」 시행규칙 제9조(개별화교육 운영 등) 3항에서는 개별화교육계획에 포함되어야 할 구성요소로 다음과 같은 사항을 규정하고 있다: (1) 대상 학생의 인적 사항; (2) 현재의 학습 수행 수준; (3) 장 · 단기 교육목표; (4) 교육의 시작 및 종료 시기; (5) 교수의 방법 및 평가 계획; (6) 기타 개별화교육운영위원회가 정하는 사항.

이 외에도 IEP 안에는 학생이 현재 받고 있는 교육과 관련서비스, 일반교육에의 참여 정도 등에 대한 사항이 포함될 수 있다. 그러나 우리나라의 실정에서는 관련서비스 제공이 어려운 과제로 남아 있어서 실제 IEP 상에는 이에 대한 내용이 미비하다. 또한 미국의 경우 IEP 상에 장애학생이 일반교육에 참여하지 않는 정도를 명시하고, 왜 참여하지 않는지에 대한 근거를 제시하도록 정하고 있다. 그렇지만 우리나라는 이것이 의무사항은 아니어서 일반학교에 통합된 일부 학생들의 경우에만 IEP 상에 일반학급과 특수학급에서의 교수 시간 비율이 명시되어 있다.

IEP는 특수교육보조원이 직접 작성하는 것은 아니지만 교사는 IEP에 근거하여 교육을 제공하기 때문에 특수교육보조원의 교사와 학생 지원활동의 방향과 범주가 나타나 있는 것으로 볼 수 있다. 특수교육대상 학생의 교육 프로그램이 기본적으로는 각 학생의 IEP에 의거하여 진행되는 것이기 때문에 특수교육보조원의 다양한 지원활동(교사의 교수활동 보조와 학생을 지원하는 활동 등)의 종류와 구체적인 지원방법을 정하는 데 기본적인 정보라고 볼 수 있다.

특수교육지원 *Tips 14*

학생의 현행 수행수준 묘사에서 피해야 할 표현

학생의 현행 수행 수준에 대한 묘사를 하여야 할 경우가 많이 있다. 이 경우에, '이 학생은 ~을 할 수 없다' '안 된다' '못한다' 이런 표현은 하지 않는 것이 중요하다. 그 대신, '~하는 데 어려움이 있다' '~하는 데 도전을 받는다' '~하는 데 제한성이 있다' '~매번은 어렵지만 때때로 할 수 있다' 등으로 표현하는 것이 적절하다.

특수교육보조원이 자신들이 지원하고 있는 장애학생의 IEP를 보고 학생의 현행 수준과 교육목표 등에 대한 정보를 알고 이해하는 것은 특수교육보조원 역할 수행 시작 전에 필수적인 점검 사항이다. 교사는 특수교육보조원이 IEP 구성요소의 정보를 이해하는 것을 도울 수 있어야 한다. 특수교육보조원은 IEP 구성요소의 정보를 이해함으로써 교사의 교수 활동 전반에 대한 기초적 이해가 가능하고 학생의 학업수행과 학교생활 전반에서 무엇을 지원하고 관찰하고 기록하여야 하는지를 어느 정도 알 수 있다.

1) 장애학생의 현재 학습 수행 수준

IEP에는 학생의 전반적인 인적사항과 학생에게 실시했던 다양한 검사(예: 지능 검사, 학업 관련 검사 등) 결과와 더불어 학생의 현행 수준에 대한 내용이 제시되어 있다. 현행 수준에 대한 서술은 학생이 이미 학습한 내용이나 현재 가지고 있는 능력 및 기술뿐만 아니라 앞으로의 교육에서 역점을 두게 될 학생의 독특한 요구들이 진술되어 있다.

특수교육보조원들이 IEP를 통해 장애학생의 현재 학습 수행 수준에 대한 정보를 얻고자 할 때에는 장애학생의 부족한 부분에 초점을 두기보다는 강점과 흥미에 대해 관심을 가지는 것이 좋다. 또한 개별화교육계획 상에 서술된 학생의 현행수준은 학생에 대한 간략한 정보만이 제시된 것이므로 이것으로만 학생의 능력을 파악하려고 하는 것은 무리이며, 특수교사에게 정확한 정보를 듣는 것이 좋다. 특히 지능 검사와 같은 표준화된 검사 결과를 통해 학생의 수준과 능력을 함부로 단정짓지 말고, IEP에 제시된 대상 학생이 인적 정보는 교사나 부모의 동의 없이 절대 외부로 유출하지 않아야 한다.

2) 장기목표와 단기목표

장기목표는 학생들이 1년 동안 학습해야 할 것으로 기대되는 교육 성취 목표를 의미한다. 장기 및 단기목표를 설정하는 목적은 특수교육 서비스의 적절성을 평가하고 학생의 진보 사항을 점검하기 위한 것이다(이대식, 김수연, 이은주, 허

특수교육지원 Tips 15

개별화교육계획(IEP)에서 장 · 단기목표

개별화교육계획(IEP)에서의 장기목표는 1년 동안 학습해야 할 것으로 기대되는 교육목표를 의미하며, 단기목표는 연간목표인 장기목표를 성취하기 위하여 세분화된 단계의 교육목표를 의미한다.

승준, 2006). 장기목표는 학생의 현재 수행수준을 고려하여 가장 필요하고 중요한 내용을 중심으로 작성되어 있다. 단기목표는 장기목표, 즉 연간 목적을 도달하기 위한 중간 단계의 세부 목표로서 기술이 수행되어야 하는 조건과 교수 및 평가 등과 관련된 내용이 포함되어 있다(신종호 외 공역, 2002). 〈표 5-3〉에는 장기목표와 단기목표의 차별성에 대해 제시되어 있다.

한편, 특수교육보조원들은 이러한 IEP 상에 제시된 목표들을 통해 장애학생들의 개별적인 연간 성취목표에 대해 이해함으로써 교사의 교수활동을 보다 잘 보조할 수 있다.

표 5-3 IEP 상의 장기 및 단기목표

장기목표	단기목표
학생의 강점과 약점을 고려한 연간교육목표	연간목표인 장기목표를 지도하기 위하여 세분화된 중간 단계의 교육목표
각 교과 영역이나 발달 영역을 중심으로 포괄적인 문장으로 서술	구체적이고 측정 가능한 문장으로 서술되며 학생의 진보를 알아보는 평가기준이 됨

출처: 장혜성, 김수진, 김지영(2006). 기능적 기술 습득을 위한 개별화 교육 프로그램의 실제, p. 78 발췌 후 수정.

3) 교육의 시작 및 종료 시기

IEP에는 교육의 시작일과 종료일을 명시하도록 되어 있다. 대부분의 경우 1년 정도를 그 기간으로 하지만 경우에 따라 그 시기는 조정될 수 있다.

4) 교수 방법 및 평가 계획

IEP에는 구체적인 교수 방법과 평가 계획이 명시되어야 한다. 개별화교육을 종종 일대일로 교수하는 개별지도(혹은 개별교육)과 혼동하는 경우가 많이 있는데 개별화교육이 일대일의 개별지도만을 의미하는 것은 아니다. 개별화교육은 각 학생의 개별적인 교육적 요구를 충족시키기 위해 고안된 교육을 의미하며, 이를 위해서는 일대일의 개별지도를 할 수도 있고, 소그룹 및 대그룹 교육 등 여러 가지 교수적 집단화 형태를 활용할 수 있다. 그 외 IEP에는 교수 자료나 교수 장소 등에 대한 내용도 명시할 수 있다.

평가 계획을 설정할 때는 평가를 어떻게 할지에 대한 방법과 기준 및 평가 시기 등이 고려된다. 특히 평가 기준은 어느 정도의 수준까지 수행하여야 교육목표를 성취한 것으로 볼 것인가에 대한 기준으로 단기 교육목표에서 제시되는 것이 바람직하다. 평가 일정은 얼마나 자주 평가를 할 것인지에 관한 것으로 이를 통해 학생들의 진보상태를 잘 파악하여 교육 프로그램의 수정 및 보완이 가능하게 된다.

III. 학교급별 개별화교육계획의 이해

1. 학령전 과정 개별화교육계획의 이해

장애유아를 위한 교육은 일반적으로 다음과 같은 5가지 주요 발달 영역을 중심으로 이루어진다: (1) 인지; (2) 언어 및 의사소통; (3) 사회성; (4) 대근육 및 소근육 운동; (5) 신변처리 및 적응행동(구체적인 발달 영역에 대한 자세한 설명은 본 책 제5장 참조). 학령전기 장애유아 및 아동들의 IEP는 이러한 발달 영역 중심으로 작성되는데, 〈표 5-4〉에는 학령전 아동의 IEP의 예가 제시되어 있다.

한편, 최근 특수교육분야에서는 가족 중심의 접근이 강조되고 있는데 학령기 학생들에게 해당되는 IEP와 유사한 개념으로 장애 영유아들에게는 '개별화가족서비스계획(Individualized Family Service Plan, IFSP)' 을 적용할 수 있다. 이

표 5-4 학령전 개별화교육계획(IEP)의 예

학생의 인적 사항			
이름	손 ○○ (여)	생년월일	2001년 5월 5일
부모	손○○, 조○○	직업	회사원
주소	서울 서대문구 대현동 1번지	전화	323-○○○○
교육기관	○○초등학교 병설유치원	학년	만 6세반
작성날짜	2007. 3. 10.	교사	강 ○○
교육시작일	2007. 3. 14.	교육종료일	2007. 12. 30.

현재 수행 수준

인지
사물의 크기를 구별하고 빨강, 노랑, 파랑의 3가지 색깔을 인지하고 있으며, 위와 아래에 대한 위치 개념이 있다. 1~10까지 수를 읽고 말할 수 있다.

언어 및 의사소통
자신의 욕구를 단어 위주로 표현할 수 있고, 이름을 부르면 대답할 수 있다. '누가' '무엇' 이라는 질문에는 답을 할 수 있으나 '언제' '왜' '어떻게' 에 대한 질문에 대한 답은 어려워한다.

사회성
다양한 놀이 활동에 관심을 보이고, 등원 시에 교사를 만나면 인사를 한다. 또래보다는 교사들과 주로 상호작용을 하려 하고, 또래와 상호작용 시 공격성이 종종 보인다.

대근육 및 소근육 운동
뛰뛰기, 구르기 등의 대근육 활동에는 큰 어려움 없으나 연필 사용하기, 가위 사용 등의 소근육 활동에는 어려움을 보인다.

신변처리 및 적응행동
신발을 스스로 신고 벗을 수 있다. 윗옷을 입고 벗기는 가능하지만, 바지 입고 벗기는 어려워한다. 숟가락과 포크를 사용하여 혼자 식사할 수 있다. 독립적으로 화장실 사용하기에 대한 교수가 필요하다.

장기목표 및 단기목표

인지
장기목표: 1~10까지의 수 개념을 가질 수 있다.

단기목표	교수 계획	평가 계획
1. 1~10까지 사물과 수를 대응하여 셀 수 있다. 2. 간식판에서 간식량을 보고 개수만큼 접시에 담을 수 있다.	• 교수시간: 수업/놀이시간 • 교수방법: 교사의 언어적 촉진 제공	• 평가방법: 관찰 및 기록 • 평가기준: 주어진 기회에서 80% 이상 수행

특수교육지원 Tips 16

개별화전환교육계획(ITP)

중등 특수교육에서는 장애학생이 고등학교 졸업 후 성인기의 다양한 역할 수행을 준비시키는 교육과정이 중심이 된다. 이 시기 IEP에는 학업적인 목표 이외에도 일상생활, 지역사회 참여, 자기결정, 여가, 고용기술 등에 대한 목표가 포함된다. 이러한 목표들을 포함한 계획을 개별화전환교육계획(Individualized Transition Plan, ITP)이라고 한다.

3. IEP 보는 방법: 초등 과정 개별화교육계획의 예

실제 학교 현장에서 특수교육보조원이 직접 IEP를 작성하지는 않지만 그에 의거한 교사의 교수활동을 보조하고 학생을 지원한다. 또한 IEP 개발이나 수정을 위한 자료 수집에 참여할 수 있다. 특수교육대상 학생들이 모두 IEP를 가지고 있고 이에 근거하여 교육이 이루어지기 때문에 특수교육보조원이 문서화된 IEP를 보고 그 내용이 무엇을 의미하는지를 이해하는 것은 중요하다.

IEP의 양식은 1가지로 정해져 있는 것이 아니라 교육기관이나 교사에 따라 주요 구성 요소들을 중심으로 다양하게 변형되어 개발될 수 있다. 〈표 5-7〉에는 서울의 한 초등학교 특수학급에서 실제로 사용되고 있는 IEP 양식이 제시되는데, 특수교육보조원의 IEP에 대한 이해를 높이기 위해 IEP 보는 방법의 설명을 초등과정 IEP 예를 사용하여 제공한다.

표 5-7 초등 과정 IEP 보는 방법

학생 인적사항 ①		개별화교육운영위원회 ②		
		성명	직위	승인
이 름	이 ○○	임 ○○	교 장	
생 일	1998년 5월 8일	주 ○○	교 감	
연 령	만 9세	신 ○○	부장교사	
성 별	남	장 ○○	담임교사	
장애유형	정신지체	서 ○○	특수교사	
학 교	서울 ○○초등학교	송 ○○	보건교사	

표 5-7 **초등과정 IEP 보는 방법 (계속)**

학생 인적사항 ①			개별화교육운영위원회 ②		
			성명	직위	승인
학 년 반		3학년 1반	이 ○○	보 호 자	
주 소		○○구 ○○동 123번지	이 ○○	학생본인	
전 화		323 - ○○○○	작 성 일 ③	2007. 2. 22.	
보호자	성명	이 ○○	시 작 일 ④	2007. 3. 2.	
	직업	회사원	종 결 일 ⑤	2008. 2. 28.	

진단 및 평가		
검사 도구	검사일	검사 결과
사회성숙도 검사 ⑥	2006.03.14	SA: 5.00 SQ: 63.83
K-WISC-III ⑦	2006.03.17	지능지수: 62, 언어성: 75, 동작성: 51
기초학습기능 검사 ⑧	2006.03.24	학년규준 1.3학년 -정보처리: 학년수준 이하 -읽기 I , 읽기 II , 쓰기: 1학년 -셈하기: 학년 수준 이하

교육배치 계획 ⑨						
유형	교과	기간	주당시간		장소	책임자
특수교육	국어	2007. 3. 2. ~ 2008. 2. 28.	12	6	특수학급	특수교사 서○○
	수학			6		
일반교육	전교과	2007. 3. 2. ~ 2008. 2. 28.	17		3~1	담임교사 장○○

국 어		
현행수준 ⑩	그림 자료를 보면서 명사 위주의 한 단어로 상황을 설명할 수 있고, 교사의 설명을 듣고 적절한 그림 자료를 찾을 수 있다.	
장기목표 ⑪	2~3컷의 그림자료를 보고 2~3문장을 이어서 말할 수 있다.	
단기목표 ⑫	교수 계획 ⑬	평가 계획 ⑭
1. 1장의 그림카드를 보면서 교사가 '주어'를 말하면, 다음에 이어지는 '서술어'를 말할 수 있 2. 1장의 그림카드를 보면서 '주어+서술어' 형태의 문장을 완성하여 말할 수 있다. 3. 2장의 그림카드를 보면서 인과관계가 드러나도록 문장을 만들어 말할 수 있다.	• 시간: 말하기 수업 • 방법: 교사의 언어적 촉진 제공 • 자료: 그림자료 동화책 문장카드	• 방법: 교사와 일대일로 수행평가 • 기준: 주어진 기회80% 수행

표 5-7 초등과정 IEP 보는 방법 (계속)

국 어		
4. 2~3컷의 그림자료를 보고 2~3문장을 이어서 말할 수 있다.		
수 학		
현행수준	1~100까지의 수를 읽고 쓸 수 있다.	
장기목표	시계를 보고 5분 단위로 몇 시, 몇 분을 말할 수 있다.	
단기목표	교수 계획	평가 계획
1. 시계를 보고 시간 단위(예: 1시, 2시)로 시간을 말할 수 있다.	• 시간: 수학 시간 및 하루 일과 중 수시 • 방법: 직접 교수, 시각적 단서 제공 • 자료: 모형시계, 교실 벽시계, 학습지	• 방법: 교수 후 필기시험 • 기준: 주어진 문제 100% 완성
2. 시계를 보고 30분 단위(예: 1시 30분)로 시간을 말할 수 있다.		
3. 시계를 보고 10분 단위(예: 2시 50분)로 시간을 말할 수 있다.		
4. 시계를 보고 5분 단위(예: 3시 25분)로 시간을 말할 수 있다.		

① **학생 인적사항**: IEP 대상 학생에 대한 전반적인 사항이 기재되어 있다. 주로 이름, 생년월일, 장애유형이나 정도, 소속 학교와 학급, 주소와 연락처, 그 외 가족 배경 등이 기록된다.

② **개별화교육운영위원회**: IEP는 교사 혼자 작성하는 것이 아니라 학생과 관련된 다양한 전문가들이 팀을 이루어 함께 작성을 하는데, 우리나라의 경우 학교 내 개별화교육운영위원회를 구성하여 작성하도록 하고 있다. 학교마다 그 구성은 다양하지만 대개 학교장, 교감, 부장교사, 특수교사, 일반학급 담임교사, 보건교사, 관련서비스 제공자, 부모, 장애학생 본인 등이 여기에 포함된다. 실제로는 개별화교육운영위원회의 구성원들이 협력하여 IEP를 개발하고 실행하기보다는 특수교사가 IEP 작성을 한 후 위의 구성원들에게 동의를 구하는 방식으로 진행되고 있다.

③ **작성일**: IEP를 작성한 날짜다. IEP는 「특수교육진흥법」에 매 학년이 시작되기 전에 IEP를 작성하도록 규정되어 있기 때문에 재학생의 경우, 법적으로는 적어도 매 학년이 시작되기 전인 2월말 안에 작성된다.

④ **시작일**: 학생에게 IEP가 실행되기 시작하는 날짜다.

⑤ **종결일**: 학생에게 IEP 적용이 끝나는 날짜다. 이 시기가 지나면, 현재 IEP의 평가 결과에 근

거하여 새롭게 IEP가 개발된다.

⑥ **사회성숙도 검사**: 장애학생의 적응행동을 측정하기 위한 도구로 SA는 사회연령을, SQ는 사회지수를 말한다. 이 IEP의 대상 학생의 SA: 5.00란 사회연령이 5세라는 의미이고, SQ: 63.83는 사회지수가 63.83이라는 의미다. 주의할 것은 검사 실시 날짜를 반드시 함께 확인해야 한다. 본 IEP 작성연도는 2007년이고, 검사 실시연도는 2006년, 즉 1년 전이다. 따라서 본 검사 결과가 현재의 학생 수행 수준을 나타낸다고 단정 지어 해석할 수 없고 어디까지나 참조 자료로 활용해야 한다.

⑦ **K-WISC-Ⅲ**: 6～16세 학생의 지능을 측정하는 검사 도구다. 본 검사 도구는 언어성 검사와 동작성 검사로 이루어져 있고, 이 두 검사를 합한 총점을 환산한 점수가 바로 지능지수(IQ)다.

⑧ **기초학습기능 검사**: 이 검사는 유치원에서 초등학교 과정 학생의 기초 학력을 평가하는 도구로 정보처리(문제해결력), 셈하기, 읽기Ⅰ(문자와 낱말의 재인), 읽기Ⅱ(독해능력), 쓰기(철자재인)의 5가지 영역으로 구성되어 있다. 검사 결과는 각 영역마다 학년 수준 혹은 연령 수준으로 제시되는데, 본 IEP 대상 학생의 경우, 2006년 3월(당시 2학년)에 검사한 결과 전반적인 학업 수준이 1.3학년이었다.

⑨ **교육배치 계획**: 이 부분은 학생의 교육 배치에 대한 계획으로 일반교육과 특수교육의 참여비율이 기록되어 있다. 본 IEP 대상학생은 주당 12시간을 특수학급에서 교육을 받고, 일반학급에서는 주당 17시간을 교육받도록 계획되어 있다.

⑩ **현행수준**: 현행수준은 장기목표 및 단기목표와 관련되는 현재 학생의 학습 수행 수준을 기록한 것이다.

⑪ **장기목표**: 장기목표는 학생들이 1년 동안 학습해야 할 교육목표를 의미한다. 장기목표는 학생의 현재 수행수준을 고려하여 학생에게 가장 필요하고 중요한 내용을 중심으로 작성된다.

⑫ **단기목표**: 단기목표는 연간목표인 장기목표에 도달하기 위한 중간 단계의 세부 목표다.

⑬ **교수 계획**: 교수계획에는 교육목표를 위한 구체적인 교수 방법과 조건, 교수자료 등이 포함된다.

⑭ **평가 계획**: 평가 계획에는 평가 방법과 기준 및 평가 시기 등이 포함된다.

참고문헌

교육부(1998). 초등학교 교육과정 해설. 서울: 교육부.

신종호, 김동일, 신현기, 이대식 공역(2002). 정신지체. 서울: 시그마프레스.

이대식, 김수연, 이은주, 허승준(2006). 통합교육의 이해와 실제: 통합학습에서의 효과적인 교육방법. 서울: 학지사.

이소현(2003). 유아특수교육. 서울: 학지사.

이유훈, 김형일(2002). 개별화교육계획의 구안과 실행. 서울: 교육과학사.

장혜성, 김수진, 김지영(2006). 기능적 기술 습득을 위한 개별화 교육 프로그램의 실제. 서울: 교육과학사.

Bagnato, S. J., Neisworth, J. T., & Munson, S. M. (1997). *Linking Assessment and Early Intervention*. Baltimore, MD: Paul H Brookes.

Davis, M. D., Kilgo, J. L., & Gamel-McCormick, M. (1998). *Young Children with Special Needs: A developmentally appropriate approach*. Boston, MA: Allyn and Bacon.

Fiscus, E. D., & Mandell, C. J. (1983). *Developing individualized education programs*. St. paul, STATE: West Publishing Company.

Rees, W. (1896). *Developing individualized education programs: Division of Special Education*. Brisbane: Queensland Department of Education.

Turnbull, A. P., Strickland, B. B., & Brantley, J. C. (1982). *Developing and implementing individualized education programs* (2nd ed.). Columbus, Ohio: Merrill.

제5장 '장애학생의 연간교육계획서: 개별화교육계획'을 공부한 후
다음을 알 수 있다.

- 개별화교육계획(IEP)이란 특수교육대상 학생의 개별적인 필요와 요구를 반영하여 적절한 교육을 제공하고자 팀으로 개발된 연간교육계획서이자 법적인 문서다. IEP는 장애학생에게 적절한 교수 방향을 제시해 주고, 교수 활동을 통한 실질적인 성과를 평가하는 기초가 되며, 부모 및 학생의 교육과 관련된 다양한 전문가들 간의 의사소통을 증진시키는 기능을 가진다.

- 적절한 IEP 개발을 위해서는 학생의 교육적 요구와 현행 수준을 파악하기 위한 진단 및 평가를 실시해야 하고, 이를 근거로 장기 및 단기 목표를 설정해야 한다. IEP에는 학생의 인적 사항을 비롯하여 현재 학습 수행 수준, 장기 및 단기 교육목표, 교육의 시작과 종료 시기, 교수방법 및 평가계획 등이 포함된다.

- 실제 학교 교육 현장에서 개별화교육계획은 특수교사나 일반교사 및 기타 관련전문가들이 팀을 이루어 개발하고 실행된다. 특수교육을 받고 있는 모든 특수교육대상 학생들은 IEP을 가지고 있고 이에 근거하여 교육이 이루어지기 때문에 특수교육보조원의 역할 수행의 방향과 범주에도 기초가 된다. 따라서 특수교육조원은 각 학생의 IEP를 보고 그 내용이 무엇을 의미하는지를 이해할 수 있어야 한다.

제6장 학교급별 및 교과별 교수활동 지원

제 6 장 학교급별 및 교과별 교수활동 지원

학습목표

- 교수적 수정의 정의와 교수적 수정의 유형을 알고 교수적 수정의 활용 방법을 안다.
- 학령전, 초등, 중등 교육과정의 특성과 각 특성에 따른 특수교육보조원의 지원의 예를 안다.
- 교과별 특성에 따라 통합학급에서 장애학생의 수업 참여를 지원할 수 있는 구체적인 방법을 안다.

I. 교수활동 지원을 위한 교수적 수정의 이해

1. 교수적 수정의 정의

통합교육의 지속적 강조로 많은 장애학생이 일반학급에 통합되어 함께 수업을 받게 되는 경우가 증가되었다. 그러나 장애학생들 중에는 일반학생과 같은 과제, 같은 방법, 같은 시간 안에 학습하는 것이 어려운 경우가 많다. 이를 고려하여 교수방법, 교재, 환경, 시간, 평가방법 등 다양한 교수적 요소를 조정하고 변화시켜야 한다는 요구가 생기기 시작했다. 장애학생이 일반학급에서 이루어지는 수업에 적극적으로 참여할 수 있게 하기 위해서 수업내용을 각 학생에게 적합하게 수정해야 하며, 교수방법, 교수자료, 물리적 · 사회적 환경 등을 수정하는 것이 필요하다. 장애학생이 일반학급 수업에 좀 더 의미 있게 참여하고 수업에서 적절한 수업 성과를 성취하게 하기 위해 교사가 기존의 수업을 다양한 방면으로 수정하고 보완하는 것을 교수적 수정이라고 부른다. 박승희(1999)는 교수적 수정을 다음과 같이 정의하였다(p. 35).

> "교수적 수정은 일반학급의 일상적인 수업을 특수교육적 욕구가 있는 학생의 수업 참여의 양과 질을 최적합한 수준으로 성취시키기 위해서 교수 환경, 교수적 집단화, 교수방법(교수활동, 교수전략 및 교수자료), 교수 내용 혹은 평가방법에서 수정 및 보완을 하는 것으로 정의한다."

2. 교수적 수정의 유형과 활용

교수적 수정은 수업을 주도하는 교사에 의하여 이루어진다. 특수교육보조원은 교수적 수정의 다양한 방법을 이해하여 장애학생이 수업에 좀 더 원할하게 참여하게 하고 교사의 교수활동을 지원할 수 있다.

교사가 교수적 수정을 통해 수업을 조정할 수 있는 영역은 다양하다. 교수적 수정의 여러 유형과 예를 살펴보고 특수교육보조원이 교수적 수정 유형을 활용할 수 있는 방법을 알아보도록 한다. 박승희(1999)는 교수적 수정을 5가지로 하위 분류하였다: (1) 교수 환경의 수정; (2) 교수적 집단화의 수정; (3) 교수방법(교수활동, 교수전략 및 교수자료)의 수정; (4) 교수 내용의 수정; (5) 평가방법의 수정. 다음에서는 교수적 수정의 5가지 유형을 간략하게 설명한다. 그리고 이를 활용하여 교사의 교수활동을 보조할 때, 특수교육보조원이 실제로 사용할 수 있는 지원방법들을 예를 들어 설명한다.

1) 교수 환경의 수정

(1) 정의

교수 환경의 수정은 장애학생이 일반학급에서 수업에 잘 참여할 수 있도록 학생을 둘러싸고 있는 물리적 · 사회적 환경을 수정하는 것을 의미한다. 조명, 소음정도, 시각적 · 청각적으로 정보를 알려 주는 정도와 강도, 교실의 물리적인 정돈 상태, 가구의 배열, 교수자료의 위치 등을 수정할 수 있다. 또한 교사는 학생들이 소속감, 평등감, 존중감, 협동심 등을 느낄 수 있도록 교실의 사회적인 분위기를 만들어야 한다(박승희, 1999).

(2) 교수 환경을 수정하는 방법

교수 환경의 수정 중 물리적 환경 수정에 대한 예로는 칠판 가까이에 학생을 앉히는 것, 칸막이 책상을 준비하여 자극을 줄여 주는 것, 휠체어용 책상에 앉는 것, 같은 자리에서 오랫동안 과제에 집중할 수 없는 학생에게 자리 하나를 더 마련해 주는 것, 학생에게 필요한 자료를 미리 책상 서랍에 준비하는 것 등이 있다. 사회적 환경의 수정은 장애학생들이 학급에서 좀 더 소속감을 느끼고 만족감과 편안함을 느낄 수 있도록 학급분위기를 조성하는 것과 모든 학급 학생들이 지킬 수 있는 규칙을 만드는 것을 예로 들 수 있다(박승희, 1999).

교수 환경의 수정은 교사가 주도하므로, 특수교육보조원이 직접 교수 환경을

표 6-1 교수 환경 수정의 활용 예

- 빛이 덜 들어오는 곳에 앉히기, 특수교육보조원이 자신의 그림자로 빛을 가려 주기
- 헤드폰을 이용하여 소음 막아 주기, 일시적인 소음 자극의 경우, 학생의 손으로 귀를 덮어 소리자극 줄여 주기
- 칠판 가까이에 앉게 해 주기, 칠판에 있는 글을 종이에 옮겨 써서 보고 쓰게 해 주기, 칠판에 적은 글 읽어 주고 듣고 쓰게 도와주기, 교사의 말을 학생에게 다시 한 번 명확하게 전달해 주기, 가림판(파일, 공책 등)으로 자극 줄여 주기
- 꼭 필요한 최소한의 교수자료만 책상 위에 두기, 책상 옆에 자료 정리 바구니 마련해 주기
- 책상, 의자가 학생에게 적합한지 확인하기, 학생이 직접 교수자료를 정리할 수 있도록 사물함의 위치 정하기

수정하는 것은 어려우나 학생의 요구와 상태를 잘 관찰하여 교사에게 물리적 환경 수정을 제안하거나 상황에 따라 즉각적으로 필요한 간단한 물리적 환경 수정을 할 수 있다. 특수교육보조원이 교사의 교수활동을 지원하는 데 있어서 교수 환경의 수정 방법을 활용할 수 있는 예는 〈표 6-1〉과 같다.

2) 교수적 집단화의 수정

(1) 정의

교수적 집단화의 수정은 장애학생이 좀 더 수업에 잘 참여할 수 있도록 하기 위해서 수업을 받는 학생들을 다양한 형태로 집단화하는 것을 의미한다. 교수적 집단화에는 대집단 혹은 전체 학급 교수, 교사 주도적 소집단 교수, 협동학습 집단, 학생 주도적 소집단 혹은 또래 파트너, 또래 교사 혹은 상급학생 교사, 일대일 교수, 자습이 있다(박승희, 1999).

(2) 교수적 집단화의 다양한 형태와 특수교육보조원 지원의 예

다음에는 각 교수적 집단화에 대해 설명하고 특수교육보조원이 각 교수적 집단화에 따라 교사의 교수활동을 지원할 수 있는 방법의 예를 제시한다(〈표 6-2〉 참조).

표 6-2 교수적 집단화의 다양한 형태에서 특수교육보조원 지원의 예

형태	교수적 집단화 설명 및 특수교육보조원 지원의 예
대집단 혹은 전체학급 교수	과거에 교육현장에서 가장 많이 사용하는 집단화 방법이다. 학급의 모든 학생들이 교사로부터 같은 내용을 배우고 교사는 학생들이 비슷한 방식과 속도로 학습할 것을 기대한다. 학생들이 참여하는 기회가 적고 주의집중 시간이 길다. 〈특수교육보조원 지원의 예〉 • 학생이 교사의 설명에 집중할 수 있도록 언어적인 촉진 주기 ⇒ "조용히 하고 선생님 말씀 듣자" "쉿!" "선생님 보세요" 등 • 학생이 교사의 설명에 집중할 수 있도록 신체적 촉진 주기 ⇒ 바른 자세를 유지할 수 있도록 자세 잡아 주기, 교사를 볼 수 있게 촉진하기, 두 손을 모아 주기 등 • 교사의 설명을 쉬운 말로 설명하기 ⇒ 교사의 수업에 방해가 되지 않도록 작은 목소리로 학생의 수준에 맞는 어휘로 설명하기 등 • 수업활동(발표하기, 교과서 읽기, 필기하기 등)에 학생이 참여할 수 있도록 지원하기 ⇒ 발표할 수 있도록 손 같이 들어 주기, 발표하는 내용을 미리 알려 주거나 촉진하여 발표 기회 제공하기 등
교사 주도적 소집단 교수	교사가 5~6명의 소집단 학생들을 교수하게 되는 형태로 교수는 특정 내용 영역에 대해 이루어진다. 교사가 수준이 비슷한 학생들을 5~6명 그룹으로 만들어 자습시간에 나눗셈 보충 수업을 하는 것을 예로 들 수 있다. 〈특수교육보조원 지원의 예〉 • 반복연습이 필요한 경우, 교사에게 교수방법을 배워 일부(1~2명)의 학생들 지원하기
협동학습 집단	2~6명의 학생들이 함께 공통의 목표를 이루기 위해 협력하여 공부하는 형태다. 학생들은 각자 역할과 책임을 갖게 된다. 미술시간에 모둠원들이 각자 놀이터의 놀이기구를 만들고 하나의 놀이터를 꾸며 완성하는 활동을 예를 들 수 있다. 〈특수교육보조원 지원의 예〉 • 장애학생에게 맞는 역할 제시해 주기 ⇒ 좀 더 쉬운 역할이나 학생의 특성에 맞는 역할 찾기 • 장애학생과 파트너가 되어 한 가지 역할하기 • 모둠원이 장애학생을 지원하도록 특수교육보조원은 다른 모둠원 지원하기 • 모둠 전체를 지원하기

표 6-10 학령전 교육과정의 영역별 특성과 특수교육보조원 지원의 예 (계속)

<table>
<tr><th>발달영역</th><th>기술의 예</th><th>기술의 중요성</th></tr>
<tr><td>언어 및 의사소통 (계속)</td><td colspan="2">• 이야기할 수 있는 기회 만들어 주기
(예: 아동이 원하는 물건을 주기 전 말로 요청하게 하기)
• 학생의 행동을 말로 설명해 주기
• 학생이 의사소통하고 싶어 하는 내용을 대신 말로 해 주기</td></tr>
<tr><td rowspan="2">사회성</td><td>전이활동, 협력적 행동 나누기, 시작행동, 반응행동, 상호작용, 행동 기다리기</td><td>• 다양한 환경에서 의미 있는 사회적인 행동을 형성하여 집단에서 요구되는 행동을 배우고 사회에 참여하며 변화를 이해하게 됨
• 양육자, 또래와의 상호작용이 중요</td></tr>
<tr><td colspan="2">〈특수교육보조원 지원의 예〉
• 또래들과 어울려서 놀이를 할 수 있도록 놀이를 제안하거나 놀이에 참여하기
(예: 공기놀이 제안하고, 소꿉놀이에서 역할 제안하기, 분쟁 조절해 주기)
• 장애학생이 자신의 순서를 기다릴 수 있도록 지원하기
• 또래들과 이야기하고 상호작용할 수 있도록 지원하기
(예: 친구랑 같이 놀기를 요청할 수 있도록 북돋아 주기)
• 학생에게 긍정적인 상호작용 방법 알려 주기
(예: 좋아하는 친구를 끌어안는 대신 악수하기나 살짝 포옹할 수 있도록 가르쳐 주기)
• 장애학생의 사회적 관계 확장 돕기
(예: 장애학생과 특수교육보조원이 친구가 되어 놀이를 시작하고 일반학생들을 놀이에 참여시키기)</td></tr>
<tr><td>대근육 운동</td><td>서기, 걷기, 뛰기, 안정감, 계단 오르내리기, 공 던지기</td><td rowspan="2">• 이동할 수 있는 능력
• 자세 유지 능력
• 두 손의 협응 능력
• 필요한 도구 사용 능력</td></tr>
<tr><td rowspan="2">소근육 운동</td><td>사물 조작하기, 잡기, 쥐기, 놓기</td></tr>
<tr><td colspan="2">〈특수교육보조원 지원의 예〉
• 일과 중에 장애학생이 운동을 할 수 있는 기회를 계속 제공하기
(예: 문고리 돌리기, 지퍼 올리기, 물건 쥐기 등은 학생이 스스로 할 수 있도록 연습하기)
• 이동 시에도 가능한 학생이 스스로 할 수 있는 방법 찾아주기
(예: 휠체어의 브레이크 걸기, 안전대 잡고 걷기)
• 이동시에는 보조원의 안전, 학생의 안전 모두 고려하기
• 바른 자세를 유지할 수 있도록 촉진하고 자세 교정해 주기
• 일상생활의 모든 도구를 활용하기
(예: 병뚜껑 열기, 키보드 이용하기, 책장 넘기기, 우유팩 열기 등)</td></tr>
</table>

표 6-10 학령전 교육과정의 영역별 특성과 특수교육보조원 지원의 예 (계속)

발달영역	기술의 예	기술의 중요성
인지	주의집중, 개념이해력, 사물 인식, 분류, 기억력, 놀이/게임 참여하기, 수세기	• 나이에 적절한 행동 • 목적에 따른 계획, 의사결정, 의사소통, 식별, 생각하기 등의 다양한 능력 포함 • 지각, 지식, 이해, 추론, 판단 등의 능력 • 독립적인 활동과 사회적인 상호작용을 가능하게 함
	〈특수교육보조원 지원의 예〉 • 지나치게 모든 것을 인지적인 면에 초점을 두지 않기 • 장애아동의 수준에 맞게 접근하기 • 일상생활의 모든 기회를 이용하여 반복적으로 인지 교육하기 (예: 신발 신기 ⇒ 왼쪽, 오른쪽 구분하기, 신발 색깔 알기, 신발을 신는 이유 설명하기, 신발 치수 알아보기 등)	

출처: 장혜성, 김수진, 김지영(2006). 기능적 기술 습득을 위한 개별화 교육 프로그램의 실제, p. 30. 발췌 재구성.

2. 초등 교육과정의 특성과 지원방법

현재 우리나라 특수교육 현장에서 활용되는 초등 교육과정은 국민공통기본교육과정이라고 하는 일반교육과정과 기본교육과정이라고 불리는 특수학교 교육과정으로 나누어 살펴볼 수 있다. 특수학교 교육과정은 다시 정신지체 · 정서장애 특수학교 교육과정과 시각 · 청각장애 · 지체부자유 · 특수학교 교육과정으로 나눌 수 있다(본 책 제2장 참조).

정신지체 · 정서장애 특수학교 교육과정은 초등 1학년에서 고등부 3학년까지 적용되는 기본교육과정으로, 교과, 치료 교육 활동, 재량 활동, 특별 활동으로 편성된다(교육부, 1997a). 시각장애 · 청각장애 · 지체부자유 학교의 교육과정은 기본교육과정, 국민공통기본교육과정, 고등부 선택중심 교육과정으로 구성된다(교육부, 1997a). 특수학급의 교육과정은 장애학생에게는 해당 학교 학년의 편제를 적용하되, 특수학교 교육과정을 고려하여 조정할 수 있다고 제시한 교육부 고시 특수학급 교육과정 지침을 따르는 것이 대부분이다(이유훈, 김경진, 박정

연, 2000; 이유훈, 최세민, 유장순, 이은정, 권택환, 2005). 따라서 특수학급의 교육과정은 기본적, 공통적인 학습내용과 장애특성에 따른 개별화교육과정으로 나누어서 재구성되며, 교과, 재량 활동, 특별 활동, 치료 교육 활동으로 편성된다(이유훈 외, 2000; 이유훈 외, 2005). 다음에 간략하게 특수학교 초등부 교육과정, 초등 특수학급 교육과정의 특성(이유훈 외, 2000; 이유훈 외, 2005)과 이에 따른 특수교육보조원의 지원 방법을 간략하게 알아본다(〈표 6-11〉 참조).

표 6-11 특수학교와 특수학급 초등 교육과정의 특성과 특수교육보조원 지원의 예

<table>
<tr><th>구분</th><th>영역</th><th>각 영역 내용 및 특수교육보조원 지원의 예</th></tr>
<tr><td rowspan="6">특수학급
초등교육과정</td><td>교과</td><td>1~2학년: 바른 생활, 국어, 수학, 슬기로운 생활, 즐거운 생활
3~6학년: 국어, 도덕, 사회, 수학, 과학, 실과, 체육, 음악, 미술, 영어
* 학생의 학년, 능력, 협력교수의 여부, 특수교육보조원의 지원 여부에 따라서 교육과정의 편제는 다양해질 수 있다.</td></tr>
<tr><td colspan="2">〈특수교육보조원 지원의 예〉
• '본 책 제6장의 교과별 교수활동에 대한 지원' 참고</td></tr>
<tr><td>특별
활동</td><td>자치활동, 적응활동, 계발활동, 봉사활동, 행사활동으로 구성
기본이수시간: 저학년-34시간, 고학년-68시간</td></tr>
<tr><td colspan="2">〈특수교육보조원 지원의 예〉
• 특별활동을 통해서 장애학생이 기본적인 생활 습관을 형성할 수 있도록 지원하기
• 계발활동이 이루어지는 학급으로 이동 지원하기
• 계발활동에 적극적으로 참여할 수 있도록 활동 촉진하기</td></tr>
<tr><td>치료
교육
활동
(새 법에 의해
변경 예정)</td><td>언어치료, 청능훈련, 물리치료, 작업치료, 감각 · 운동 · 지각 훈련, 심리 · 행동적응훈련, 일상생활 훈련의 영역 중 특수학급 학생에게 요구되는 치료활동
기본이수시간: 주당 2시간
* 치료교육활동이 삭제된 새 법에 의해 이 부분은 변경 예정.</td></tr>
<tr><td colspan="2">〈특수교육보조원 지원의 예〉
• 치료사의 지시에 따라 지원하기
• 치료사가 교수하는 방법대로 일상생활에서 지원하기
• '본 책 제9장' 참고</td></tr>
</table>

표 6-11 **특수학교와 특수학급 초등 교육과정의 특성과 특수교육보조원 지원의 예 (계속)**

<table>
<tr><th>구분</th><th>영역</th><th colspan="2">각 영역 내용 및 특수교육보조원 지원의 예</th></tr>
<tr><td rowspan="2">특수학급
초등교육과정
(계속)</td><td>재량
활동</td><td colspan="2">학교 실정에 따라 융통성 있게 편제와 시간배당 조절 가능하며 교과별로 시간 배당
교과재량활동(국민공통기본 교과의 심화 보충 학습)과 창의적 재량활동(학교의 독특한 교육적 필요, 학생의 요구에 따른 범교과 학습과 자기주도 학습)으로 구성</td></tr>
<tr><td colspan="3">〈특수교육보조원 지원의 예〉
• 재량활동에 필요한 준비물 챙기고 미리 연습하기
• 장애학생에게 적합한 활동 찾아주기</td></tr>
<tr><td rowspan="5">특수학교
초등교육과정</td><td rowspan="4">정신지체
정서장애
특수학교</td><td>교과</td><td>국어, 수학, 사회, 과학, 건강, 예능, 직업</td></tr>
<tr><td>치료
교육
활동</td><td>언어치료, 청능훈련, 물리치료, 작업치료, 감각 · 운동 · 지각 훈련, 심리 · 행동 적응훈련, 보행 훈련, 일상생활 훈련(새 법에 의해 변경 예정)</td></tr>
<tr><td>재량
활동</td><td>국민공통기본교육과정의 교과 재량활동과 창의적 재량활동</td></tr>
<tr><td>특별
활동</td><td>국민공통기본교육과정의 자치활동, 적응활동, 계발활동, 봉사활동, 행사활동 등</td></tr>
<tr><td>시각장애
청각장애
지체부자유
특수학교</td><td colspan="2">* 기본교육과정, 국민공통기본교육과정으로 구성
(위의 정신지체 · 정서장애 특수학교 교육과정에 포함된 기본교육과정과 일반교육과정인 국민공통기본교육과정 참고)</td></tr>
</table>

출처: 이유훈, 최세민, 유장순, 이은정, 권택환(2005). 초등특수학급 교육과정 편성 · 운영에 관한 연구, p. 53.; 교육부(1997a). 특수학교 교육과정, pp. 12-14. 발췌 재구성.

3. 중등 교육과정의 특성과 지원방법

중등 교육과정에서는 성인기 생활 준비를 위한 교육과 훈련을 받을 수 있다. 따라서 진로교육, 직업교육, 전환교육, 기능적 생활중심 교육과정이 중등교육과정에서 중요하게 다루어진다(박승희, 2006). 특수학교 중학부 교육과정은 직업교과를 포함하고 있다. 중등 특수학급은 국민공통기본교육과정(1～10학년: 국어, 도덕, 사회 과학, 수학, 실과, 체육, 음악, 미술, 외국어 10개 교과)과 선택중심교육과정(11학년, 12학년: 8개 영역, 90개 과목)으로 구성된 중·고등학교 교육과정을 근간으로 특수학교 중등부의 교육과정과 학생의 장애 정도 및 특성을 고려하여 재구성한다(김주영, 이미선, 이유훈, 최세민, 2001). 다음에서 특수학교의 직업교과 내용과 중등 특수교육의 중요한 근간이 되는 전환교육의 의미, 전환교육의 영역별 특성 및 이에 따른 특수교육보조원의 지원방법을 간략히 알아본다.

1) 직업교육

지역사회의 한 구성원으로서 역할과 책임을 가지고 살기 위해서는 직업을 갖는 것이 매우 중요하다. 따라서 장애학생이 지역사회 통합된 환경에서 직업을 가질 수 있도록 준비시키는 교육 프로그램을 마련하고 이를 통하여 체계적으로 교육하는 것은 중요하다(박승희, 1995). 우리나라의 경우, 특수학교 기본교육과정에 직업교과가 포함되어 있으며, 직업교과는 중등부에서 시작하여 고등부로 이어진다(교육부, 1997b). 직업교과는 장애학생들이 학교 교육을 마친 후 지역사회 구성원으로서 자신의 역할을 다하기 위해 기본적인 사회생활 기능을 익히고, 나아가 직업을 갖기 위한 준비과정으로서 기초적인 작업 기능을 익히는 데

표 6-12 직업교과서의 내용 구성 및 특수교육보조원 지원의 예

영역	하위영역
직업 I (직업생활) 1. 개인생활 2. 가정생활	-단정한 몸차림 -적절한 대인관계 유지하기 -전화예절 익히기 -금전관리하기
	〈특수교육보조원 지원의 예〉 • '본 책 제9장' 참고 • 실생활에서 연습 가능한 기회 모두 활용하기 • 역할극이나 모의활동을 통해 연습하기

표 6-12 직업교과서의 내용 구성 및 특수교육보조원 지원의 예 (계속)

영역	하위영역
직업 II 3. 학교생활 4. 지역사회 생활	-감각기관의 정보 활용 -직무관련 신체기능 강화 -직무관련 기초학습 기능 -기본적인 작업도구 다루기 -직업 탐색 -출퇴근 기능 -직업생활의 규율과 태도
	〈특수교육보조원 지원의 예〉 • 작업도구를 안전하게 다루는 방법 교수하기 • 시간 지키기 연습하기 (예: 작업을 마쳐야 하는 시간을 미리 말해 주기, 시계 보여 주기, 시작 종과 마치는 종 구분하게 하기) -일을 시작하기 전에 규율을 이야기해 주거나 규율을 읽게 하기
직업 III 5. 경제생활 6. 여가생활	-직업기능 익히기: 청소, 간단한 음식 조리, 화초 및 채소, 단순한 조립, 물품 판매보조, 사무보조 -현장실습 -여가생활 참여
	〈특수교육보조원 지원의 예〉 • 교실에서 간단한 청소 스스로 할 수 있도록 지원하기 • 관리할 화분 정해 주고 정기적으로 물을 줄 수 있도록 하기

중점을 두고 있다. 특수학교 기본교육과정의 직업교과서의 내용을 살펴보면 〈표 6-12〉와 같다.

2) 전환교육

전환교육은 학교를 졸업한 장애학생이 어디에서 누구와 살고, 어디에서 일하며, 여가 시간은 어떻게 보내고, 여러 다른 사람들과는 어떠한 인간관계를 맺으며 생활하는지에 관심을 두고 장애학생이 이러한 다양한 환경에서 적합한 역할을 수행하고 다양한 상황에서 직면될 수 있는 문제들의 대처하는 것에 필요한 기

표 6-13 전환교육의 영역과 특수교육보조원 지원의 예

영역	전환교육 영역의 내용 및 특수교육보조원 지원의 예
의사소통과 학업수행 기술	의사소통 기술은 표현 기술과 듣기 기술 포함 학업기술은 기초적인 읽기 기술에서부터 읽기 이해, 쓰기, 수학 이해, 수학 계산 기술들을 포함
	〈특수교육보조원 지원의 예〉 • 학생의 생활연령에 적합한 어휘 사용하기 • 다양한 상황에서 학생의 수준에 맞는 학업기술을 습득할 수 있는 기회 주기(예: 여가 시간에 놀이설명서 함께 읽고 설명하기, 가게에서 계산기를 사용하여 돈 계산하기 등)
자기결정 기술	자기결정 기술은 자아 인식, 자아를 가치 있게 여기기, 의사결정하기, 개인적 목적을 설정하고 행동 계획하기, 구체적인 결과를 예측하기 위해 기본적 정보 가지기를 포함
	〈특수교육보조원 지원의 예〉 • 학생이 스스로 자기결정 기술을 수행할 수 있도록 상황을 상세히 설명해 주기 • 학생의 의사 존중하기 • 자기결정 기술에 앞서 학생의 안전, 이익 등을 고려하기
대인관계 기술	대인관계기술은 공유하기, 협동하고 협력하기, 타인의 사생활과 자산을 존중하기, 타인의 감정과 선호도에 민감하기, 문화적 차이와 가치에 민감하기, 특정 환경의 사회적 행동 기대를 보이기를 포함 대인관계지식은 사회적으로 적절한 행동과 부적절한 행동 알기, 문화적, 도덕적, 인종적, 법적, 종교적 영향이 어떻게 지역사회와 정부 공공 정책뿐 아니라 개인의 사회적 행동을 인도하는지를 이해하기 포함
	〈특수교육보조원 지원의 예〉 • 상대에 따라 적절한 어휘를 사용할 수 있도록 지원하기 • 다른 사람의 감정이나 선호를 학생에게 설명해 주기
통합된 지역사회 참여 기술	이웃이나 지역사회에 참여하는 것과 관련한 학생의 선호도와 흥미 알기, 지역사회 흥미 환경에 접근하는 방법에서부터 그런 환경에 참여하는 실제적인 지식과 기술까지의 범위를 포함 (예: 쇼핑하기, 공원과 레크리에이션 센터, 종교조직, 자원봉사, 투표, 장애권리에 대한 옹호, 공립도서관)
	〈특수교육보조원 지원의 예〉 • 학생의 선호도와 흥미 관찰하여 교사에게 보고하기

표 6-13 전환교육의 영역과 특수교육보조원 지원의 예 (계속)

영역	전환교육 영역의 내용 및 특수교육보조원 지원의 예
통합된 지역사회 참여 기술 (계속)	• 지역사회 참여를 위해 인터넷을 활용하는 방법 알려 주기 (예: 지역사회 내에 있는 스포츠센터 찾아 프로그램 내용, 전화번호, 위치 등 알아보기 등) • 지역사회 내에 있는 다양한 프로그램 소개해 주기
건강과 체력관련 기술	일반적인 건강 문제(건강 상태, 영양, 몸무게, 만성적인 증후, 약물)와 신체적 체력(건강양호도 및 건강 문제의 예방과 관련된 신체적 조건, 힘, 체력, 지구력, 운동의 범위, 운동성과 관련된 신체적 조건) 포함
	〈특수교육보조원 지원의 예〉 • 학생이 아픈 곳이 있다면 정확하게 표현할 수 있도록 지원하기 (예: 어디가 아픈지 손으로 짚어 보게 하기, 아픔을 나타내는 어휘 제시하기 등) • 스스로 몸무게를 관리할 수 있도록 지원하기 • 스스로 약을 복용할 수 있도록 시간을 알려 주거나 단서를 제공하기
독립적/상호 의존적 일상생활 기술	청소년기의 적응행동은 일상생활 기술과 독립적 생활기술, 더 발전된 옷 입기 기술과 옷에 대한 의사결정, 개인적 위생 기술, 기본적인 음식 준비, 옷을 관리하고 유지하기, 운전하거나 대중교통 이용하기, 돈 관리하기, 투약에 대한 책임지기, 도움을 요청하기, 가정, 학교 지역사회 규칙 따르기를 포함
	〈특수교육보조원 지원의 예〉 • 실제 상황에서 일상생활 기술을 교수하기 • 학생의 연령을 고려하여 프라이버시 지켜주기 • 자기결정 기술과 같은 다른 영역의 교수를 함께 하기
여가 및 레크리에이션 기술	여가, 레크리에이션, 놀이 행사나 시설에 접근하기, 여가에 대한 인식과 지식 개발, 사회적 기대, 자기결정과 관련된 기술, 여가 기회에 대한 자신의 욕구 관리와 권리를 주장하는 것의 가치 인식하기 포함
	〈특수교육보조원 지원의 예〉 • 다양한 여가와 관련된 활동 함께 해 보기 • 다양한 여가활동 소개하기 • 여가활동을 할 수 있는 기회와 시설 소개하기
고용 기술	일반적 고용기술-지시 따르기, 과제 중 행동, 작업에 대한 관심, 작업속도에 대한 관심, 오류나 문제를 인식하고 수정하기, 개근율과 시간 엄수, 지시나 비평을 수용하는 능력 일반적 직업기술-직장을 찾고 얻는 기술, 읽기, 수학, 의사소통, 대인관계 기술, 작업 과제의 속도, 정확성, 정밀성, 작업환경 변화에 적응하기, 작업 수행의 반복성과 단조로움에 적응하기, 직업 유지 기술

표 6-13 전환교육의 영역과 특수교육보조원 지원의 예 (계속)

영역	전환교육 영역의 내용 및 특수교육보조원 지원의 예
고용 기술 (계속)	구체적 직업 기술-산업 기술, 사업 및 사무실 업무, 건설 무역 기술, 건강관련 직업 등과 같이 작업 수행의 훈련이나 경험을 통해 학습되는 구체적인 기술
	〈특수교육보조원 지원의 예〉 • 학생이 작업환경에 적응할 수 있도록 작업환경의 특징, 주의할 점 등 설명해 주기
고등학교 이후 교육과 훈련 기술	직업과 기술학교를 위한 고등학교에서의 준비, 전문대학, 4년제 대학, 대학원, 직업교육, 군사 혹은 산업 및 회사에서 제공되는 교육과 훈련, 성인교육, 평생교육을 포함

출처: 박승희, 박현숙, 박희찬 공역(2006). 장애청소년 전환교육, pp. 37-46. 발췌 재구성.

술들을 학교교육을 통해서 미리 습득할 수 있도록 하는 것이다(박승희, 박현숙, 박희찬 공역, 2006). 다음에 전환교육의 영역을 알아보고 특수교육보조원이 각 영역에 따라 지원할 수 있는 방법을 알아본다(〈표 6-13〉 참조).

III. 교과별 교수활동에 대한 지원

특수교육보조원은 특수학교나 특수학급에서 교사의 교수활동을 지원하는 것보다는 통합학급에서 장애학생을 지원하는 데 더 많은 어려움을 경험할 수 있다. 특수교육보조원이 지원 학생의 해당 학년 일반교과서의 내용과 교육과정의 전체적인 흐름을 미리 파악한다면 통합학급 수업을 지원하는 데 많은 도움이 될 수 있다. 서울 · 경인 특수학급 교사연구회(2004)에서 제시한 특수교육보조원의 교과 지원방법을 참고로 하여 일반적으로 장애학생이 많이 통합되는 교과를 중심으로 지원 방법을 제시한다. 음악, 체육, 미술, 국어, 수학의 5개 교과수업에서 특수교육보조원이 교사의 교수활동을 보조하고 학생을 직접 지원할 수 있는 지원방법의 예를 살펴본다.

1. 음악

1) 음악교과 지원개요

음악은 가창, 기악, 감상 등을 통해 느낌과 감정을 표현하는 시간이다. 장애학생이 악기를 다루거나 노래하기와 같은 활동을 하기 위해서는 다른 학생들보다 많은 기회와 연습이 필요하므로 음악시간 외에도 연습하고 준비하는 시간이 필요하다. 그러나 무엇보다 학생이 수업에 흥미를 가지고 즐겁게 참여할 수 있도록 촉진한다.

2) 가창

가사 읽기 문제와 습득시간 때문에 노래하기에 어려움을 겪는 경우가 많다. 따라서 연습과 적절한 지원이 필요하다.

- 읽기가 어려운 경우 가사를 옆에서 불러 주기
- 특수교육보조원이 선창하면 한 소절씩 따라 부르게 하기
- 쉬는 시간에 미리 연습하기
- 노래를 많이 듣게 해 주기
- 전곡을 다 부르기 어려운 경우, 일부분이라도 부를 수 있도록 지원하기
- 가창시험에 반드시 참여할 수 있게 하기

3) 기악

- 손을 잡고 같이 리듬 악기 치기
- 악기를 쳐야 할 때 옆에서 손짓으로 또는 말로 박자를 세어 주거나 사인 주기
- 리코더, 단소 등 악기는 소리내는 연습을 따로 하거나 미리 연습하기
- 리코더나 단소 등을 연주하기 어려운 경우, 일부분이나 기본 음계 연습하기
- 악기를 장애학생이 연주하게 쉽게 수정하기

(예: 리코더 음계 연습 시 필요 없는 구멍은 테이프로 막아 주기, 실로폰에

색깔 있는 스티커로 계이름 표시해 주기 등)

4) 지식, 이해, 창작

- 감상의 경우, 학생이 조용히 잘 들을 수 있도록 언어적 또는 신체적 촉진 주기
- 특수교육보조원이 불러 주는 것을 쓰거나 보고 쓰게 하기
- 특수교육보조원이 한 팀이 되어 활동에 참여하기

2. 체육

1) 체육교과 지원개요

많은 학생들이 즐거워하고 기다리는 교과가 체육이다. 그러나 운동장과 같은 넓은 공간에서 활동하므로 학생을 통솔하는 데 더욱 많은 어려움을 겪게 된다. 따라서 수업시간 내내 학생이 이탈하거나 사고가 나지 않도록 주의와 세심한 지원이 필요하다. 건강상의 문제와 같이 불가피한 경우를 제외하고는 장애학생이 일반학생들과 분리되어 특수교육보조원과 따로 체육활동을 하지 않도록 주의한다. 또한 일반학생이 장애학생을 도와주려고 할 때, 보조원은 그러한 자연적 지원을 격려하고 강화한다. 휠체어 혹은 다른 보조도구 사용 학생들의 체육활동 참여와 보조원 지원 범위에 대해 교사와 사전협의가 필요할 수 있다.

2) 일반적인 체육활동 지원방법

- 특수교육보조원이 시범을 보이거나 또래의 시범을 보고 따라 할 수 있도록 하기
- 필요하다면, 교사와 상의하여 학생에게 적절하게 활동의 양을 줄여 주기
- 쉬운 단계로 수정하기
- 체육활동의 일부에 참여할 수 있게 지원하기

3) 체조

- 뜀틀, 평균대 등은 학생이 두려움을 가질 수 있으므로 아주 쉬운 단계부터 할 수 있도록 지원하기
  (예: 뜀틀-단수를 낮게 하여 연습하기, 평균대-운동장에 선을 그려 놓고 먼저 연습하기, 보조원이 손을 잡아 주기)
- 과제를 작은 단위로 나누어서 할 수 있도록 지원하기
  (예: 줄넘기-두 발 모으기 → 줄넘기기 → 줄 뛰어넘기)

4) 구기

- 공을 무서워하는 경우, 가까운 거리에서 특수교육보조원 또는 또래와 주고받기 연습을 먼저 하기

5) 육상

- 활동의 양을 줄여 주기
  (예: 달리기-출발선을 앞에 그려 주어 조금만 뛸 수 있도록 해 주기)
- 특수교육보조원이 손잡고 같이 달려 주기
- "출발" "앞을 보고 뛰자!" 등과 같이 달리기를 하는 동안 언어적 촉진하기

6) 게임

- 점수 때문에 장애학생이 한 팀으로 활동하는 것을 거부하는 경우가 있으므로 교사와 상의하여 특별한 규칙을 적용하기
- 게임의 규칙을 이해하기 쉽게 설명해 주기
- 순서 지키기 등의 기본적인 규칙을 지킬 수 있도록 지원하기

3. 미술

1) 미술교과 지원개요

미술은 자유롭게 학생 자신의 느낌, 감정을 표현하고 그룹활동을 통해 협동심을 기를 수 있는 시간이다. 미술시간에는 다양한 재료를 사용하여 만들기, 그리기, 서예 등 매우 다양한 활동을 하게 된다. 미술활동의 특성과 목표를 이해하고 학생에게 적합한 활동으로 수정하거나 재료를 선택하는 등 다른 교과에 비해 준비과정이 더 많이 필요하다. 위험한 도구(예: 조각칼, 철사, 사포 등)를 사용하는 경우는 안전성에 대해 특별히 더욱 주의를 하도록 한다.

과제의 완성도도 중요하지만, 특수교육보조원의 수준에서 작품을 만들기보다는 장애학생의 개성과 수준을 고려하여 지나친 개입이 되지 않도록 도움을 줄 때 유의한다. 보조는 최소화하고 가능한 학생이 과제를 스스로 완성할 수 있도록 한다.

2) 일반적인 미술활동 지원방법

- 장애학생에게 적합한 재료 바꿔 주기
  (예: 물감 ⇒ 크레파스, 풀 ⇒ 스카치테이프)
- 쉬운 단계로 수정해 주기
  (예: 곡선 자르기 직선 자르기, 오려 붙이기 찢어 붙이기, 테두리 그려 주기, 그림 그리는 종이의 크기 줄여 주기, 수채화 그리기-크레파스로 그리고 바탕은 수채물감으로 그리기)
- 특수교육보조원이 설명을 하면서 직접 시범 보이기
- 특수교육보조원이 손잡고 같이 해 주기
  (예: 학생의 수준에 따라 보조하기 ⇒ 손 잡기, 손목 잡기, 팔 윗부분 잡기 등)
- 과제의 양 줄여 주기
  (예: 색칠하기가 어려운 학생의 경우, 일부분은 특수교육보조원이 해 주고

나머지는 학생이 할 수 있게 하기, 4절지에 하는 과제라면 8절지 제공하여 양 줄여 주기, 같은 모양을 12개 접어서 액자틀을 완성하기라면 6개는 보조원이 해 주고 나머지 6개는 학생이 만들기)

- 과제 단계를 세분화하여 자세하고 쉽게 설명하기
 (예: 붓에 물감을 묻히는 방법, 팔레트에 물감을 섞는 방법, 붓에 물을 묻혀 농도를 조절하는 방법 등을 세밀하게 설명하기)
- 작품 전체를 모두 완성할 수 없다면, 일부분이라도 학생이 할 수 있도록 하기
 (예: 종이반죽으로 탈 만들기에서 바가지 표면에 종이죽 바르기는 학생이 하고, 눈, 코, 입 등 세밀한 부분은 특수교육보조원이 만들어 주기)
- 다른 학생과 함께 공동작품 만들 수 있도록 하기
- 자신의 작품에 대해 발표하기를 위해서 미리 학생과 연습하기
 (예: 문장을 말해 주고 따라서 말하게 하기, 작품 설명을 적어서 읽게 하기 등)
- 교사에게 작품을 제출할 수 있도록 하기
- 뒷정리를 가능한 스스로 할 수 있도록 지원하기

4. 국어

1) 국어교과 지원개요

국어는 대부분 특수학급에서 수업을 하는 경우가 많으나 때에 따라서 일반학급에서 수업을 하는 경우도 있다. 국어는 말하기, 듣기, 읽기, 쓰기로 구성된다. 대부분 학생들의 현행 수행수준이 해당 학년 수준에 못 미치는 경우가 많으므로 학생의 수준에 맞게 과제를 수정하여 지원해야 하는 경우가 빈번하다. 다른 교과를 지원할 시에도 한 학생의 말하기, 듣기, 읽기, 쓰기 수준을 고려할 필요성이 있으므로 국어교과 지원 시 한 학생의 현재 수행수준을 정확히 파악하여 기억할 필요가 있다.

2) 말하기, 듣기

- 학생이 정확한 문장으로 말하지 않는다면 학생이 하고자 하는 말을 다시 정리하여 해 주고 따라하게 하기
- 학생이 발표할 내용을 쉽게 문장으로 요약하여 알려 주기
- 학생이 발표할 내용을 미리 쪽지에 적어 보면서 말할 수 있도록 하기
- 학생이 손을 들고 발표할 수 있도록 격려하기
- 말하는 사람의 이야기를 들을 수 있도록 지원하기
  (예: 말하는 사람을 볼 수 있도록 고개 돌려 주기, 말하는 사람을 보도록 이야기하기, 말한 내용을 다시 물어보기 등)
- 교사나 다른 학생이 말하는 내용을 쉽게 설명해 주기

3) 읽기

- 읽기가 어려운 학생이라면, 특수교육보조원이 읽어 주는 내용 듣게 하기
- 읽기가 어려운 경우, 교과서 내용을 미리 녹음하여 미리 듣게 하기
- 학생이 일부분을 읽고 나머지는 보조원이 읽어 주기
  (예: 홀수 줄은 학생이 읽고, 짝수 줄은 보조원이 읽기, 학생이 아는 글자나 단어를 읽게 하고 나머지 어려운 부분은 보조원이 읽기 등)
- 줄을 그으며 읽거나 손가락으로 가리키며 읽기
- 새로운 단어나 어휘를 미리 설명하기
- 새로운 단어나 어휘는 문장 중에서 그 쓰임을 설명하기
- 주요 어휘나 주요 문장에 줄을 치거나 색깔로 표시하게 하기
- 미리 주요 내용을 설명하거나 주요 내용을 묻는 질문을 한 후 읽기

4) 쓰기

- 교과서 글에 나온 새로운 어휘에 동그라미하고 쓰기
- 특수교육보조원이 써 준 낱말이나 문장 보고 쓰기

- 특수교육보조원이 불러 주는 낱말 쓰기
- 문장 중에 알맞은 말을 써 넣을 수 있도록 빈 칸 만들어 주기
- 교과서에 있는 그림을 보고 설명하는 문장 쓰기 연습하기
- 글짓기를 하는 경우, 생각을 주요 단어나 그림으로 표현하게 하기
- 글짓기를 하는 경우, 학생의 아이디어나 주요 단어를 이야기하게 하고 대신 글 써 주기

5. 수학

1) 수학교과 지원개요

수학 역시 대부분 특수학급에서 수업을 하는 경우가 많으나 때에 따라서 일반학급에서 수업을 하는 경우도 있다. 대부분의 장애학생들이 학년 수준에 못 미치는 경우가 많으므로 학생의 수준에 맞게 과제를 수정하여 지원해야 하는 경우가 빈번하다. 수학은 추상적인 개념이므로 학생들이 이해하기 쉽도록 구체물과 그림 등을 이용하여 이해를 돕는다.

개념 이해를 위한 구체물과 그림은 학생의 수준의 진보에 따라 점차 소거해 나가야 한다. 수개념 및 기본연산능력의 정도가 다른 교과수업에도 기초가 된다. 따라서 특수교육보조원은 한 학생의 수학의 현행 수행수준을 기억하여 다른 교과지원시 고려할 필요가 있다.

2) 수학수업 지원의 구체적 방법

- 교사의 설명을 들을 수 있도록 지원하기
- 교과서에 있는 내용을 학생의 수준에 맞게 쉽게 설명해 주기
- 학생이 할 수 있는 문제만 표시해 주기
- 교과서에 나와 있는 문제를 학생의 수준에 맞게 바꾸어 제시하기
  (예: 덧셈하기를 하는 학생-4×5 → 4+5/수세기를 하는 학생-교과서에 나

온 수 밑에 동그라미 그려 보기 등)

- 학생이 혼동하기 쉬운 부분에 줄을 치거나 색깔로 표시해 주기
  (예: 덧셈 기호에 빨간색, 뺄셈 기호에는 파란색으로 표시하기 등)
- 문제를 풀기 전에 문제를 푸는 방법을 말로 설명하고 학생이 혼동하는 부분을 다시 한 번 상기시켜 주기
- 수학문제를 푸는 방법을 시범 보이기
- 학생과 동시에 수학문제를 풀어 학생이 보이는 오류를 알아내고 설명하기
- 수학문제를 해결하는 순서에 대해 단서 주기
  (예: "더하기는 더 생기는 것이지? 그럼 어떻게 해야 할까?")
- 구슬, 단추, 바둑알, 수막대 등 구체물을 이용하여 개념 설명하기
- 그림이나 다이어그램을 이용하여 개념을 설명하기
- 문장제 문제 읽어 주기
- 문장제에서 단서가 되는 말에 표시해 주기
  (예: 누가 더 많을까요?, 모두 합하면 얼마가 될까요? 등)
- 시각 알기, 시간 계산하기, 무게 재기 등은 실생활에서 연습할 수 있도록 하기
  (예: 교실에 있는 시계 보기, 우유의 부피 알기, 몸무게 재어 보기 등)
- 자, 각도기, 컴퍼스 등을 사용하는 방법을 직접 시범 보이고 학생이 따라 할 수 있도록 하기
- 수학 기호나 단위 쓰기는 학생이 보고 쓸 수 있도록 하거나 반복 연습하게 하기

참고문헌

교육부(1997a). 특수학교 교육과정. 교육부 고시 제1998-11호[별책 1]. 서울: 교육부.

교육부(1997b). 특수학교 교육과정. 교육부 고시 제1998-11호[별책 2]. 서울: 교육부.

김주영, 이미선, 이유훈, 최세민(2001). 중등특수학급 운영 개선 방향. 안산: 국립특수교육원.

박승희(1995). 장애학생의 직업교육의 질적 제고를 위한 개혁 방향성 정립. 교과교육연구, 4, 79-97.

박승희(1999). 일반학급에 통합된 장애학생의 수업의 질 향상을 위한 교수적 수정의 개념과 실행방안. 특수교육학연구, 34(2), 29-71.

박승희(2002). 장애학생의 교육과정적 통합을 위한 일반학교의 학교수준 교육과정 계획 모형. 특수교육학연구, 37(1), 149-235.

박승희(2006). 중등특수교육의 정체성과 역할. 이화여자대학교 특수교육연구소 편. 중등특수교육의 최선의 실제(1) (pp. 3-24). 서울: 이화여자대학교 특수교육연구소.

박승희, 박현숙, 박희찬 공역(2006). 장애청소년 전환교육. 서울: 시그마프레스.

서울 · 경인 특수학급 교사 연구회(2004). 성공적인 특수교육보조원 제도 실행을 위한 지침서: 통합교육의 징검다리. 서울: 서울 · 경인 특수학급 교사 연구회.

이유훈, 김경진, 박정연(2000). 특수학급 교육과정의 편성과 운영. 안산: 국립특수교육원.

이유훈, 최세민, 유장순, 이은정, 권택환(2005). 초등특수학급 교육과정 편성 · 운영에 관한 연구. 서울: 서울특별시교육연구원.

장혜성, 김수진, 김지영(2006). 기능적 기술 습득을 위한 개별화 교육 프로그램의 실제. 서울: 교육과학사.

제6장 '학교급별 및 교과별 교수활동 지원'을
공부한 후
다음을 알 수 있다.

- 교수적 수정은 일반학급에서 장애학생이 수업 참여의 양과 질을 최적합한 수준으로 성취하게 하기 위해 교수 환경, 교수적 집단화, 교수방법(교수활동, 교수전략 및 교수자료), 교수 내용, 평가방법을 수정 및 보완하는 것을 의미한다(박승희, 1999). 교수적 수정은 교사가 주도하여 실행하며 특수교육보조원은 교수적 수정의 5가지 하위유형을 숙지하여 장애학생을 적절하게 지원하는 데 활용한다.

- 특수교육대상학생의 연령에 따라 학령전, 초등, 중등 교육과정이 있는데 각 학교급별 교육과정은 교육과정 운영 특성과 고유한 교육과정 영역들이 있다. 학령전 교육과정은 발달영역별(신변처리 및 적응행동, 언어 및 의사소통, 사회성, 대근육 운동, 소근육 운동, 인지)로 이루어진다. 초등 교육과정은 특수학교 교육과정인 기본교육과정과 일반 교육과정인 국민공통기본교육과정으로 이루어진다. 중등 교육과정은 중등수준의 기본 교육과정과 일반교육과정을 적용하면서 직업, 진로, 전환교육에 초점을 두게 된다. 이러한 학교급별 특성에 따라 특수교육보조원의 지원활동에도 어느 정도 차이가 있다.

- 특수교육보조원이 통합학급에서 장애학생을 주로 지원하게 되는 과목은 음악, 미술, 체육, 국어, 수학 등이다. 따라서 각 교과의 특성에 맞는 다양한 지원방법을 숙지할 필요가 있다.

제7장 의사소통, 사회성, 기능적 기술 수행을 위한 지원

Ⅰ. 장애학생의 의사소통 촉진을 위한 지원

Ⅱ. 장애학생의 사회성 촉진을 위한 지원

Ⅲ. 장애학생의 기능적 기술 수행을 위한 지원

제 7 장 의사소통, 사회성, 기능적 기술 수행을 위한 지원

학습목표

- 장애학생을 위한 언어지원 방법을 이해한다.
- 장애학생을 위한 사회성 촉진 방법을 이해한다.
- 장애학생을 위한 지역사회중심교수를 이해한다.

I. 장애학생의 의사소통 촉진을 위한 지원

교사의 교수활동에 대한 특수교육보조원 지원의 또 하나의 영역은 대부분 장애학생들이 결정적으로 필요로 하는 의사소통 기술, 사회성 기술 및 기능적 기술의 교수에서의 지원이다. 이 기술들은 대부분 학생들이 학교생활, 가정생활 및 지역사회생활의 거의 모든 활동에서 공통적으로 필요한 기술이다.

장애학생을 위한 효과적인 의사소통 지원은 실제 의사소통이 요구되는 자연적인 맥락에서 지도하는 것이 강조된다. 장애학생을 언어치료실에서 개별적으로 지도하는 언어치료 방법에서부터 교실 안에서 언어를 지원하는 방법으로 변화되고 있다. 교실 안에서의 언어지원의 가장 큰 장점은 의사소통이 필요한 상황에서 자연스럽게 언어지원을 한다는 것이다. 실제 그러한 언어지원을 할 기회가 많이 일어나는 상황에서 익숙한 일과 안에서 대화 기술을 촉진함으로써 의사소통 능력을 발전시킬 수 있다는 것이다. 그러므로 장애학생을 위해서 교실 안에서 언어지원을 효과적으로 하기 위해서는 교사와 특수교육보조원의 교실 안에서의 협력이 중요하게 되었다(박승희, 장혜성, 2003).

1. 장애유아를 위한 언어지원 방법

유치원이나 어린이집의 일과 안에는 언어를 지도할 수 있는 많은 상황과 기회들이 있다. 의사소통을 하기에 충분한 여러 가지 기능들을 장애습득하기 위해서는 이러한 자연적 맥락 안에서 지도하면 매우 효과적이다. 특수교육보조원은 교사의 지시에 따라 비구어적인 맥락과 구어적 맥락 안에서 다음과 같이 언어를 지도할 수 있다.

1) 비구어적 맥락

비구어적인 맥락에서 유도할 수 있는 언어의 기능들과 그러한 언어 맥락 안에서의 지도의 예는 〈표 7-1〉과 같다.

표 7-1 비구어적 맥락에서의 언어지도 예

기능을 위한 맥락	설명	언어지도의 예
주고받기와 물건 요구하기	두 유아가 함께 활동을 하고 있는데 필요한 도구는 하나만을 준비한다.	놀이 영역에서 두 유아가 거울을 보면서 옷을 갈아입고 있을 때에 빗을 하나만 준비한다. 그러면 빗을 달라고 요구하기와 한 유아가 빗을 사용한 후에 서로 빗을 주고받는 기능이 생기게 된다. 간식시간에 포크를 주지 않아서 달라고 요구하게 한다.
지시 따르기 및 지시하기	먼저 교사의 지시에 따라서 유아가 따라하고 그 다음에는 유아의 지시에 따라서 교사가 실행할 수 있다.	교사의 지시에 따라서 유아가 크리스마스카드를 만든 다음에 유아가 지시를 하면 교사가 그대로 따라한다.
정보 요청하기	재미있거나 새로운 물건, 그림 등을 유아 앞에 제시해 놓고 유아가 물어보기까지 그것에 대해서 설명하지 않고 기다린다.	
정보 제공하기	유아가 만든 과제나 그림에 대해서 교사가 궁금하게 여기면서 질문하여 유아가 설명하도록 한다.	
도움 요청하기	유아가 독립적으로 하기 어려운 일들을 교사와 또래에게 요청하게 유도한다.	풀 뚜껑 열어 달래기, 위에 있는 물건 꺼내 달래기, 가위 빌려 달래기
저항하기	유아에게 가능하지 않는 것을 요구하여서 못한다는 표현을 하게 한다	간식시간에 플라스틱 사과를 주면서 먹으라고 하기, 나무칼로 사과를 자르라고 하기

출처: 김영태(2002). 아동언어장애의 진단 및 치료, pp. 307-308.

2) 구어적 맥락

구어적 맥락은 아동의 바른 구어를 유도하기 위하여 어떠한 단서나 연계 반응을 사용한다는 것을 말한다. 구어적 맥락은 다음의 4가지: (1) 시범; (2) 직접적인 구어적 단서; (3) 간접적인 구어적 단서; (4) 아동의 반응을 요구하지 않는 간접적인 구어적 단서로 나누어 볼 수 있다(김영태, 2002, pp. 308-311). 이 4가지 각각의 경우에서 특수교육보조원이 지원할 수 있는 언어지도의 예는 다음과 같다(〈표 7-2〉 참조). 특수교육보조원이 교사의 언어지도를 지원을 할 때에는 교사의 지시에 따라서 교사의 언어지도 방향과 교수활동에 일관된 지원을 장애학생에게 제공해야 한다.

표 7-2 구어적 맥락에서의 언어지도 예

구어적 맥락의 종류		설명	언어지도의 예
(1) 시범 보이기	혼잣말 (self-talk) 기법	부모나 교사가 자신의 입장에서 혼자 말을 하는 것이다.	차를 밀면서 "차가 가네." 공을 떨어뜨리면서 "공이 떨어졌다!"
	평행적 (parallel-talk) 발화 기법	의사소통 상황에서 유아가 말할 만한 문장을 유아의 입장에서 이야기해 주는 것이다.	유아에게 물을 주면서 "물 주세요." 유아에게 간식을 주면서 "고맙습니다."
(2) 직접적인 구어적 단서	질문	단답형: 단 단어로 대답할 수 있게 질문한다.	"간식 뭐 먹었니?"
		선택형: 질문 내용 중에서 선택하여서 대답하게 한다.	"우유 먹을래, 주스 먹을래?"
		개방형: 유아의 의견을 충분하게 대답하게 한다.	"간식시간에 뭐 했니?"
	대치요구	유아가 목표가 되는 말을 표현할 때까지 유도하는 것이다.	공이 떨어졌을 때에 유아가 "공이…" 하면서 떨어졌다는 제스처를 한다. 그러면 교사는 "공이 어떻게 되었다고?" 질문하여서 "떨어졌어요." 단어를 표현하도록 유도한다.
	선반응 요구-후시범	목표언어를 시범보이기 전에 유아가 자발적으로 반응할 기회를 주고 난 다음에 시범을 보인다.	공이 떨어졌을 때에 유아가 표현하도록 기다린다. 그 다음에 "공이 떨어졌어." 하고 시범을 보인다.

표 7-2 구어적 맥락에서의 언어지도 예 (계속)

구어적 맥락의 종류		설명	언어지도의 예
(3) 간접적 구어적 단서	수정모델 후 재시도 요청하기	유아가 잘못 말한 부분을 수정해서 말해 주고 난 다음에 유아에게 다시 말하게 한다. 이때 유아에게 다시 말하도록 하는 것은 유아가 다시 말하기 싫어한다든지, 대화의 흐름이 자꾸 끊긴다면 선택적으로 사용할 수 있다.	유아: "공이 넘어졌어." 교사: "공이 떨어졌어." "다시 말해 볼래?" 유아: "공이 떨어졌어."
	오류반복 후 재시도 요청하기	유아가 잘못 말한 부분이나 문장을 그대로 반복한 다음에 유아에게 다시 말하도록 한다.	유아: "공이 넘어졌어." 교사: "공이 넘어졌어?" "다시 말해 볼래?" 유아: "공이 떨어졌어."
	자기 교정 요청하기	교사가 유아의 말을 되묻거나 맞았는지 물어서 유아가 자신의 말을 스스로 교정하게 한다.	유아: "공이 넘어졌어." 교사: "공이 어떻게 됐다고?" 유아: "공이 떨어졌어."
	이해하지 못했음을 표현하기	유아의 말을 알아듣지 못했다고 말하거나 "응?" "어?"와 같이 말해서 유아가 다시 수정하게 한다. 이 방법은 자기 교정 요청하기보다는 다소 자연스럽다.	유아: "공이 넘어졌어." 교사: "어?" 유아: "공이 떨어졌어."
	확장 요청하기	유아에게 완성된 구나 문장을 말하도록 한다.	유아: "공" 교사: "공이 어떻게 되었는데?" 유아: "공이 떨어졌어."
	주제 확대하기	유아가 알아들었다는 표시를 해 주고 난 다음에 유아에게 좀 더 이야기를 하도록 요청하는 것이다.	유아: "공이 떨어졌어." 교사: "응, 공이 떨어졌구나!" "어디에서 공이 떨어졌는데?"
(4) 유아의 반응을 요구하지 않는 간접적 구어적 단서	유아의 요구 들어 주기	유아가 요구한 사물을 집어주거나 행동을 함으로써 유아에게 자신의 말을 알아들었다는 것을 알게 한다.	유아: "색연필" 교사: 색연필을 준다. 유아: "밀어." 교사: 차를 밀어 준다.

표 7-2 구어적 맥락에서의 언어지도 예 (계속)

구어적 맥락의 종류		설명	언어지도의 예
(4) 유아의 반응을 요구하지 않는 간접적 구어적 단서 (계속)	이해했음을 표현하기	유아가 말을 했을 때에 고개를 끄덕이거나, "응" "그래" "그렇구나" "그랬니?" 하고 말해 주어서 유아의 말을 이해했다는 것을 알려 준다.	유아: "바지 샀어." 교사: "그렇구나!"
	모방하기	유아의 말을 그대로 모방함으로써 유아에게 알아들었다는 것을 표현한다. 특히 유아의 목표언어를 바르게 사용하였을 때에 "맞아" "그래" 등의 긍정적인 표현과 함께 유아의 말을 모방하여 준다.	유아: "공 떨어졌어." 교사: "그래, 공 떨어졌어."
	확장하기	유아의 문장 구조는 유지한 채 문법적으로 바르게 고쳐서 다시 말해 준다.	유아: "누나" 교사: "누나가"
	확대하기	유아의 주제는 유지한 채 정보를 더 첨가해서 말해 주는 것이다.	유아: "공" 교사: "노란 공"
	분리와 합성	유아가 표현한 말을 작은 단위로 나누어서 말했다가 다시 합쳐서 말해 주는 것이다.	유아: "철수, 엄마하고 놀이터 가서 그네 탔어." 교사: "철수, 엄마하고 갔구나!" "엄마하고 놀이터 갔구나!" "엄마하고 그네 탔구나!" "철수, 엄마하고 놀이터 가서 그네 탔구나!"
	문장의 재구성	유아가 말한 문장의 뜻은 유지한 채 문장의 형태를 재구성해서 말해 준다.	유아: "아빠하고 유치원에 왔어." 교사: "아빠가 유치원에 데려다 주셨구나!"

출처: 김영태(2002). 아동언어장애의 진단 및 치료, pp. 310-311. 발췌 재구성.

3) IEP와 연계한 언어지원

특수교육보조원은 교사의 지시에 따라 일과 중에서 장애아동의 언어 발달을 지속적으로 촉진하기 위해 노력을 해야 한다. 다음은 IEP의 언어영역의 단기목표를 일과에 삽입하여 지도할 수 있게 계획한 예다(〈표 7-3〉, 〈표 7-4〉 참조).

표 7-3 IEP에서 언어영역의 장 · 단기목표의 예

영역	장기목표	단기목표
언어	1. 수업 시 다른 사람의 이야기를 집중하여 들을 수 있다. 2. 경험했던 일이나 이야기를 듣고 간단한 질문에 적절히 대답할 수 있다. 3. 일과 중 자신의 요구사항을 문장으로 천천히 말할 수 있다. 4. 2가지 이상의 의미를 담은 지시사항을 따를 수 있다. 5. 일과 중 자신의 감정을 말로 표현할 수 있다.	1.1 주말 지낸 이야기 시 바른 자세를 유지해 발표하는 친구의 이야기를 들을 수 있다.
		2.1 수업 내용을 기억하여 '누가, 무엇, 어디'를 사용한 간단한 질문에 대답할 수 있다.
		3.1 자신의 요구사항을 이야기할 때 청취자의 눈을 보며 말할 수 있다.
		3.2 교사의 언어 도움으로 "~주세요, 화장실 갈래요, 도와주세요"와 같은 자신의 요구 사항을 반복하지 않고 천천히 이야기할 수 있다.
		4.1 교실 상황에서 2가지 이상의 의미를 내포한 심부름을 수행할 수 있다.
		5.1 친구와의 상호작용 시 교사의 언어적 도움으로 친구를 때리는 행동 대신 자신의 감정을 "내가 안 그랬어, 미안해, 나도 하자, 싫어"와 같은 말로 표현할 수 있다.

출처: 장혜성, 김수진, 김지영(2006). 기능적 기술 습득을 위한 개별화 교육 프로그램의 실제, p. 187.

표 7-4 IEP에서 언어영역의 단기목표가 일과 안에 삽입된 예

일과/활동	목표	수행 결과				
		5/8				
등교	신발의 좌우를 교사의 언어적 도움을 받아서 구분할 수 있다.	-				
	교사의 언어적 도움으로 친숙한 친구(작년 같은 반 친구) 이름을 부르며 인사할 수 있다.	-				
화장실	화장실 사용 시 교사의 언어적 중재로 바지의 호크를 풀고 잠글 수 있다. 교사의 언어적 지시로 윗옷을 바지 안에 넣어 입을 수 있다.	△				
수업 시간	주말 지낸 이야기 시 바른 자세를 유지하고 발표하는 친구의 이야기를 들을 수 있다.	-				
	수업 후 들은 내용을 기억하여 "누가, 무엇, 어디"를 사용한 간단한 질문에 대답할 수 있다.	-				
	발표 상황에서 손을 들어 의사 표현을 한 후 발표 때까지 차례를 기다릴 수 있다.	-				
쉬는 시간	친구와의 상호작용 시 교사의 언어적 도움으로 친구를 때리는 행동 대신 자신의 감정을 "내가 안 그랬어, 미안해, 나도 하자, 싫어" 와 같은 말로 표현할 수 있다.					
	친구의 놀이를 방해하지 않으면서, 놀잇감을 빌리기 위해서 양해를 구한 후 친구가 줄 때까지 기다릴 수 있다.	-				
	1가지 놀이를 5분 이상 지속하여 놀 수 있다.	-				
	교사의 언어적 도움으로 게임의 순서와 규칙을 알고 그대로 수행할 수 있다.	△				

* 음영처리한 부분이 언어목표.
출처: 장혜성, 김수진, 김지영(2006). 기능적 기술 습득을 위한 개별화 교육 프로그램의 실제, pp. 187-188.

2. 학령기 장애학생을 위한 언어지원 방법

학령기에 일반아동의 언어능력 발달을 살펴보면, 연령이 높아지면서 대화가 현재의 주제와 관련되는 경우가 더 많아지고, 대화의 길이가 길어진다. 학교생활을 하면서 다양한 의사소통이 요구됨에 따라 설명하기, 표현하기, 지시하기,

추리하기, 상상하기, 설득하기, 원인 추론하기, 결과 예언하기와 같은 언어 기능이 점점 증가된다. 특히 초등학교 시기부터는 1가지 주제를 지속적으로 연결해서 이야기를 하게 되고, 1가지 주제를 끝내거나 전환하는 기술이 점차적으로 발달하게 된다.

1) 학령기 장애학생의 언어특성

학령기 장애학생에게 나타나는 언어특성은 다음과 같이 정리할 수 있다(배소영, 2006; 이승복 역, 2002; 이승복, 이희란 공역, 2005; Hynes, Moran, & Pindzola, 1990).

- 은유나 비유어와 같이 함축적인 표현을 이해하는 데 어려움을 보여서 의사소통 시 상대방의 생각을 잘못 이해하는 경우가 있다.
- 새로운 어휘를 이해하고 사용하는 데 어려움을 보인다. 특히 학업과 관련된 어휘들을 습득하는 데 어려움을 보이며, 한자어 습득에 어려움을 보인다.
- 일반아동들에 비해 대체로 문법구조가 단순하고, 미숙한 형태의 문법을 주로 사용한다.
- 발화를 시작할 때, '음, 에, 그러니까' 등의 시작하는 말을 과도하게 사용하는 경우가 있다. 이는 의사소통 시에 적절한 어휘를 찾는 것에 어려움이 있기 때문이다.
- 대화기술에 어려움을 보이는데, 대화를 하고 있는 상대방의 연령이나 수준을 고려한 어휘선별, 문법구조 조정, 주제선별 등의 어려움을 갖는다.
- 대화를 하고 있는 상대방의 말을 정확하게 이해하지 못하였을 때에도 어떻게 반응해야 할지 모르는 경우가 많고, 상대방에게 무언가를 설명해야 하는 경우에도 부적절하거나 부정확한 설명을 하는 경우가 많다.
- 상대방이 말을 하였을 때 앞뒤 문맥을 고려하여 이해하지 못하고, 단순히 문장에서 표현하는 내용을 중심으로 이해하거나 표면적으로 드러나는 사실에 기초하여 이해하기 때문에 상대방이 말을 한 의도나 심중을 파악하지 못

하는 경우가 있다. 이야기를 듣고 이해하는 경우에도 이야기의 표면에 드러난 사실을 이해하는 데에는 어려움이 없지만, 이야기로부터 추론해서 이해해야 하는 부분에 어려움을 보인다.

- 대화의 주제를 적절하게 유지하거나 전환시키는 데 어려움을 보여서, 대화 상대자와의 효율적인 대화가 잘 이루어지지 않는 경우도 있다.
- 많은 경우 발음이 명료하지 않아서 상대방이 이해하기 어려운 경우가 있으며, 말의 속도가 느린 경우가 많다.

2) 학령기 장애학생의 언어지원 방법

학령기 학생의 경우도 언어치료실로 학생을 분리해서 언어지원을 하는 방법보다는 의사소통이 요구되는 교실 안에서의 언어지원을 하는 것이 더 효과적이다(박승희, 장혜성, 2003). 따라서 특수교육보조원의 언어지원은 교사의 지시에 따라 다음과 같이 이루어질 수 있다(이승복 역, 2002; 이승복, 이희란 공역, 2005; 배소영, 2006; Hynes, Moran, & Pindzola, 1990).

(1) 주의력 갖게 하기

언어는 장애학생이 가장 결정적인 정보에 주의를 선택적으로 기울이면 증진된다. 따라서 특수교육보조원은 지금 하려는 일이 무엇이고, 그 일이 왜 중요한지에 관하여 학생에게 알려 주어서 학생이 주의를 기울이게 한다. 특수교육보조원은 새로운 단어를 지도할 때에는 명확한 강세를 넣어 주어서 새로운 단어를 습득할 수 있게 지원한다.

(2) 명확하고 천천히 말하기

장애학생은 말을 이해하는 데 어려움이 있으므로 특수교육보조원은 말의 속도를 늦추어서 학생이 보조원의 말을 충분히 구분할 수 있도록 시간을 할애한다.

(3) 장애학생에게 친숙한 주제나 개념에 관한 활동 계획하기

장애학생이 이미 알고 있는 지식을 주제로 해서 지도하면 학생은 새로운 정보에 좀 더 주의를 기울일 수 있고, 언어학습을 더 잘할 수 있다. 그러므로 새로운 의사소통방법을 지도할 때, 장애학생이 이미 알고 있는 지식을 적절히 활용할 필요가 있다. 예를 들어, 장애학생이 우리나라 축구선수에 대해서 잘 알고 있다면 축구선수를 주제로 하여서 지도할 수 있다.

(4) 장애학생이 새로운 지식을 조직하도록 돕기

장애학생이 정보를 기억할 때에 의미 있는 방법으로 조직하면 훨씬 더 많은 정보를 기억할 수 있다. 예를 들어, 여러 어휘를 기억해야 할 때에 그 어휘의 유사성을 파악해서 동물, 식물, 가구 등으로 분류를 하면 쉽게 외울 수 있다.

(5) IEP와 연계하여 언어지원하기

특수교육보조원은 언어지도를 할 때 항상 활동이 IEP의 언어목표와 어떻게 연계가 되는가를 생각해야 한다. 교사는 특수교육보조원이 장애학생을 IEP의 언어목표에 따라 지도할 수 있도록 안내한다. 다음은 사회과 수업에서 미진이의 IEP 언어목표를 연계하여 지도하는 예다(〈표 7-5〉, 〈표 7-6〉, 〈표 7-7〉 참조).

표 7-5 미진이의 언어영역 현행 수준

강점

미진이는 매사에 적극적이고, 성격이 활발하며, 자신의 생각을 언어로 표현하려고 노력한다.

우선 지도해야 할 점

- 미진이는 언어이해보다는 언어표현에 지체를 나타내고, 특히 구문을 다양하게 사용하지 못하고, 조사에 혼동을 보인다. 언어 표현 시에 주로 2단어를 연결해서 할 수 있다.
  (예: 물 줘, 문 열어 등)
- 의문사 '누가, 어디' 에 대한 대답에 50% 이하의 정반응을 나타냈다. 발음이 명확하지 않아서 낯선 사람들은 미진이가 무슨 말을 하는지 잘 알아듣지 못하는 경우가 많은데 특히 'ㄱ' 발음이 명료하지 못해서 "가방"을 "아방" "고기"를 "오이" 하고 말한다.
- 문제 해결력이 많이 부족하고, 산만하여 1가지 주제를 지속적으로 이야기하는 데 어려움이 있다. 교사의 보고에 의하면 상황 속에서 대처하는 언어가 어려운데, 특히 친구와 싸웠을 때, 양해를 구하지 않고 남의 간식을 먹을 때 적절한 언어표현에 어려움을 보인다.

출처: 박승희, 장혜성(2003), pp. 136-137. 발췌 재구성.

표 7-6 **IEP 언어영역의 목표**

장기목표	단기목표
1. 의문사로 된 질문에 답할 수 있다. 2. 자신의 경험, 생각을 이야기할 때 적절한 조사를 사용하여 이야기 할 수 있다. 3. 대화 시에 정확한 발음으로 표현할 수 있다. 4. 교실에서 친구와 문제가 일어났을 때 적절하게 자신의 상황을 표현할 수 있다.	1-1. '무엇, 누가, 어디' 의문사를 이해하여 질문에 적절하게 대답할 수 있다. 2-1. 자신의 경험을 3단어로 결합된 문장으로 표현할 수 있다. 2-2. 자신의 경험을 조사를 사용하여 말할 수 있다. 3-1. /ㄱ/을 정확하게 발음할 수 있다. 4-1. 친구와 다툼이 있을 때에 적절하게 대처할 수 있다.

출처: 박승희, 장혜성(2003), p. 136.

표 7-7 **사회과 수업에 언어 목표가 적용된 예**

주제	주제: 학교 주변의 모습 소주제: 학교 주변에 있는 가게	언어목표의 적용
목표	• 우리 동네에는 어떤 가게가 있는지 알 수 있다. (생선가게, 옷가게, 과일가게, 야채가게, 정육점, 빵집, 문방구, 약국, 장난감가게, 떡집, 꽃가게, 신발가게, 아이스크림, 가게…)	"무엇을 팔아요? 어디에서 팔아요? 누가 팔아요?" 질문에 적절하게 대답할 수 있다. /ㄱ/소리가 포함된 단어(예: 가게, 문방구)를 정확하게 발음할 수 있다. /ㄱ/ 발음 시에 손으로 표시를 해서 /ㄱ/ 발음이 잘 나올 수 있게 시각적 단서를 제공한다.
	• 여러 가게에서 파는 물건을 알 수 있다.	수업 활동 시에 "~은 ~에서 팔아요." 하고 3단어를 결합하여서 대답할 수 있다.
	• 친구와 다툼이 있을 때에 무조건 소리를 지르지 않고 친구에게 갈등 상황을 표현하게 한다(예: 내가 안 밀었어! 내가 안 그랬어! 미안해 등)	친구하고 문제가 일어났을 때에 1~10까지 세거나 물을 마시고 오게 한 다음에 친구에게 자신의 상황을 천천히 설명하

출처: 박승희, 장혜성(2003), p. 137.

3. 시각적 자료를 통한 의사소통 지도

언어장애를 보이는 학생들은 청각적으로 말을 들어서 이해하는 것보다 그림 등 시각적 자료를 보고 이해하는 시각적 이해력이 더 좋은 경우가 많다. 특히 시각적 자료를 이해하는 데 강점을 가진 자폐아동에게 시각적 자료를 사용하면 의사소통을 도울 뿐 아니라 기능적 기술 습득에도 효율적이다(장혜성, 박승희, 2002). 시각적 자료의 예는 [그림 7-1]과 [그림 7-2]에 제시된다. 시각적 자료 이용의 장점은 〈표 7-8〉에 제시한다. 시각적 자료와 같은 의사소통 대체방법을 사용하였을 때에 언어발달이 오히려 저하되는 점이 있지 않나 하는 우려는 많은 연구들을 통해 그렇지 않은 것으로 입증되고 있다(장혜성, 2002; Cafiero, 1998; Hodgdon, 1995).

장애학생이 이해 가능한 시각적 정보를 사용하여야 하는데 그림인식이 어려운 아동은 사진을 찍어 사용하며, 그림인식은 가능하나 글자인식이 안 되는 경우에는 그림카드를 사용하여 지도한다. 흑백보다는 컬러사진이 좋으며 사실적인 정확한 그림카드가 좋다. 학생이 혼동되지 않도록 필요한 부분만 그리거나 사진을 찍어서 사용한다. 카드는 오래 사용하기 위해 코팅하는 것이 좋으며 냉장고, 자석칠판 등에 붙일 때는 뒤에 자석을 붙여서 사용하고, 헝겊 형 부착 테이프(일명 '찍찍이')를 사용하여 벽에 붙여서 사용하기도 한다.

표 7-8 시각적 자료 이용의 장점

- 말로 설명하는 경우에는 주의를 기울이지 않으면 말소리가 지나가므로 주의집중력이 짧은 장애학생인 경우에 말을 이해하기가 어렵다. 시각적 자료는 말소리만큼 특별한 집중력을 요구하지 않으므로 장애학생이 더 잘 이해할 수 있다.
- 그림, 글자, 상징들은 언어이해력이 지체되는 학생도 이해가 가능하므로 손쉽게 사용할 수 있다
- 언어로 설명하면 이해가 어려운 장애학생들에게 목표행동을 지도할 때에 과제분석 단계를 시각적으로 제시하여 주면 효과적이다.
- 시각적 자료는 장애학생이 사용할 때에 사람들에게 크게 눈에 띄지 않으면서도 간편하게 사용할 수 있어야 한다.

[그림 7-1] 화장실 가고 싶을 때 사용하는 화장실 그림카드의 예

출처: 장혜성, 김수진, 김지영(2006), p. 203.

[그림 7-2] 쉬는 시간에 아동이 가지고 놀 수 있는 교구 선택하기 사진의 예

출처: 장혜성, 김수진, 김지영(2006), p. 210.

II. 장애학생의 사회성 촉진을 위한 지원

사회성 기술이란 일상생활에서 다른 사람과 원만하게 지내는 능력으로 주어진 환경 안에서 적절하게 자신의 요구를 전달하고 상대방의 의사를 파악하여 긍정적 방법으로 상호작용을 하는 기술을 말한다. 사회적 상호작용은 일반적으로 운동적, 의사소통적, 인지적인 영역과 연관을 가지고 발달하게 된다(Bricker, 1998). 특수교육보조원은 사회성 촉진과 관련하여 사회성 발달과 관련된 영역들의 연계성에 대해 인식하고, 발달 영역들을 주의 깊게 관찰하며, 관심을 기울여야 한다.

일반아동의 경우 일상 속에서 자연 발생적인 상황을 통하여 사회성 기술이 자연스럽게 발달되나 장애아동의 경우에는 인지, 언어능력, 신체 발달 등에서의 제한성으로 인해 사회성 기술 발달에도 지체를 가져오게 된다. 언어 발달에 지체를 보이는 아동의 경우 자신의 의사를 정확하게 상대방에게 전달하지 못하기 때문에 상호작용을 하는 데 어려움이 있을 수 있다는 것을 알아야 한다. 나아가, 신체적인 움직임에 제한이 있는 경우에도 타인에게 다가가는 것이 어렵기 때문에 사회적 행동을 전개하는 데 제한을 받을 수 있다는 것을 알 필요가 있다.

1. 장애유아를 위한 사회성 촉진 방법

사회성 기술은 영유아기의 놀이 발달과 밀접한 연관을 가지고 있다. 사회성 기술을 효과적으로 습득할 수 있는 방법으로 '놀이' 를 강조한다. 유아들은 놀이를 통하여 즐거운 경험을 하며 사회성 기술을 배울 수 있다. 특수교육보조원은 교사의 지시에 따라 장애유아들이 놀이를 통해 사회성을 촉진할 수 있도록 지원한다. 다음에서는 유아의 놀이 발달과 놀이기술 촉진 방법의 예를 제시한다.

는 것이다. 특수학교의 경우도 최근에는 이러한 통합 프로그램의 유익에 대해서 인정을 하면서, 인근 일반학교와의 통합 교류 프로그램들을 시행하고 있다(박승희, 2007). 장애학생의 친구관계는 장애학생과의 친구관계와 비장애학생과의 친구관계가 모두 중요하다. 그런데 장애학생들 중에는 친구가 거의 없거나 또래 지원이 제한되어 있는 경우가 많이 있다. 특수교육보조원은 교사와 협력하여 장애학생의 우정 발달과 또래 관계가 활발해질 수 있도록 다양한 지원 방법들을 사용할 수 있어야 한다.

특수교육보조원은 일반학교에서 개개 학생들을 존중하는 태도와 행동을 보여줌으로써 일반학생이 장애학생과 적절하게 사회적 관계를 형성하고 나아가 우정을 형성할 수 있는데 한 모델의 역할을 할 수 있다(Salend, 2001; Sands, Kozleski, & French, 2000). 교사와 특수교육보조원은 학교 환경에서 사용할 수 있는 학생들 간의 상호작용과 친구관계를 지원하는 구조화된 상호작용 프로그램의 예(박승희, 2003)에 대해서도 알고 있을 필요가 있다. 다음은 구조화된 상호작용 프로그램의 예들에 대한 간결한 설명이다.

(1) 특별한 친구 프로그램

통합교육 프로젝트의 1가지로, 장애학생과 또래 일반학생간의 상호작용을 높이기 위한 체계적이고 구조화된 프로그램이다. 장애학생과 일반학생이 사회적 관계를 긍정적으로 맺게 하고, 두 집단 학생 모두에게 사회성 기술을 지원하는 것을 목적으로 한다. 이 프로그램의 내용은 일반학생을 위한 프로그램과 중도장애 학생을 위한 사회성 기술 지원 및 통합 활동으로 구성된다.

(2) 통합놀이 프로그램

놀이는 유아기와 초등학교 시기에 장애학생과 일반학생의 긍정적인 상호작용 및 친구관계를 형성하고 발전시키는 데 중요한 역할을 한다. 초등학교 시기는 함께 놀이하는 사람이 친구관계에서 중요한 의미를 가지며, 놀이를 통한 상호작용은 통합교육을 촉진하는 데에도 효과적이다. 통합놀이 프로그램을 실시할 때는 일정기간 한 종류의 놀이를 반복하며, 자연스러운 분위기를 조성하도록 노력한다. 놀이 중의 다툼과 갈등은 대화를 통해 해결할 수 있도록 해야 하며, 놀이기술이 부족한 학생을 위해서는 놀이 진행 및 승패와 관련된 규칙 수정, 새로운 규칙 첨가, 놀이집단 구성의 수정, 놀잇감 수정, 환경의 수정, 역할의 수정 등과 같이 놀이방법을 수정해야 한다.

(3) 친구들의 동아리

친구들의 동아리는 한 개인이 집단에 소속되는 데 장벽이 되는 문제점들을 극복할 수 있도록 작은 집단을 만들어서 함께 지원하는 것이다. 장애학생에게 자연적으로 생겨난 친구가 없을 때 교사가 이러한 프로그램을 통하여 친구를 만들어 가는 과정을 촉진할 수 있다. 예를 들면, 첫째 학교 내에서는: 아침자습 함께 하기; 당번활동 함께 하기; 밥을 같이 먹기; 심부름 같이 하기; 음악실이나 과학실에 갈 때 같이 가기; 지역사회에서는 슈퍼에 함께 가기; 오락실에 함께 가기; 자전거 함께 타기; 교회에 함께 가기; 둘째 등 · 하교나 방과 후에는: 등교 시 아침에 만나서 학교에 같이 오기; 준비물 사러 문방구 가기; 하교 시 집에 같이 가기 등을 할 수 있다.

(4) 굿 프렌드 프로그램

굿 프렌드 프로그램은 장애학생과 일반학생 간의 친구관계 형성을 지원하기 위한 프로그램이다. 실제 우리나라 한 고등학교에서 실행되었던 굿 프렌드 프로그램의 예를 소개한다(〈표 7-11〉 참조). 굿 프렌드 프로그램은 같은 반의 장애학생과 일반학생이 단짝을 이루어 친구관계를 형성할 수 있도록 지원하는 직접적인 프로그램이며, 봉사점수를 부여하여 학생들의 많은 참여를 유도하고 지속적인 관계를 유지할 수 있도록 하였다. 굿 프렌드 프로그램은 총 20차시로서 친구관계 형성활동이 10차시, 점심시간을 활용한 Lunch Buddy가 10차시로 구성되었다. 친구관계 형성활동은 일반학생과 장애학생을 대상으로 하는 오리엔테이션(2차시)과 장애학생과 일반학생이 함께 활동하는 친구관계 형성활동(8차시)으로 구성되었다.

제7장 '의사소통, 사회성 및 기능적 기술 수행을 위한 지원'을 공부한 후

다음을 알 수 있다.

- 장애학생을 위한 효과적인 의사소통 지원은 실제 의사소통이 요구되는 자연적인 맥락에서 지도하는 것에 강조점을 두어야 한다. 장애유아는 일과 내의 비구어적 맥락과 구어적 맥락 안에서 언어를 지도하면 효과적이며, 학령기 장애학생의 언어지원은 교실내의 자연스런 학습과 상호작용 상황에서 교사의 지시에 따라 특수교육보조원의 지원이 이루어질 수 있다.

- 장애유아는 주로 놀이를 통하여 사회성이 발달하므로 특수교육보조원은 놀이 상황 내에서 아동이 적절한 상호작용에 참여할 수 있도록 지원한다. 학령기 장애학생에게는 학교와 지역사회 내의 다양한 환경에서 연령에 적절한 사회성 기술을 습득하는 것이 강조되며 이러한 환경에서 특수교육보조원은 개별학생을 존중하는 태도와 행동을 보임으로써 장애학생과 일반학생의 적절한 사회적 관계와 우정형성의 모델이 될 수 있다.

- 지역사회중심교수란 장애학생이 지역사회의 다양한 환경에서 일어나는 활동에 참여하는 데 필요한 기술들을 그 기술 수행이 요구되는 실제 지역사회 환경에서 교수하는 것을 의미한다. 특수교육보조원은 지역사회중심교수의 기본적 지식과 학교 밖의 다양한 지역사회 환경에서의 교수 활동을 보조할 수 있어야 한다.

제8장 장애학생의 문제행동 감소를 위한 지원

Ⅰ. 문제행동에 대한 이해

Ⅱ. 문제행동 처치를 위한 행동관리 전략

Ⅲ. 문제행동 감소를 위한 지원 시 유의사항

제 8 장 장애학생의 문제행동 감소를 위한 지원

학습목표

- 장애학생 문제행동의 기능과 문제행동이 발생하는 맥락에 대해 이해한다.
- 문제행동 처치를 위한 다양한 행동관리 전략 및 긍정적 행동지원의 개념을 안다.
- 장애학생의 문제행동감소를 위한 지원 시 특수교육보조원이 유의해야 할 사항에 대해 안다.

I. 문제행동에 대한 이해

문제행동은 장애 유무와 관계없이 모든 학생들에게서 나타나며, 특히 장애학생들은 다양한 문제행동들로 인하여 학교생활에서 자신의 학업이나 타인의 학업에 방해가 되거나 교사 및 또래와의 사회적 관계에서 어려움을 겪을 수 있다. 따라서 장애학생과 함께 하는 특수교육보조원들은 장애학생들이 보이는 문제행동을 이해하고, 문제행동을 다루기 위한 다양한 원리 및 기법들에 대해 알아둘 필요가 있다.

장애학생들이 보이는 행동은 여러 요인들로부터 영향을 받을 수 있다. Fouse와 Wheeler는 행동에 영향을 미치는 특성들로 아동의 감각 관련 문제, 청각적 처리과정 문제, 사회적-정서적 문제, 가정 및 학교 환경 문제, 건강 관련 요인 및 약물 등을 지적하고 있다(곽승철, 임경원 공역, 2006). 문제행동은 이유 없이 일어나는 것이 아니라 각 개인이 처한 특정한 조건이나 상황 또는 선행자극에 반응하여 발생한다. 문제행동은 학생의 정서적, 신체적 조건과 관련하여 나타날 수도 있고, 교수전략이나 교육과정 내용과도 관련되어 나타날 수도 있으며, 다양한 환경 조건에 의해 나타날 수도 있다.

장혜성, 나수현(2007)의 연구에 의하면, 특수교육보조원들이 학교 상황에서 보조자 역할을 수행하는 데 있어 가장 도움을 필요로 하는 영역이 장애학생의 문제행동 발생 시 지원 방안인 것으로 나타났다. 문제행동 처치는 교사나 다른 전문가들에게도 도전적인 과제로서 특수교육보조원은 반드시 교사의 지시를 받아서 문제행동 처치의 보조자 역할을 해야 한다. 이때 보조자 역할에는 학생 행동의 관찰 기록 및 보고, 학생 행동에 대한 교사와 일관된 강화 전략 및 일관된 행동 감소 전략 사용, 교사의 지시에 따른 지원 활동 등이 있다.

이 장에서는 특수교육보조원이 장애학생의 문제행동에 대해 기본적으로 알아야 할 개념과 바람직한 행동을 증가시키고 문제행동은 감소시키기 위한 전략들 및 긍정적 행동지원과 문제행동 처치의 윤리적 지침에 대해 알아본다.

1. 문제행동의 기능

최근에는 장애학생의 문제행동에 관해 각각 특정 기능이 있다고 이해되고 있다. 일반적으로 문제행동은 다음과 같은 기능을 가지고 있다고 알려져 있다: (1) 다른 사람에게 관심을 끌기 위해; (2) 특정 상황이나, 사건, 과제 혹은 사람으로부터 회피하기 위해; (3) 원하는 물건이나 활동을 얻기 위해; (4) 자기자극 혹은 자기조절 기능; (5) 놀이/오락의 기능(Durand, 1988; Evans & Meyer, 1985). 앞의 3가지 기능은 주로 누군가에게 특정 메시지를 전달하기 위한 사회-의사소통적 의도를 지니고 있고, 나머지 2가지 기능인 자기자극/자기조절의 기능과 놀이/오락의 기능은 감각적 기능을 지닌다. 이 2가지는 행위를 하는 것 자체에서 얻어지는 감각적 자극이 자신을 강화하거나 자신만의 욕구 충족이 되는 것이다(이소현, 박은혜, 2006).

문제행동에 기능이 있다는 가정을 받아들인다면, 같은 기능을 하는 적절한 행동 및 기술이 부족하거나 혹은 그 기술을 가지고 있지 않기 때문에 문제행동이 나타난다고 이해할 수 있다. 따라서 문제행동의 중재에 있어서도 학생들이 문제행동에 의해서가 아니라 보다 적절한 방법으로 자신의 목적을 달성할 수 있도록 적합한 행동을 교수하는 것이 중요하다. 이러한 것을 대체행동 혹은 대체 기술의 교수라고 부른다.

2. 문제행동이 발생하는 맥락

최근 많은 연구자들에 의해 문제행동이 학생의 환경과 관련되어 있음이 인식되면서 행동과 환경과의 관계를 이해하기 위한 전략이나 진단방법들이 개발되고 있다. 이러한 연구들은 대부분 행동을 이해하는 데 있어 다음과 같은 2가지 가정을 제시하고 있다: (1) 문제행동은 문제행동이 발생하는 상황, 배경과 관련이 있다; (2) 문제행동은 하나의 기능으로 작용한다(Dunalp, Kern-Dunlap, Clarke, & Robbins, 1991; Umbreit, 1995).

이처럼 문제행동을 이해하는 데 있어서 문제행동 그 자체뿐만이 아니라 행동 발생 전후의 선행사건과 후속결과를 함께 고려하는 것은 매우 중요하다. 행동이라는 것은 그 자체가 독립적으로 발생하는 것이 아니라 상황적 맥락에서 발생하는 것이므로 한 행동과 관련된 선행사건과 후속결과를 통제함으로써 행동을 수정할 수 있다. 일반적으로 이러한 행동의 맥락을 이해하기 위해서 ABC 분석을 사용하는데, ABC 분석이란 어떤 행동이 발생했을 경우 그 행동 전에 일어난 선행사건(Antecedents)과 행동(Behavior) 직후에 이어지는 후속결과(Consequence)를 관찰하여 기록함으로써 보다 체계적으로 행동발생에 대한 정보를 수집하는 방법이다.

〈표 8-1〉은 이러한 선행사건과 후속결과에 대한 ABC 분석의 예를 보여 주고 있다.

표 8-1 선행사건, 행동, 후속결과라는 ABC 분석의 예

선행사건 (A)	행동 (B)	후속결과 (C)
선생님이 정민이에게 쓰기 과제를 하라고 지시함.	정민이가 소리를 지르고, 문제지를 던짐.	선생님이 정민이에게 주의를 주고, 문제지를 주우라고 함.
음악시간에 선생님이 단소를 불라고 지시함.	은수가 손으로 귀를 막으며, 교실 밖으로 뛰어나감.	특수교육보조원이 은수를 따라 나가서 잠시 교실 밖에서 산보를 함.
4교시 수업시간 끝나는 종이 울림.	세하가 자리에서 벌떡 일어나며, "밥 먹자!"라고 외침.	반 친구들이 모두 웃고, 선생님이 자리에 앉으라고 함.

II. 문제행동 처치를 위한 행동관리 전략

장애학생이 보이는 문제행동을 다루기 위한 행동관리 전략들은 바람직한 행동을 증가시키는 방법과 바람직하지 못한 행동을 감소시키는 방법, 2가지로 크게 분류될 수 있다. 다음에서는 바람직한 행동을 증가시키는 방법으로 강화, 행동형성법, 행동연쇄법, 토큰경제, 행동계약법에 대해 간략히 알아본다.

1. 행동 강화 전략

1) 강화의 정의와 적절한 사용

장애학생이 바람직한 행동을 더 자주 하게 하려면 어떻게 해야 할까? 학생의 바람직한 행동을 증가시키기 위해서는 그 행동에 대한 강화를 제공할 수 있다. 강화는 학교 교육 현장이나 가정에서 부모나 교사가 자주 사용하는 방법 중 하나다. 예를 들어, 아이가 제 시간에 숙제를 잘 마쳤거나 엄마와 약속한 대로 방을 깨끗이 청소했을 때, 칭찬을 해 주거나 아이가 좋아하는 음식을 해 주는 것은 모두 강화에 속한다고 볼 수 있다. 강화란 어떤 바람직한 행동 직후에 활동이나 사물들을 제공함으로써 이후에 그 행동의 발생을 유지 혹은 증가시키는 것을 의미한다.

강화제를 선정할 때에는 학생의 선호도를 고려하고, 연령에 적합한 사물이나 활동을 골라야 한다. 또한 강화제는 쉽게 구할 수 있는 것이어야 하고, 쉽게 포화되지 않으면서 반복적으로 사용할 수 있는 것이 좋다. 한편 강화제를 제공할 때는 이를 무제한적으로 이용하지 않도록 주의하여 강화의 가치가 감소되지 않도록 해야 한다.

이성진(2003)은 강화제를 소모할 수 있는 것, 활동할 수 있는 것, 조작할 수 있는 것, 소유할 수 있는 것, 사회적인 것과 같은 5종류로 나누어 제시하였는데, 한

아동에게 적합한 강화제를 찾아내기 위해서는 충분한 정보 수집이 있어야 한다. 이를 위하여 특수교육보조원이 활용할 수 있는 강화제 선정을 위한 질문지를 이 장 〈부록 8-1〉에 제시하였다.

표 8-2 학급에서 사용할 수 있는 다양한 강화제의 예

실물 강화제	사회적 강화제	활동 중심의 강화제
별 스티커	언어적 칭찬	이야기 책 읽기
도장	줄설 때 맨 앞에 서기	금붕어 먹이 주기
장난감	오늘의 반장	컴퓨터 하기
음식물	활동 시 모둠장(조장) 되기	좋아하는 음악 듣기

〈표 8-2〉에는 학급에서 사용할 수 있는 다양한 강화의 예가 나타나 있다. 강화제에는 여러 가지 유형이 있는데 학생에게 학습되지 않고 조건화되지 않은 강화제로 주로 먹는 것 혹은 청각, 후각, 시각, 운동, 촉감 등에 만족스러운 감각을 제공할 수 있는 1차적 강화제와 학생 개인에게 학습되고 조건화된 2차적 강화제가 있다. 1차적 강화제를 사용할 때는 그 양이나 제공 빈도를 고려해야 하는데, 특히 강화를 위해 음식이나 음료수 등을 제공할 때는 그 양을 조절해야 하고, 이 강화제만을 단독으로 사용하지 않으며, 다른 선호 활동이나 사회적 강화제와 함께 사용하는 것이 좋다. 1차적 강화제와의 연합을 통해 학습되거나 조건화된 강화를 2차적 강화제라고 하는데, '교사의 칭찬'은 목표행동을 증가 혹은 유지시키는 2차적 강화제가 될 수 있다.

한편, 학생이 별로 좋아하지 않는 활동을 수행하도록 하기 위해 좋아하는 활동을 강화제로 사용할 수도 있는데, 이를 프리맥(Premack)의 원칙이라고 한다. 프리맥의 원칙이란 선호도가 높은 활동을 선호도가 낮은 활동의 수행을 위해 강화제로 사용하는 것을 의미한다. 예를 들어, 교사가 수학문제를 풀기 싫어하는 학생에게 "수학 문제 10개를 다 풀면, 컴퓨터 게임 10분 하게 해 줄게."라고 하여, 학생이 좋아하는 컴퓨터 게임을 강화제로 사용할 수 있다.

2) 강화의 부적절한 사용

강화는 적절한 방법으로 잘 사용하면 바람직한 행동을 유지 또는 증가시킬 수 있지만, 바람직하지 못한 행동에 부주의하게 사용되면 오히려 그 행동을 강화하게 될 수도 있다. 〈표 8-3〉에는 강화를 부적절하게 사용하여 바람직하지 않은 행동이 강화된 예가 제시되어 있다.

손님이 와 있는 상황에서 컴퓨터를 하겠다고 울면서 떼를 쓴 서영이의 행동은 바람직하지 못한 행동임에도 불구하고 바로 다음에 엄마가 컴퓨터를 하도록 허락을 하면서 그 행동이 강화가 되었다. 이처럼 바람직하지 않은 행동에 강화를 하게 되면, 이후에 그 행동이 유지되거나 증가될 가능성이 높아지게 되므로 주의해야 한다.

표 8-3 바람직하지 않은 행동에 부주의하게 주어진 강화의 예

상황	행동	반응	장기적인 결과
일요일 낮, 집으로 손님이 찾아와서 엄마와 이야기를 나누고 있다.	서영이가 손님 앞에서 엄마에게 컴퓨터 게임을 하겠다고 울면서 떼를 쓴다.	엄마는 손님이 계시니 야단을 치지 못하고, 결국 컴퓨터 게임을 하도록 허락한다.	서영이는 종종 손님이 집으로 찾아오는 날에 엄마에게 컴퓨터 게임을 하겠다고 떼를 쓰게 될 것이다.
선생님이 수학 시간에 숙제로 수학문제 10개를 풀어오라고 하신다.	학생들이 웅성거리며, "우~~ 너무 많아요." 하고 계속 소리를 지른다.	선생님은 "알겠어요. 그럼 5문제만 풀어오세요." 라고 말하며, 숙제를 줄여 준다.	학생들은 앞으로 선생님이 숙제를 내 주시면, 자주 소리를 지르며, 줄여달라고 말하게 될 것이다.

3) 행동형성법

장애학생의 경우 행동의 레퍼토리(종류)가 제한적이다. 따라서 장애학생들에게 새로운 행동을 개발해 주는 것은 매우 중요하다. 행동형성법(shaping)은 목표행동이 확립될 때까지 목표행동의 점진적인 접근들을 체계적 및 즉각적으로 강화하는 것을 의미한다(박승희, 1999a, p. 101). 다시 말해 행동형성법이란 연속적으로 목표행동에 근접한 행동에 대해 강화를 함으로써 새로운 행동을 가르치는 과정이다. 이 방법은 학생의 행동 레퍼토리에 이제까지 나타나지 않았던 새로운 행동들을 교수하거나 현재 행동의 비율이나 기간, 혹은 강도를 수정하기 위해서 사용된다. 즉, 교사는 학생들의 행동의 습득과 숙달을 위해 행동형성법을 사용할 수 있다.

예를 들어, 연지에게 수업 중에 글씨 쓰는 행동을 교수하고자 할 때는 직접적인 쓰기 행동은 아니지만 그에 가까운 행동인 연필과 노트 꺼내기, 책상위에 노트 펴기 등과 같은 행동부터 강화를 하는 것이다. 최종적으로는 실제로 노트에 글씨를 쓰는 행동을 형성하고자 하는 것이고, 마지막에 이를 강화함으로써 글씨 쓰는 목표행동을 형성한다.

행동형성법의 주요 장점은 새로운 행동이나 수정된 행동을 교수하기 위한 전략으로서 적합한 행동들의 강화를 강조한다는 것이다. 행동형성법을 사용하여 교수 시 주의할 점은 학생의 발달 수준을 충분히 고려해야 하고, 행동형성을 통하여 학생의 행동을 형성할 때에는 반드시 목표행동과 관련 없는 다른 행동은 강화하지 않고, 목표행동과 유사한 하위 목표행동만 강화를 해야 한다는 것이다.

4) 행동연쇄법

행동에는 1가지 독립적인 행동도 있지만, 연속적인 수행이 요구되는 행동도 있다. 행동연쇄법(chaining)은 1가지 독립된 행동이 아니라 행동들의 시리즈 혹은 계열을 수행하게 하는 것을 지칭한다(박승희, 1999a, p. 103). 따라서 이러한 연속적 행동을 효과적으로 가르치기 위해 학생에게 가르칠 기술을 좀 더 세부적인 단계로 나누어 교수하는 것이 좋다. 이처럼 연속된 복잡한 기술이나 행동을 더 작은 교육가능한 단위로 나누는 것을 과제분석이라고 한다. 새롭게 배우는 기술이나 혹은 복잡한 기술을 가르칠 때는 이를 세부적인 작은 단계로 나누어 교수하면 좀 더 쉽게 배울 수 있다.

연쇄법은 과제분석한 과제를 순서대로 교수하는 전진연쇄법과 역으로 교수하는 후진연쇄법이 있다. 전진연쇄법은 형성하고자 하는 목표행동단계 중 첫 번째 단계를 먼저 형성하고 마지막 단계를 마지막에 형성하는 방법이다. 예를 들어, 점퍼입기를 교수하기 위해 다음과 같이 여러 단계로 과제분석을 할 수 있는데, 이를 1단계부터 마지막 5단계까지 순서대로 교수하는 것은 전진연쇄법에 의한 것이다.

- 1단계: 점퍼를 지퍼가 있는 쪽을 앞으로 해서 옷을 입기 쉽게 한쪽으로 들기
- 2단계: 한 손으로 점퍼를 들고, 다른 한 팔을 소매에 넣기
- 3단계: 넣은 손으로 옷을 잡고, 나머지 한 팔을 다른 소매에 넣기
- 4단계: 양손으로 지퍼 끼우기
- 5단계: 지퍼 올리기

후진연쇄법은 기술 교수 시 최종 단계에서부터 가르치는 것으로 위의 순서에 따라 행동연쇄로 점퍼입기를 가르칠 때, 후진연쇄법으로 교수할 경우 맨 마지막 단계를 먼저 가르치기 시작한다. 이때 교사는 맨 마지막 단계를 제외하고 모든 단계를 도와준다. 학생이 혼자 지퍼를 올릴 수 있게 되면, 그 다음 양손으로 지퍼 끼우기를 교수한다. 이렇게 4단계와 5단계를 모두 할 수 있을 때, 2단계까지 교사가 도와준 다음, 3단계인 나머지 한 팔을 소매에 끼우기를 교수한다. 이와 같은 역순에 의한 교수는 이 행동을 처음 배우는 학생들 혹은 장애를 가진 학생들에게 효과적인 방법이다.

5) 토큰경제

바람직한 행동을 증가시키기 위한 방법 중 하나로 토큰을 이용한 강화 방법이 있다. 토큰이란 특정 행동을 수행하면 제공되는 별표나 스티커, 점수 등과 같은 상징적 사물로 나중에 이를 다른 물건이나 활동과 교환할 수 있는 것을 말한다. 쉽게 이야기하면, 토큰은 우리가 일상생활에서 종종 접할 수 있는 쿠폰과 비슷하다. 상품을 사고 그에 대한 대가로 받은 쿠폰을 모으면 나중에 다른 상품으로 바꿀 수 있는 것처럼, 토큰경제(token economy) 프로그램이란 특정행동을 수행하

면 토큰을 제공하는 교수 및 행동관리 체계로 학생들이 모아온 토큰으로 예정된 시간에 미리 약속된 다른 물건이나 활동과 교환하도록 하는 강화 기법이다.

학급 내에서 가장 쉽게 접할 수 있는 토큰경제 프로그램의 예로 교사가 칠판에 자석을 부착해 놓고 과제를 잘 수행한 학생들에게 자석을 하나씩 붙여 주다가 일주일이 지나고 각자 받은 자석의 수에 대한 대가로 아이들이 좋아하는 보상물과 바꾸어 주는 것을 들 수 있다.

토큰경제 프로그램의 절차는 다음과 같다. 첫째, 학생에게 증가시키고자 하는 목표행동을 설정한다. 둘째, 학생에게 적절한 토큰을 결정한다. 셋째, 교사는 학생과 함께 각 목표행동 후에 받게 되는 토큰의 양과 이 토큰이 얼마만큼 모였을 때 강화제와 바꿀 것인지를 정한다. 넷째, 토큰 제공 규칙이 정해지게 되면 보상 메뉴를 결정하는데, 이는 학생이 일정 수준의 토큰을 모았을 때 학생에게 제공되는 강화제를 말한다. 각 강화제마다 요구되는 토큰의 양이 다른다. 즉, 강화제만의 분명한 가격이 결정되어야 한다. 이 보상 내역을 학생이 잘 볼 수 있는 장소에 부착하여 자신이 얼마의 토큰을 모으면 어떠한 보상을 받을 수 있음을 알게 하는 것이 좋다. 마지막으로 일정 수준의 토큰이 모아진 후 언제 강화제와 교환을 할 것인지 그 시기를 결정한다.

토큰경제 프로그램은 대그룹 학생들을 대상으로도 할 수 있기 때문에 최소한의 노력으로 여러 명의 학생들을 동시에 강화할 수 있다. 또한 강화 부여의 연기가 가능하고, 교사의 교수 행위를 방해하지 않으며, 강화제가 쉽게 포화되지 않는다는 이점이 있다.

효과적인 토큰경제 프로그램을 위해서는 학생들이 토큰을 보고 만지고 셀 수 있어야 하고, 실제 강화제와 교환할 수 있어야 하며, 모든 학생을 포함시킬 수 있도록 계획해야 한다. 또한 학생들이 자신이 획득한 토큰을 가지고 다른 강화제와 교환할 수 있음을 이해할 수 있어야 한다.

6) 행동계약법

행동계약법(contingency contracting)은 구체적인 목표행동과 구체적인 후속

표 8-4 행동계약서의 예

<table>
<tr><th colspan="2">선생님과 약속해요.</th></tr>
<tr><td colspan="2">만약 내가 수학시간 40분 동안 돌아다니지 않고 자리에 잘 앉아 있으면,
청소시간에 나는 우리 반 햄스터에게 먹이를 줄 수 있습니다.</td></tr>
<tr><td>날짜: 2007년 3월 25일
교사: 박 혜 원</td><td>이름: (자리에 잘 앉아 있는 아이) 송 범 준
나를 도와줄 친구: 김 선 미</td></tr>
<tr><td colspan="2">유수정은 학교에 늦지 않게 8시 50분까지 교실로 들어옵니다.
그러면 선생님은 급식실로 이동할 때, 유수정을 친구들 맨 앞에 설 수 있게 해 줍니다.</td></tr>
<tr><td>날짜: 2007년 4월 30일
교사: 신 동 훈</td><td>이름: (시간을 잘 지키는 아이) 유 수 정
나를 도와줄 친구: 이 재 원</td></tr>
</table>

사건의 교환을 나타내는 학생과 교사 간의 문서화된 계약을 의미한다. 이 방법은 개인 혹은 집단 모두 사용이 가능한 방법으로 "만약 ~하면, ~하게 해 줄 것이다."라는 형태의 진술문으로 학생들이 자기 통제 하에 유용하게 사용할 수 있다. 이는 앞에서 설명한 '프리맥의 원칙'에 기초한다.

행동계약을 맺을 때에는 증가시키고자 하는 목표행동을 관찰가능하고 측정가능한 용어로 진술하고, 학생이 가장 좋아하는 강화를 판별하여야 하며, 계약에 대한 일반적인 지침을 설정해야 한다. 또한 행동계약서는 각 학생의 연령을 고려하여 학생이 이해할 수 있는 수준의 용어로 진술되어야 하고, 학생과 교사의 서명을 넣고, 교사는 계약에 따른 강화의 약속을 꼭 지켜야 한다. 이 방법을 쓰는 동안 교사는 목표행동 수행에 대해 지속적으로 모니터하여 수행 정도가 너무 낮으면 재계약을 하는 것이 좋다. 〈표 8-4〉에는 행동계약서의 예가 나와 있다. 특수교육보조원이 현장에서 활용할 수 있는 행동계약서의 예는 이 장 〈부록 8-2〉에 제시된다.

2. 행동 감소 전략

벌이라고 하면, 흔히 회초리나 말로 야단을 맞는 등의 불쾌한 자극을 연상하게 된다. 그러나 어떤 행동 후에 제공되는 자극이 행동의 빈도나 강도를 약하게 한다면, 이를 벌이라고 한다. 따라서 바람직하지 못한 행동을 감소시키기 위한 전략인 타임아웃이나 반응대가, 소거, 과잉정정 등은 모두 벌에 속한다고 볼 수 있다.

벌은 바람직하지 못한 행동이 일어난 즉시 주어져야 가장 효과적이다. 예를 들어, 낮에 어머니와의 약속을 깨고 숙제를 하지 않은 채 게임을 한 영철이에게 어머니가 저녁 때 아버지 오시면, 벌을 주겠다고 말하는 것은 적절하지 못하다. 실제 아버지가 퇴근을 하여 돌아왔을 때 영철이가 숙제를 하고 있었다면, 영철이는 바람직한 행동을 하고 있는데도 불구하고 벌을 받아야 한다.

벌은 다양한 문제점과 부작용들이 많기 때문에 아주 조심스럽게 사용해야 한다. 벌은 어떤 경우에는 교육적 효과 혹은 행동 감소의 효과가 없을 수도 있다. 특히 신체적으로 혹은 정서적으로 혐오감을 줄 수 있는 체벌은 설령 매우 효과가 뛰어나다고 해도 절대 함부로 사용해서는 안 된다. 벌로 인하여 오히려 심리적 불안이나 공포, 저항의 마음이 들게 되면, 목표행동 자체는 감소할 수 있을지 모르나 그 외 또 다른 문제행동을 야기할 수도 있다. 따라서 벌은 '최후의 수단' 으로만 사용되어야 함을 명심해야 한다.

바람직하지 못한 행동을 감소시키기 위한 전략을 세울 때는 일반적으로 다음과 같은 지침을 따라야 한다: (1) 문제행동에 대처할 만한 대안적인 행동을 선택

특수교육지원 *Tips 21*

긍정적 행동을 칭찬하며 문제행동을 감소

문제행동을 감소시키는 것에 너무 집중하다 보면 학생이 보이는 다른 긍정적 행동을 강화하는 것에 소홀할 수 있다. 장애학생이 문제행동을 보일 때에도 적어도 동시에 몇 가지의 긍정적 행동을 하고 있음을 기억할 필요가 있다. 이때 특수교육보조원은 학생의 긍정적 행동에 관심을 두고 이 행동을 충분히 차별적으로 강화하고, 문제행동에는 관심을 소거함으로써(계획된 혹은 의도된 무시) 문제행동의 위력을 약화시키는 것이 문제행동 감소에 효과적이다.

표 8-5 벌 사용에 대한 지침

- 벌 받을 만한 행동은 무엇이고, 그 행동 후에는 어떤 결과가 있는지 학생들에게 미리 알려 준다.
- 부적절한 행동을 했을 경우, 적절한 행동의 모델을 보여 준다.
- 의도적인 문제행동과 우연히 발생한 의도적이지 않은 행동을 구분한다.
- 교사는 벌을 주는 상황에서 자신의 감정에 대한 통제력을 잃지 않는다.
- 또래들이 보는 앞에서 벌을 주지 않는다.
- 학생의 행동에 대해 빈정거리거나 웃는 말을 하지 않는다.
- 벌은 일관성 있게 사용한다.
- 벌은 모든 학생들에게 공평하게 적용한다.
- 벌주는 대상은 학생이 아닌 부적절한 행동임을 명심한다.
- 교사가 화가 나 있을 때 학생에게 벌주는 것은 피한다.
- 어떤 경우에도 학생을 때리지 않는다. 때리는 행위는 너무 많은 부작용이 있다.

출처: Henderson, H. L., & French, R. W. (1993). *Creative approaches to managing student behavior* (2nd ed.), pp. 31-32. 발췌 후 수정.

한다. 즉, 하나의 행동을 감소시키는 것을 목표로 삼았다면, 다른 적절한 행동에 대해 강화하는 계획도 함께 세운다; (2) 부적절한 행동이 강화되는 것을 주의한다; (3) 부적절한 행동은 일관성 있게 즉각적으로 다루어져야 한다; (4) 부적절한 행동에 대한 벌은 연령을 고려하여 덜 제한적이고 사회적으로 수용 가능한 것이어야 한다(Zirpoli, 2005). 〈표 8-5〉에 벌 사용에 대한 지침을 제시한다.

다음에서는 바람직하지 못한 행동을 감소시키는 방법으로는 소거, 타임아웃, 반응대가, 약물치료 등을 소개하고자 한다.

1) 소거

소거(extinction)란 문제행동을 발생시키고, 유지시키는 것으로 여겨지는 강화를 제거함으로써 문제행동을 감소시키는 방법이다. 예를 들어, 수업 중 부적절한 이야기를 자꾸 해서 친구들을 웃기는 재석이의 행동을 기능 분석한 결과, 이 행동은 교사와 친구들의 관심을 끌기 위한 것이었는데, 교사와 친구들이 재석이가 웃기는 이야기를 해도 웃지 않기로 약속을 했고, 재석이는 자기가 웃기는 이야기를 해도 친구들이 웃지 않자 결국 재석이의 행동은 감소하게 된다는 것이다. 이때, 재석이가 웃긴 이야기를 해도 친구들이 웃지 않으면, 재석이는 친구들을 더 심하게 웃겨 보려고 방해행동이 일시적으로 증가하게 되는데, 이를 소거폭발(혹은 소거 급상승)이라고 한다. 그러나 이 기간 동안 아무런 관심과 강화가 주어지지 않으면, 즉 문제행동을 무시하게 되면 결국 이 문제행동은 감소하게 된다. 한편, 이 경우 무시하는 대상은 학생이 아니라 학생이 보이는 행동이라는 점을 분명히 인식할 필요가 있다.

이 방법은 물리적, 언어적 후속사건 없이도 부적절한 행동 감소에 효과적이고, 소거의 효과가 오랜 시간에 걸쳐 느리게 나타나는 데 반해 그 효과의 기간은 오래 지속된다는 장점이 있다. 그러나 이 방법은 문제행동을 감소 혹은 제거시키는 데 시간이 걸리기 때문에 타인을 해치거나 공격하는 등의 행동에는 사용하기가 어렵고, 일관성이 없으면 오히려 부적절한 행동을 강화할 수도 있다. 또한 소거는 정확한 강화를 판별하기 어려울 때는 사용이 어렵다는 단점이 있다.

2) 타임아웃

타임아웃(time-out)이란 문제행동이 발생했을 때, 학생을 긍정적 강화를 받지 못하도록 일정시간 동안 강화 요소에서 분리시키는 것을 의미한다. 타임아웃은 여러 가지 형태로 적용될 수 있는데, 일정 시간 동안 학생에게 모든 강화나 관심을 없애는 것부터, 강화되는 환경에서 학생을 분리시키는 방법까지 다양하다. 일정 시간 동안 학생에게 모든 강화나 관심을 없애는 것의 예로는 손들지 않고 그냥 대답하는 학생에게 계획된 무시를 하여 짧은 시간 동안 어떤 사회적 관심도 보이지 않거나 학생이 선호하는 음식이나 장난감 등의 강화제를 제거하는 것을 들 수 있다.

강화되는 환경이나 활동에서 학생을 일정시간 동안 분리시키는 타임아웃은 학생이 부적절한 행동을 했을 경우: (1) 현재 상황 가까이에서 잠시 머물게 하여 현재의 활동이나 다른 학생의 행동을 참여하지는 못하지만 볼 수 있게 하는 방법; (2) 강화되는 활동이나 환경에서 그 활동을 볼 수 없는 고립된 코너나 공간으로 분리시키는 방법; (3) 학생의 정상적인 교육환경 밖으로 완전히 고립시키는 방법 등이 있다.

타임아웃은 그 효과가 빨리 나타나고 지속시간이 길다는 장점이 있으나 자주 혹은 길게 사용될 경우 학업 수행에 방해가 될 가능성이 많고, 타임아웃 동안에 다른 부적절한 행동이 계속 나타날 수도 있으며, 학생이 특정 환경에서 벗어나는 것 자체가 강화로 작용될 수도 있다는 단점이 있다. 따라서 타임아웃 시간은 10분 이상이 되지 않게 하고, 타임아웃을 사용하고자 할 때는 반드시 학생이 좋아하는 환경이나 활동에서 배제를 시켜야 한다. 예를 들어, 수학 시간에 떠든 민수에게 선생님이 10분 동안 교실 밖 복도에 나가 서 있게 한 경우, 민수는 자신이 싫어하는 수학 수업 시간을 피해 복도에 나가 운동장에서 축구하는 모습을 구경하게 된 것이므로 벌이 되지 못한다. 따라서 타임아웃은 현재 진행되고 있는 활동이나 환경이 타임아웃 상황보다 훨씬 재미있고 학생에게 흥미로운 것이어야 효과적이다.

3) 반응대가

반응대가(response cost)는 부적절한 행동을 했을 경우 좋아하는 사물이나 활동을 박탈하게 하는 것이다. 즉, 반응대가는 각 부적절한 행동에 따른 일정양의 강화제를 빼앗는 체계다. 예를 들면, 학생이 주어진 숙제를 하지 않고 컴퓨터 게임을 했을 경우 어머니가 게임 CD를 빼앗고 하루 동안 게임을 못하게 했다면, 이 학생의 어머니는 반응대가를 사용한 것이다. 좋아하는 사물을 박탈하거나 활동을 못하게 할 경우 그 기간을 분명히 밝혀 주는 것이 좋다.

반응대가는 교사가 계속 부적절한 행동에만 주시를 하게 하는 약점이 있다. 학생은 가지고 있는 강화제를 부적절한 행동을 하여 모두 잃을 경우 아예 포기를 하게 되고, 어떠한 행동도 하지 않으려고 하여 긍정적 강화를 얻을 기회마저 잃을 수도 있다는 단점이 있다. 따라서 반응대가는 바람직한 행동을 강화하는 긍정적 강화와 함께 사용하는 것이 효과적이다. 반응대가는 토큰경제(상징적 강화체계)와 함께 사용하는 사례가 많다.

4) 약물치료

장애학생들의 행동 감소를 위해 종종 약물이 사용되기도 한다. 그러나 약물치료는 장애학생의 문제행동 처치에 있어서 첫 번째 방법이 되어서는 안 되고, 전반적인 교육 프로그램의 한 부분으로 적용되어야 한다. 또한 모든 약물치료에는 잠재적인 부작용이 있다는 것을 반드시 기억할 필요가 있다. 따라서 교사와 특수교육보조원은 관찰된 부작용을 모니터하고 기록할 필요가 있으며 부모와 의료전문가에게 보고할 필요가 있다. 〈표 8-6〉에는 약물치료 범주에 따른 약물의 종류와 용도 및 잠재적인 부작용에 대해 나타나 있다.

표 8-6 약물치료: 종류, 용도 및 부작용

	자극제	항우울제	항정신병약
종류	리탈린 덱스드린 실러트	엘라빌 토프라닐	소라진 할돌 멜라릴
용도	• 주의집중 증가 • 과잉행동, 방해행동, 충동행동 감소	• 유노증, 야뇨증 • 아동기 우울증 • 불안	• 정신이상 또는 소아기 정신분열증 아동의 심각한 행동문제 • 정서장애 학생의 자해행동과 공격행동 감소
특징	• 가장 순함 • 3세 이전 사용 금지	• 정신과에서만 처방	• 가장 강력 • 부작용
부작용	• 식욕감퇴 • 불면증 • 성장억제 • 신경증적 틱 • 계속적 움직임	• 식욕감퇴 • 불면증 • 입마름 • 메스꺼움 • 고혈압 • 심장이상 • 중독	• 식욕증가, 체중증가 • 혼수상태 • 입마름 • 인지손상 • 일시적 혹은 영구적 운동장애

출처: Zirpoli, T. J. (2005). *Behavior management: Applications for teachers* (4th ed.), pp. 315-316. 발췌 재구성.

특수교육지원 Tips 22

정확한 약물복용

특수교육보조원이 교사나 부모에게 장애학생의 약물복용에 대한 부탁을 받았을 경우, 반드시 약물의 정확한 용량과 복용 시간을 지키고, 학생이 약물복용 시 보이는 특별한 행동 변화나 부작용들에 대해 부모나 교사에게 알려야 한다.

학생이 약물을 복용하는 경우 특수교육보조원은 많은 주의를 기울여야 한다. 교사나 부모에 의해 약물복용의 부탁을 받았을 경우 반드시 정해진 시간에 정해진 용량만을 먹여야 하며, 임의대로 양을 조절해서는 안 된다. 또한 학생이 약을 복용했을 경우 특별한 행동이나 태도에서 변화를 보일 겨우 잘 관찰해서 기록한 후 교사나 부모에게 관찰 내용을 알리는 것도 특수교육보조원의 중요한 임무 중 하나다.

3. 긍정적 행동지원

문제행동의 처치에 대해 생태학적 접근들이 출범하면서 장애학생이 보이는 문제행동이 환경과 맥락 안에서 발생하는 것으로 인식되기 시작하였다. 처벌 중심의 혐오적인 중재들을 사용해오던 전통적인 방법들에 대해 윤리적인 문제들이 제기되면서 1990년대 중반에 이르러서는 긍정적 행동지원(positive behavioral support)이라는 용어가 등장하였다. 긍정적 행동지원이란 한 장애학생이 보이는 문제행동의 감소 및 예방을 목적으로 하는 체계적이고 전인적인 행동지원 방법으로 한 개인의 문제행동 자체의 감소뿐만 아니라 문제행동을 가진 개인과 그 가족의 삶의 질 향상을 궁극적인 목적으로 한다(Janny & Snell, 2000).

긍정적 행동지원은 장애학생이 보이는 문제행동을 보다 체계적이고 포괄적으로 평가하여 지원하고자 하는 것으로 대개 다음과 같은 단계에 따라 실행된다: (1) 학생이 보이는 문제행동을 정의하고 가장 우선적으로 다루어져야 하는 행동을 결정; (2) 다양한 방법으로 문제행동에 대한 정보를 수집하여 행동의 기능을 파악; (3) 행동 지원을 위한 계획 수립; (4) 행동지원의 실행 및 평가.

일반적으로 행동문제를 보이는 학생들은 다양한 유형의 문제행동을 동시에 보이는 경우가 많은데, 이러한 경우 가장 우선적으로 다루어져야 할 행동이 무엇인지를 결정하는 것은 매우 중요하다. 대체로 문제행동의 심각성 여부에 따라 그 우선순위가 결정되는데, 장애학생 자신과 주변 사람들의 건강과 생명을 위협할 만한 행동이 최우선순위가 되고, 다음으로는 자신과 타인의 활동을 방해하는 행동과 자신과 타인의 주의를 분산시키는 행동 순으로 우선순위를 결정하면 된다. 이에 대한 문제행동의 예는 〈표 8-7〉에 제시되어 있다.

실제 교육 현장에서 특수교육보조원이 장애학생에 대한 긍정적 행동지원을 직접 계획하고 실행하는 책임은 없다. 그러나 교사가 긍정적 행동지원을 계획할 때, 학생에 대한 다양한 관찰정보를 제공해 줄 수 있다. 실행단계에서는 특수교육보조원은 교사의 지시 하에 일관성 있게 행동관리전략을 적용하고 필요한 지원을 교사나 학생에게 제공해 줄 수 있다.

표 8-7 문제행동 지원의 우선순위 결정 기준에 대한 행동의 예

우선순위	행동유형	우선순위 결정 기준의 문제행동 예
1순위	파괴행동	학생이나 주위사람의 건강이나 생명을 해칠 수 있는 행동으로 최우선순위에 속한다. (예: 물기, 때리기, 눈 찌르기, 자신의 머리 부딪히기, 긁기, 자르기, 아무 거나 먹기, 사람을 향해 무거운 물건 던지기, 학급 내 기물 파손하기 등)
2순위	방해행동	집, 학교, 지역사회에서의 일상생활 참여를 방해하고, 교실에서의 자신과 타인의 학습을 방해하는 행동이다. (예: 교실 뛰어다니기, 말 안 하기, 큰 소리로 울기, 과제 수행 안 하기, 남을 밀어 제치기, 소리 지르기 등)
3순위	분산행동	주의를 분산시키는 행동으로 특별히 타인에게 해가 되지는 않는 행동이다. (예: 공공장소에서 손을 계속 흔들기, 조그만 소리로 반향어 하기, 몸 흔들기, 연령에 적합하지 않는 옷 입기 등)

출처: Janny, R., & Snell, M. E. (2000). *Behavioral support*, p. 17. 발췌 후 수정.

III. 문제행동 감소를 위한 지원 시 유의사항

하루 중 많은 시간을 장애학생과 가까이에서 함께 보내는 특수교육보조원들은 학생의 다양한 문제행동을 직접적으로 보고 접하게 된다. 장애학생과 가까이에 있는 특수교육보조원은 학생의 문제행동으로 인한 위기 상황이나 학생이 일과 중에 보이는 행동 문제를 관찰하고 기록하여 교사에게 보고할 수 있다.

앞서 이야기한 대로 장애학생의 문제행동은 다양한 상황 안에서 다양한 기능을 가지고 발생하기 때문에, 문제행동을 관찰하는 데 있어서 단지 그 행동 자체에만 관심을 가지기보다 그 행동이 발생하는 전후의 사건들, 발생시간과 조건, 맥락을 함께 관찰하는 것이 중요하다. 이 장 뒤에 있는 〈부록 8-3〉과 〈부록 8-4〉에 특수교육보조원이 현장에서 바로 사용할 수 있는 문제행동 발생 기록지 양식을 첨부하였다. 특수교육보조원은 교사의 지시에 따라 이 양식을 활용하여 문제행동을 관찰, 기록할 수 있다.

1. 특수교육보조원의 행동관리 전략 사용 시 주의사항

1) 교사의 지도 하에 일관성 있는 지원

장애학생의 문제행동 처치에서 특수교육보조원의 지원은 특수교사의 지도 하에 일관성 있게 계획되고 실행되어야 한다. 강화나 토큰경제 등과 같은 행동관리 전략은 그 시기와 양, 일관성과 공평성이 매우 중요하다. 따라서 특수교육보조원은 현재 교사가 사용하고 있는 강화 프로그램이나 소거 프로그램 등을 잘 알고 있어야 하며 교사의 지시 하에 이를 일관성 있게 적용해야 한다. 그렇지 않으면, 교사가 소거하고 있는 행동을 특수교육보조원이 강화를 하여 학생의 부적절한 행동을 강화하거나 바람직한 행동 형성을 방해하는 결과를 가져올 수도 있다. 특히 강화제는 교사가 지시한 때에 지시한 만큼의 양만을 주어야 하고, 보조원

특수교육지원 Tips 23

아무도 몰래 사탕이나 살짝 꼬집기는 안 됨!

특수교육보조원이 처음으로 장애학생의 심한 문제행동을 대할 때는 놀랄 수 있다. 어떤 경우에는 학생이 문제행동을 하는 것을 자신의 책임이라고 생각되어 더 당황할 수도 있다. 이럴 때, 아무도 몰래 사탕이나 껌을 주거나, 혹은 아무도 몰래 살짝 등판을 때리거나 손등을 꼬집어서 당장 문제행동을 멈추게 하고 싶은 유혹이 있을 수 있다. 그러나 사탕을 주는 것도 살짝 꼬집기를 하는 것도 특수교육보조원이 해서는 안 되는 행동이다. 교사가 현재 사용하고 있는 행동강화 전략과 감소전략을 동일하게 일관되게 침착하게 사용하는 것이 특수교육보조원의 임무다.

임의대로 조절해서는 안 된다.

2) 개별화된 행동관리 전략 사용

모든 행동관리 전략은 개별화되어야 한다. 누구에게나 적용되는 보편적인 강화제, 보편적인 벌이란 원칙적으로 없다. 어떤 사람에게는 벌이 되는 것이 어떤 사람에게는 강화가 될 수도 있고, 그 반대의 경우도 있을 수 있다. 숙제를 해 오지 않은 학생들에게 교사가 운동장 5바퀴를 뛰게 했을 경우, 신체적인 움직임을 좋아하고 뛰는 것을 좋아하는 학생에게는 벌이 되지 않을 수 있고, 오히려 강화가 될 수도 있다. 행동강화전략이나 행동감소전략은 모두 개별학생에 따라 개별화되어야 한다. 또한 어떤 행동에는 벌이 되는 것이 어떤 행동에는 효과적이지 않을 수도 있다.

3) 사회적으로 수용가능하고 타당한 전략 사용

모든 행동관리 전략은 사회적으로 수용 가능한 방법이어야 한다. 행동관리 전략은 문화, 환경 및 학생의 연령 등을 고려하여 선택되고 적용되어야 한다. 특히 장애학생의 인권을 침해하는 전략(예: 점심식사 안 주기, 낮잠 안 재우기, 지나치게 긴 타임아웃 등)은 사용되어서는 안 되고, 장애학생의 생활연령에 적합한 전

A 특수교육지원 **Tips 24**

침묵의 위력

장애학생의 문제행동이 폭발할 때, 특수교육보조원이 1~2분 가만히 옆에 있을 수 있는 것은 아주 유효한 능력으로 그 효과도 높다. 학생 옆에서 가만히 침묵하며 신체적 접촉 없이 있는 것이 학생이 자신의 행동을 스스로 가라앉히는 데 최고의 효과가 있을 수 있다. 그러나 학생이 위험한 모서리에 부딪히는 등 자신을 자해하는 것을 통제하기 위해 학생 옆에 있는 것은 중요하다.

략 사용도 유념하여야 한다(박승희 역, 1998 참조). 청소년기에 있는 발달장애 학생에게 장애 정도가 심하다고 해서 어린아이 취급을 하여 유아들이 좋아하는 장난감이나 활동들을 강화제로 사용하는 것은 바람직하지 않다. 또한 행동관리 전략 역시 누가 보아도 적절하고 타당한 방법이어야 한다. 장애학생의 사회적 이미지에 부정적 영향을 미칠 수 있는 전략사용은 삼가야 한다.

4) 신체적 체벌의 금지

모든 경우에 있어 벌은 아주 조심스럽게 사용되어야 한다. 어떠한 경우라도 장애학생에게 신체적, 정서적으로 혐오감을 주거나 주변 사람들에게 불편함을 일으키는 체벌을 포함하는 혐오처치는 절대 사용해서는 안 된다. 특수교육보조원은 학생의 신체에 고통을 가하는 때리기, 꼬집기 등의 벌은 절대 사용하지 않아야 한다. 특정 문제행동을 없애기 위해 체벌을 사용했을 경우, 일시적으로는 그 문제행동은 감소시킬 수 있으나 학생의 행동을 전반적으로 위축시키거나 학생에게 공격성과 분모감을 증가시킬 수 있고, 결국 또 다른 문제행동을 야기시킬 수도 있다.

2. 문제행동 처치의 윤리적 지침

특수교육 환경에서 교사나 특수교육보조원 모두에게 가장 도전이 되는 것이 장애학생의 문제행동에 대한 긍정적 대처다. 실제 교실환경에서 장애학생의 다양한 문제행동을 접하면서 교사나 특수교육보조원은 문제행동을 하는 학생들의 인권을 침해하지 않으면서 가장 효과적이면서 주변 사람들에게 불편함을 주지 않는 긍정적 방법으로 문제행동을 처치하는 것이 요구된다. 특수교육보조원이 교사의 지시에 따라 각 학생 문제행동의 감소에 도움이 되는 지원을 하게 될 때 기억하여야 할 윤리적 지침은 다음과 같다(박승희, 1999b).

첫째, 문제행동 접근에서 첫 번째로 초점을 맞추어야 할 점은 문제행동을 하는 사람과 그 문제행동을 다루는 사람과의 '관계' 에 대한 관심이다(박승희 역, 1998). 특수교육보조원은 학생과 자신 사이의 상호작용에 대한 '자세' 자체가 문제행동 접근을 위한 어떤 기술과 전략보다도 더욱 중요하다는 것을 인식해야 한다. 자세란 장애학생과 관계를 맺는 데 기초가 되는 개인적 가치들의 집합이다.

둘째, 특수교육현장에서 무비판적으로 사용되고 있는 벌에 기초한 문제행동 감소 전략은 반드시 재고되어야 하며, 문제행동 지원을 위해 사용되는 기술이나 전략에 대해 모니터링이 필요하다. 특별히 문제행동 지원에 있어서 장애학생의 인권에 대한 관심은 점차 증가되어야 하며, 특수교육보조원들도 항상 장애학생의 인권과 존엄성에 민감성을 유지하고 존중해야 한다.

셋째, 문제행동을 다루는 데 사용되는 중재 방법들은 '사회적으로 수용 가능한' 방법이어야 하고, 문제행동 중재 전략이 장애학생의 사회적 이미지에 부정적 영향을 미쳐서는 안 된다. 학생들의 문제행동 지도라는 광범위한 주제 하에 장애학생들에게 무비판적으로 사용되어 왔던 여러 가지 혐오적인 중재에 대한 변화가 필요하며, 점차 비혐오적이고 긍정적인 중재 방법의 사용이 확산되어야 한다(박승희, 1991).

넷째, 많은 행동수정 감소 기법들은 문제행동을 제거하는 데 초점을 두고 있으나 더 중요한 것은 '긍정적 행동' 의 레퍼토리(종류)를 증가시켜 주는 것이다. 장애학생이 자신의 욕구를 충족하고자 의사소통 기능을 지닌 문제행동을 보일 때, 특수교육보조원은 그 감소를 위해서 바람직하지 않은 행동의 제거에만 관심을 두지 말고, 학생이 의사소통 수단을 개발하거나 적합한 행동을 습득할 수 있도록 도와주는 것이 중요하다(박승희, 1991).

다섯째, 문제행동을 다루기 위해서 사용되는 여러 종류의 물질적 보상을 많이 사용하는 것을 주의해야 한다. 특수교육보조원들은 문제행동을 하는 학생에게 가장 강력한 강화는 물질적 보상이 아니라 '인간적 보상'이라는 것을 기억해야 한다. 인간적 보상은 인간의 실재가 보상을 낳는다는 것을 알게 하는 것이다(박승희 역, 1998).

여섯째, 한 학생의 문제행동 감소를 위한 지원은 그 학생을 위한 전반적인 교육적 프로그램의 맥락 안에서 다루어져야 한다. 장애학생의 문제행동 처치는 현재 교육 프로그램과 별도로 분리되어 진행되는 것은 큰 효과를 낼 수가 없다. 문제행동 자체가 학생에게 제공되는 교육과정, 또래들 및 교사와의 관계 속에서 발생되기에 그 감소를 위한 처치는 학교환경에서 제공되는 다양한 교육활동과 프로그램 및 다양한 사람과의 관계 맥락 안에서 이루어져야만 한다.

참고문헌

곽승철, 임경원 공역(2006). 자폐아동을 위한 행동중재전략. 서울: 학지사.

박승희 역(1998). 온화한 교수: 장애인의 문제행동에 대한 대안적 접근. 서울: 교육과학사.

박승희(1991). 장애학생에게 사용되는 혐오처치에 관한 주정부 교육국들의 정책들과 지침들에 대한 한 분석. 제55회 특수교육 학술 논문 발표회(pp. 61-720). 서울: 한국특수교육학회.

박승희(1999a). 행동습득 및 숙달을 위한 방법론: 행동적 지원의 맥락에서. 이화여자대학교 특수교육과 편. 제2회 이화특수교육연수회 자료집. 특수아 행동지도의 이론과 실제(pp. 89-110). 서울: 이화여자대학교 특수교육과.

박승희(1999b). 문제행동 접근을 위한 "온화한 교수". 이화여자대학교 특수교육과 편. 제2회 이화특수교육연수회 자료집. 특수아 행동지도의 이론과 실제(pp. 27-40). 서울: 이화여자대학교 특수교육과.

이성진(2003). 행동수정의 현장기법. 서울: 교육과학사.

이소현, 박은혜(2006). 특수아동교육(2판). 서울: 학지사.

장혜성, 나수현(2007). 특수교육보조원의 연수교육 프로그램 내용에 대한 요구 조사연구. 정서 · 행동장애연구, 23(1), 243-264.

Dunalp, G., Kern-Dunlap, L., Clarke, S., & Robbins, F. R. (1991). Functional assessment, curricular revision, and severe behavior problems. *Journal of Applied Behavior Analysis, 24*, 387-397.

Durand, V. M. (1988). Motivational assessment scale. In M. Hersen & A. S. Belleck (Eds.), *Dictionary of behavioral assessment techniques*(pp. 309-310). New York: Pergamon Press.

Evans, I. M., & Meyer, L. H. (1985). *An educative approach to behavior problems: A practical decision model for interventions with severely handicapped learners*. Baltimore: Paul H. Brookes.

Henderson, H. L., & French, R. W. (1993). *Creative approaches to managing student behavior* (2nd ed.). Park City, VT: Family Development Resources.

Janny, R., & Snell, M. E. (2000). *Behavioral support*. Baltimore: Paul H. Brookes.

Umbreit, J. (1995). Functional analysis of disruptive behavior in an inclusive classroom. *Journal of Early Intervention, 20,* 18-29.

Zirpoli, T. J. (2005). *Behavior management: Applications for teachers* (4th ed.). Upper Saddle River, NJ: Merrill Prentice-Hall.

제8장 '장애학생의 문제행동 감소를 위한 지원'을 공부한 후 **다음**을 알 수 있다.

- 장애학생들은 문제행동으로 인하여 자신이나 타인의 학업에 방해가 되거나 교사 및 또래와의 사회적 관계에서 어려움을 겪을 수 있다. 장애학생들이 보이는 문제행동은 기능을 가진다고 이해되며, 일반적으로 관심 끌기, 회피, 원하는 물건 얻기, 자기조절/자기자극, 놀이/오락의 기능이 있는 것으로 알려진다. 이러한 문제행동은 각 학생들이 처한 특정 조건이나 상황, 환경에 반응하여 발생한다.

- 장애학생의 문제행동을 다루기 위한 행동관리 전략은 바람직한 행동을 유지 및 증가시키는 강화 전략과 바람직하지 못한 행동을 감소시키는 감소 전략 2가지로 분류될 수 있다. 바람직한 행동을 증가시키기 위한 강화 전략으로는 강화제의 사용, 행동형성법, 행동연쇄법, 토큰경제, 행동계약법 등이 있고, 바람직하지 못한 행동의 감소 전략으로는 소거, 타임아웃, 반응대가, 약물치료 등이 있다.

- 장애학생 문제행동 처치에 있어서 특수교육보조원은 교사의 지도 하에 교사가 사용하고 있는 행동강화전략 및 감소전략을 일관성 있게 사용해야 한다. 특히 장애학생에게 어떠한 경우에라도 신체적 혹은 정서적으로 혐오감을 줄 수 있는 체벌은 피해야 한다. 문제행동을 다루는 데 사용되는 중재 방법들은 '사회적으로 수용 가능한' 긍정적 방법이어야 한다.

부록 8-1 **강화제 선정을 위한 질문지**

학생명		작성일자	
관찰자		응답자	

1. 대상 학생이 좋아하는 음식
 1) 좋아하는 음식: ______________________________

 ____
 2) 싫어하는 음식: ______________________________

 ____

2. 대상 학생이 좋아하는 활동
 1) 학급 내에서의 활동: ______________________________

 ____
 2) 야외에서의 활동: ______________________________

 ____

3. 대상 학생이 좋아하는 장난감이나 물건
 1) 좋아하는 물건: ______________________________

 ____
 2) 싫어하는 물건: ______________________________

 ____

4. 대상 학생이 좋아하는 사회적 강화
 1) 언어적 칭찬: ______________________________

 ____
 2) 신체적 접촉: ______________________________

 ____

5. 대상 학생이 특별히 좋아하는 사람(강화 제공자)

 ____

부록 8-2 **행동계약서의 예**

계 약 서

다음은 __________ (학생의 이름)와 선생님의 약속입니다.

이 계약은 ______ 년 ____ 월 ___ 일부터 시작하여 ______ 년 ____ 월 ___ 일에 끝납니다.

계약의 내용:

_____ (학생의 이름)은 ____

____

선생님은 ____

____

만약 ______ 가 위의 약속을 잘 지키면, 선생님은 위에 약속된 보상을 줄 것입니다.

그러나 ______ 가 약속을 지키지 않으면, 약속된 보상을 받지 못합니다.

2007년 3월 12일

학생 서명: ____________

교사 서명: ____________

부록 8-3 학생의 문제행동에 대한 ABC 관찰 기록지

아동명		관찰자	
관찰일시		관찰장소	
활 동		목표행동	
시간	A 선행사건	B 행동	C 후속사건

부록 8-4 장애학생 문제행동에 대한 관찰 기록지

아동명		작성날짜		작성자	
행동	언제 일어났는가?	어디에서 일어났는가?	누구와 함께 있었는가?	얼마나 오래 지속되는가?	그 행동이 일어난 후에 무슨 일이 일어났는가?

제9장 장애학생의 일상생활 지원

Ⅰ. 장애학생의 기본 생활기술 습득을 위한 지원
Ⅱ. 장애학생의 학교일과 참여를 위한 지원
Ⅲ. 일상생활 지원에서 장애유형별 고려
Ⅳ. 학급에서 발생하는 문제 상황 대처방안

제 9 장 장애학생의 일상생활 지원

학습목표

- 기본 생활기술의 개념과 일반적인 지도 방법을 안다.
- 특정 기본 생활기술 수행에서 특수교육보조원의 지원 방법을 안다.
- 학생의 학교일과를 알고, 각 일과에 따른 특수교육보조원의 지원 방법을 안다.
- 장애유형별로 일상생활을 지원할 때의 고려할 점을 안다.

I. 장애학생의 기본 생활기술 습득을 위한 지원

1. 장애학생의 기본 생활기술

이 장에서 설명하고자 하는 기본 생활기술은 장애학생이 일상생활을 최대한 독립적으로 유지하기 위해서 필요한 가장 기본적인 기술인 식사하기, 몸치장하기, 옷 입고 벗기, 화장실 사용하기 등을 포함한다.

2. 기본 생활기술의 일반적인 지도 지침

식사하기, 몸치장하기, 옷 입고 벗기, 화장실 사용하기 등과 같은 기본 생활기술은 다른 발달 영역과 밀접한 관계를 가지고 있다. 예를 들어, 신발 신기를 교수하는 경우, 허리를 굽히고 손과 발을 움직여야 하므로 대 · 소근육 운동 기술을 교수해야하고, 신발의 오른쪽, 왼쪽을 구분해야하므로 인지영역에 대한 교수가 이루어져야 한다. 따라서 기본 생활기술의 교수는 다른 발달 영역의 수준을 고려하고 다른 발달 영역의 교육과도 병행될 수 있도록 계획되고 실행되어야 한다. 또한 기본 생활기술은 가능한 실생활에서 자연스럽게 교수되어야 한다. 기본 생활기술을 지도하기 위해서는 다양한 방법들이 사용될 수 있다. 장혜성과 동료들(2006)이 제시한 신변처리 기술 지도 방법을 참고하여 기본 생활기술의 일반적인 지도 방법을 설명한다.

특수교육지원 *Tips* 25

기본 생활기술

기본 생활기술은 장애학생이 일상생활을 최대한 독립적으로 유지하기 위하여 필요한 식사하기, 몸치장하기, 옷 입고 벗기, 화장실 사용하기 기술 등을 말한다.

1) 기본 생활기술의 일반적 교수방법

기본 생활기술의 습득은 개인에 따라 차이를 보이기도 하는데 어떤 단계는 생략되기도 하고 어떤 단계는 빨리 또는 늦게 발달하기도 한다. 장애학생의 경우에 더욱 개인차가 있으므로 이를 고려하여야 한다. 기본 생활기술을 교수하는데 일반적 교수방법 몇 가지: 과제 분석 후 반복 지도; 난이도에 따른 지도; 개별적 특성 및 문화적 특성 고려하기를 소개한다(〈표 9-1〉 참조).

표 9-1 기본 생활기술의 일반적 교수방법의 예

기본 생활기술의 현재 성취 수준 평가

개인에 따라 필요한 시간, 촉진 정도가 다르기 때문에 장애학생의 현재 기본 생활기술 수준에 대한 정확한 평가 후 지도가 이루어져야 한다. 주로 관찰 방법을 사용하지만 각 상황과 과제의 특성에 맞게 다양한 형식과 방법으로 평가할 수 있다.

〈특수교육보조원 지원의 예〉
- 교사가 정한 목표행동에 대해 정확하고 자세하게 기록하기
- 관찰 기록지가 사용된다면, 기록방법을 정확하게 알고 기록하기
- 시간, 횟수, 행동 등을 기록하기

과제분석 후 반복 지도

교사는 기본 생활기술을 세분화하여 작은 단계로 과제분석을 한 후 장애학생을 지도한다.

- 과제분석의 예: 숟가락으로 먹기
  ① 숟가락을 든다.
  ② 그릇에 숟가락을 가져간다.
  ③ 숟가락으로 음식을 뜬다.
  ④ 숟가락을 입으로 가져간다.
  ⑤ 입을 벌린다.
  ⑥ 음식을 입에 넣는다.
  ⑦ 숟가락을 그릇에 다시 가져온다.
  ⑧ 씹고 삼킨다.

기본 생활기술을 교수하는 방법에는 전진연쇄법, 후진연쇄법, 전체 과제교수법이 있다.

표 9-1 기본 생활기술의 일반적 교수방법의 예 (계속)

- 전진연쇄법:
  일련의 행동 순서 중 첫 단계를 가르치고 이것이 습득되면 다음 단계를 교수한다. 전체적인 기술이 완전히 습득될 때까지 이 과정을 반복한다.
  예: 바지 입기(바지 펴기→바지에 다리 넣기→바지 올리기의 순서대로 학습하기)
- 후진연쇄법:
  마지막 단계를 먼저 가르치고 전체적인 기술이 전부 습득될 때까지 한 단계씩 후진해서 내려오는 방법이다.
  예: 신발 신기(운동화 찍찍이 붙이기 뒤꿈치 펴기 신발에 발 넣기의 순서로)
- 전체 과제교수법:
  과제의 모든 단계를 동시에 가르치는 방법이다. 한 단계만을 집중적으로 가르치는 것이 아니라 연속된 과제의 모든 단계를 가르친다.

〈특수교육보조원 지원의 예〉
- 교사의 과제분석 단계에 따라 지원하기
- 교사와 같은 방법으로 지도하기
- 학생에게 시범을 보이면서 쉬운 말로 설명하면서 지도하기
- 학생이 과제분석의 다음 단계를 할 수 있도록 미리 말해 주거나 단서 주기
  (예: "숟가락을 내려놓고 젓가락을 들어야지." 팔꿈치를 살짝 들어 주어 숟가락을 잡도록 하기 등)
- 학생의 기술 습득 정도를 관찰, 기록하여 다음 단계를 교수할 시기를 교사와 상의하여 정하기
- 촉진을 점차적으로 줄여가기(신체적 촉진→언어적 촉진)

난이도에 따른 지도

기본 생활기술은 쉬운 활동을 먼저 가르치고 점차 어려운 활동을 가르치는 것이 효과적이다. 예를 들어, 옷 입기보다 옷 벗기를, 꼭 맞는 옷보다 느슨한 옷을, 작은 단추 끼우기보다 큰 단추 끼우기를 먼저 가르치는 것이 좋다.

〈특수교육보조원 지원의 예〉
- 관찰을 통해 학생에게 어려운 과제와 쉬운 과제를 알아보기
- 학생에게 동기유발이 잘 되는 과제 찾기

* 학생에 따라 조금 쉬운 단계 또는 어려운 단계가 동기유발이 잘된다.

개별적 특성 및 문화적 특성을 고려하기

기본 생활기술은 장애학생의 개별적인 상황에 맞게 지도한다. 장애학생의 신체적인 장애나 선호도에 따라 적합한 방법으로 지도한다. 예를 들어, 왼손잡이라면 굳이 오른손으로

표 9-1	기본 생활기술의 일반적 교수방법의 예 (계속)

식사도구 사용을 하도록 강요하지 않는다. 또한 각 학생 가정의 문화적인 특성을 존중하고 고려해야 한다.

〈특수교육보조원 지원의 예〉
- 학생의 개별적인 특성 관찰하기
- 교사와 상의하여 학생의 개별적인 특성에 맞게 교수방법 수정하기

출처: 장혜성, 김수진, 김지영(2006). 기능적 기술 습득을 위한 개별화 교육 프로그램의 실제, pp. 145-152. 발췌 재구성.

2) 실제 상황에서 지도

기본 생활기술들은 많은 경우 그 기술이 실제로 필요할 때 가르쳐야 가장 효과적이다. 예를 들어, 장애학생이 실제로 배가 고플 때 '식사하기'를 교수할 수 있으며, 식사 전에 손 씻기를 교수하고, 외출을 위해 옷 입기를 교수하는 것이 효과적이다. 인위적인 학습 상황이나 교구를 이용하여 학습하는 경우에는 실제 상황에서 학습할 기술을 다시 교수해야 할 경우가 많다. 따라서 실제 맥락에서 자연적 상황에서 학생이 기본 생활기술을 학습하고 연습할 수 있는 기회를 제공하는 것이 매우 중요하다. 실제 상황에서 식사하기 지도 계획의 예를 알아보고 특수교육보조원이 실제 상황에서 기본 생활기술을 지도하고 지원할 수 있는 방법을 알아본다(〈표 9-2〉 참조).

3) 가정 연계를 통한 지도

기본 생활기술은 특히 가정에서 가장 많이 요구되고 교수된다. 그리고 기본 생활기술은 앞서 설명한 것과 같이 자연적 상황에서 지도하는 것이 바람직하므로 가정과 연계하여 지도하는 것이 반드시 필요하다(장혜성 외, 2006). 장애학생이 기본 생활기술을 효과적으로 습득하기 위해서 교사와 가정이 연계하여 일관적인 교수를 제공하는 것이 매우 중요하다.

표 9-2 실제 상황에서 식사하기 지도의 예

1. 식사 준비에 학생을 참여시킨다.
   식사를 준비할 때 학생에게 역할을 준다. 식탁 준비(예: 국 그릇, 컵, 수저 놓기)와 음식 배식 활동에 학생이 참여할 수 있도록 기회를 준다.
2. 학생에게 선택할 기회를 준다.
   학생이 직접 음식의 종류, 음료수 종류, 컵 색깔, 참여할 식사 준비 활동 등을 선택할 수 있다.
3. 학생이 스스로 음식을 차리도록 한다.
   학생이 음식을 차릴 수 있도록 적절한 도구를 제공한다. 학생이 들 수 있는 무게와 크기의 도구를 제공한다. 예를 들어, 큰 주전자 대신 학생이 들 수 있는 작은 주전자와 손잡이가 있는 컵을 이용하게 한다.
4. 학생들 간의 사회적 상호작용을 촉진시킨다.
   식사 시간에 다른 또래들과 상호작용할 수 있도록 지원한다. 식사 시간에 오늘의 메뉴, 음식 맛 등을 이야기할 수 있도록 촉진한다.
5. 필요하다면, 학생의 신체 사용 능력에 적합한 수정된 도구를 사용하여 독립적인 식사를 할 수 있도록 돕는다.
   예: 손잡이 두 개 달린 컵, 수정된 숟가락, 빨대 컵 등
6. 식사하기 외의 다른 개념들을 학습시킨다.
   학생은 음식을 먹는 것뿐만 아니라 음식의 이름, 그릇의 색깔 알기 등 인지적인 기술들을 학습할 수 있다.
7. 식사시간은 언어학습을 위한 기회로 활용할 수 있다.
   학생이 음식에 대한 요구를 표현할 수 있도록 한다. 음식 맛이나 식사에 대한 자연스러운 대화를 할 수 있도록 촉진한다.
8. 식사 후 정리하는 활동에 학생을 참여시킨다.
   식탁 닦기, 그릇 씻기 등 식사 후에 정리하는 활동에 학생이 참여할 수 있도록 한다.
9. 식사 후 적절한 씻기 활동을 격려한다.
   식사 후 손 씻기, 이 닦기를 할 수 있도록 한다.

〈특수교육보조원 지원의 예〉
- 학생이 기본 생활기술을 연습할 수 있는 모든 상황과 기회를 놓치지 않고 이용하기(예: 쉬는 시간에 바깥 놀이를 위해 옷 입고 벗기, 블록놀이를 위해 실내화 벗고 신기, 간식 시간 전에 손 씻기, 화장실 다녀 온 후 손 씻기 등)
- 실제 학생이 사용하는 장소(교실, 현관, 교실 옆 화장실 등)에서 지도하기
- 가능한 자연스러운 연습 기회를 만들어 주기
  (예: 쉬는 시간에 미장원 놀이를 하여 머리 빗기 연습하기, 소꿉놀이를 하면서 옷 입고 벗기 연습하기, 체육 시간에 체육복 갈아입고 운동하기 등)

출처: 장혜성, 김수진, 김지영(2006). 기능적 기술 습득을 위한 개별화 교육 프로그램의 실제, pp. 155-156. 발췌 재구성.

특수교육지원 *Tips 26*

촉진은 점차 줄이고 독립적 수행

특수교육보조원이 기본 생활기술을 지원할 때는 가능한 장애학생이 독립적으로 할 수 있도록 촉진을 최소화하고 기술 습득 정도에 따라 촉진을 점차적으로 줄여가야 한다. 기본 생활기술을 사용하는 가장 자연스러운 상황과 일과 중에서 독립적 수행이 가능하도록 지속적으로 지도한다.

3. 특정 기본 생활기술의 지도 방법

특수교육보조원이 학교생활에서 가장 빈번하게 지원하게 되는 기본 생활기술의 영역들은 크게 식사하기, 몸치장하기, 옷 입고 벗기, 화장실 사용하기로 나누어 볼 수 있다. 기본 생활기술의 각 영역에 따라 특수교육보조원이 장애학생을 지원할 수 있는 구체적인 방법을 알아보도록 한다.

1) 식사하기 기술

장애학생의 식사지원은 신체적으로 식사를 보조해야하는 경우부터 식사도구 바르게 사용하기, 차례 지키기, 깨끗하게 먹기 등 다양하다. 학교에서 식사지도는 주로 급식을 통해 이루어진다. 편식 지도는 교사와 충분히 상의한 후 하도록 한다. 최대한 학생이 독립적으로 식사할 수 있는 방법을 고안한다. 학교 상황 혹은 개별적인 상황에 따라 지원방법이나 주의할 점이 달라지겠으나 일반적으로 다음과 같은 부분을 고려하도록 한다(〈표 9-3〉 참조).

표 9-3 식사하기 기술 습득을 위한 지원의 예

- 장애학생의 식습관 및 식사량을 미리 파악하기
- 배식 차례를 지키도록 하기
- 식판을 드는 방법을 시범을 보이기
- 식판을 잡아야 하는 위치를 표시해 주거나 손가락으로 가리켜 알려 주기
- 식판을 운반할 때, 식판과 앞을 번갈아가며 볼 수 있도록 언어적으로 촉진하기
- 바른 자세로 식사할 수 있도록 하기
  (예: 식판을 책상 중앙에 놓기, 의자를 적당한 위치에 놓고 식사하기 등)
- 식사도구를 적절하게 사용할 수 있도록 지도하기
  (예: 수저, 포크, 젓가락 번갈아 가며 사용할 수 있도록 하기, 밥, 국은 숟가락으로 반찬은 젓가락으로 집기)
- 식사도구를 사용하는 방법을 시범 보이거나 신체적, 언어적 촉진 제공하기
- 필요하다면, 학생에게 적합한 수정된 식사도구 사용하기
  (예: 손잡이가 있는 숟가락, 빨대 컵, 칸막이가 있는 접시 등)
- 편식하지 않고 밥과 반찬을 적절한 비율로 먹게 하기
- 밥과 반찬을 적당하게 떠서 먹을 수 있도록 지도하기
- 정해진 시간에 식사를 할 수 있도록 하기
  (예: 너무 천천히 먹는 경우, 남은 시간을 알려주거나 식사 후 할 일에 대해 이야기해 주기, 너무 빨리 먹는 경우에는 천천히 씹을 수 있도록 옆에서 이야기해 주기)
- 식사 중에 또래들과 자연스럽게 상호작용할 수 있도록 촉진하기
  (예: 음식 맛에 대해 묻거나 식사 후에 할 활동에 대해 이야기하기)
- 식사 후 수저, 젓가락, 물통 등 식사도구를 챙길 수 있도록 지도하기
- 식사 후 식판에 남은 음식을 버리고 식판을 제자리에 가져다 둘 수 있도록 지도하기
- 식사 후 손 씻기나 이 닦기 등 다른 기본 생활기술을 교수할 수 있는 자연스러운 기회 만들기

2) 몸치장하기 기술

몸치장은 머리 빗기, 씻기, 코 닦기 등과 같은 기술이다. 외모는 일반적으로 또래들이 서로에 대해 호감과 긍정적인 태도를 가지는 데 많은 영향을 미친다(심미옥, 1996). 일반학생들의 장애학생의 깨끗한 몸차림 등을 포함한 신체적 특징에 대한 인식이 높을수록 장애학생에 대한 수용도가 높다는 연구 결과도 있다(안승자, 2002). 또래들이 장애학생을 긍정적으로 인식하고 수용할 수 있도록

하기 위해서 장애학생이 스스로 깔끔한 몸차림을 할 수 있도록 지도해야 한다. 뿐만 아니라 장애학생이 단정한 몸차림하기는 기본 생활기술의 습득 이외에도 대 · 소근육 운동 영역, 사회성 영역 등 다른 영역의 발달에도 기여한다. 특수교육보조원은 가능한 학교생활의 모든 기회를 활용하여 학생이 독립적으로 몸치장을 할 수 있도록 지원한다. 다음 〈표 9-4〉에서 특수교육보조원이 장애학생의 몸치장 기술 습득을 위해 지원하는 방법을 제시한다.

표 9-4 몸치장하기 기술 습득을 위한 지원의 예

- 몸치장 기술을 직접 시범 보이거나 단계별로 자세하게 설명하기
- 학생이 직접 기술을 수행하는 순서를 말로 하면서 할 수 있도록 하기
- 과제분석에 따라 사진이나 그림을 마련하여 학생이 스스로 보면서 몸치장 기술을 익힐 수 있도록 하기
- 학생이 미숙하거나 어려운 부분은 처음엔 특수교육보조원이 해 주고 나머지는 학생이 할 수 있도록 기회 주기
  (예: 머리 빗기는 학생이 하고 묶는 것은 특수교육보조원이 해 주기 등)
- 스스로 거울을 통해 자기 모습을 보고 몸차림을 바르게 할 수 있도록 하기
- 학생의 몸차림을 점검할 수 있는 간단한 체크리스트를 함께 작성하기
- 주기적으로 학생의 몸차림 점검해 주기
  (예: 2주일에 한 번씩 손톱 길이 체크하고 깎을 수 있도록 지원하기, 실내화 일주일에 한 번씩 체크하고 빨아 신도록 이야기하기 등)

* 촉진의 정도는 학생의 기술 습득 정도에 따라 줄여 가야 한다.

〈손 씻기, 세수하기〉

- 손 씻기가 필요한 자연스러운 상황을 모두 이용하기
  (예: 간식 시간 전, 식사 시간 전, 화장실 다녀온 후)
- 씻는 방법과 순서를 옆에서 이야기해 주기
- 손을 수건에 닦기, 뒷정리하기 등도 할 수 있도록 지도하기
- 손이나 얼굴을 거울을 보면서 씻을 수 있도록 지도하기

〈머리 빗기〉

- 학생이 사용하기 적당한 크기의 빗을 사용하기
- 학생이 거울을 보면서 할 수 있도록 하기
- 머릿결에 따라 빗질을 할 수 있도록 학생의 손을 잡아서 빗질하기

표 9-4 몸치장하기 기술 습득을 위한 지원의 예 (계속)

〈코 닦기〉
- 휴지를 적당하게 잘라서 사용할 수 있도록 하기
- 각 단계를 설명하면서 시범 보이거나 말로 설명하기
- 사용한 휴지는 휴지통에 버릴 수 있게 하기

3) 옷 입고 벗기 기술

다른 기본 생활기술과 마찬가지로 옷을 입고 벗는 일은 일상생활에서 매우 빈번하게 일어나며, 매우 개인적인 일이기도 하다. 장애학생이 스스로 옷을 입고 벗을 수 있는 기술을 지도할 때에는 속옷 입기와 같은 것은 프라이버시가 지켜져야 함을 명심해야 한다. 의류는 모자, 양말, 점퍼, 티셔츠, 바지, 치마 등 매우 다양하며, 단추 채우기, 지퍼 올리기, 끈 묶기, 벨트 매기 등 다양한 기술수행을 요구한다. 그러므로 학생의 능력과 요구에 따라 면밀하게 과제분석하고 이에 따라 반복하여 기술을 지도하도록 한다. 학생의 신체적인 장애나 선호하는 것을 고려하여 학생이 더 쉽게 여기는 방법이 있다면 이를 고려한다. 옷 입고 벗기 기술을

표 9-5 옷 입고 벗기 기술 습득을 위한 지원의 예

- 쉬운 것부터 시작하여 점차 어려운 것을 연습할 수 있도록 하기
  (예: 어른 양말 ⇒ 아동용 양말, 헐렁하고 잘 늘어나는 옷 ⇒ 지퍼가 있는 옷)
- 일부분만 학생이 하고 나머지는 특수교육보조원이 대신해 주기
  (예: 한쪽 소매에 학생이 스스로 팔을 넣으면, 나머지 팔을 넣는 것은 도와주기, 지퍼를 채워 주면 올리는 것은 학생이 하기)
- 학생이 쉽게 기술을 수행할 수 있도록 적절한 도움주기
  (예: 옷이 잘 벗겨질 수 있도록 어깨 부분 내려주기, 소매를 잡아 주어 팔을 넣기 쉽게 해주기)
- 지퍼 올리기, 단추 채우기 등과 같은 미세한 기술은 교재나 인형 등을 이용하여 반복 연습하기
- 지퍼 올리기, 단추 채우기 등을 지도할 때는 학생이 기술을 수행하는 방향을 고려하여 지도하기

교수할 때에는 크고 헐렁한 옷 벗기와 같이 쉬운 단계에서 시작하여 지퍼가 있는 옷 입기 등과 같이 어려운 단계로 확장해 나간다. 장애학생이 옷 입고 벗기 기술을 습득하기 위해 특수교육보조원이 지원하는 방법들을 〈표 9-5〉에 제시한다.

4) 화장실 사용하기 기술

화장실 사용하기 기술을 지도하고 지원하는 것은 누구에게나 쉽지 않다. 화장실 사용하기 기술은 인간의 기본적인 욕구와 관련되며 가능한 독립적으로 수행해야 하는 매우 중요한 기술이므로 특수교육보조원은 책임감을 가지고 지도해야 한다. 화장실 사용하기 기술은 아주 기본적인 욕구를 해소하는 것인 동시에, 개인적인 영역이므로 학생의 프라이버시를 지켜주는 것 또한 매우 중요하다. 학생의 성별과 나이에 따라 특수교육보조원의 성별을 고려해야 한다. 장애학생에게 화장실 사용하기를 지도할 때 화장실을 그 시간에 화장실을 이용하는 다른 학생들의 프라이버시를 지켜 주는 것도 유념할 사항이다. 장애학생의 화장실 사용하기 기술 습득을 특수교육보조원이 지원할 수 있는 방법은 〈표 9-6〉과 같다.

표 9-6 화장실 사용하기 기술 습득을 위한 지원의 예

- 화장실을 이용하기 직전 해야 할 일을 순서대로 미리 설명해 주기
- 개인적인 영역이므로 반드시 다른 사람들이 보지 않도록 문을 닫고 일을 보게 하고 옷을 다 입은 후에 밖으로 나올 수 있도록 지도하기
  * 남학생의 경우, 바지를 다 벗거나 너무 많이 내리지 않도록 주의하기
- 옷에 배변물이 묻지 않도록 주의하기
  (예: 윗옷 적당히 올리기, 바지를 지나치게 많이 내리기 않기)
- 환경적인 단서 이용하기
  (예: 발을 놓는 위치를 정해 주기 ⇒ 두 번째 타일에 발을 놓기)
- 위생과 청결 강조하기
  (예: 깨끗이 닦기, 일을 본 후 반드시 손 씻기, 물 내리기 등)
- 빈번하게 이용하는 화장실에서 연습하기
- 다양한 유형의 화장실에서 연습하기
- 옷을 바르게 입거나 손 씻기와 같이 다른 기본 생활기술도 같이 연습하기

특수교육지원 *Tips 27*

장애학생의 프라이버시 존중

몸치장하기, 화장실 이용하기, 월경처리와 같은 기술을 지도할 때는 개인 학생의 연령, 성별, 개성, 선호 사항, 프라이버시를 반드시 고려한다. 특별히 사춘기 청소년기 장애학생 지도 시에 자존감과 프라이버시 존중은 필수이다.

II. 장애학생의 학교일과 참여를 위한 지원

장애학생이 학교구성원으로서 자신의 역할을 알고 책임을 다하며 생활하기 위해서 학교생활 전반에 걸쳐 다양한 지원이 필요하다. 학교생활은 수업이외에도 다양한 활동을 포함하므로 이에 대한 지원 또한 다양하게 요구된다. 각 장애학생의 요구와 학교 상황에 따라 지원에 대한 요구가 달라진다. 일반적으로 학교생활은 여러 가지 일과에 따라 진행된다. 따라서 일반적인 학교일과의 공통요소와 그 지원방법을 알아본다(Doyle, 2002). 서울 · 경인특수학급 교사연구회(2004)에서 제시한 보조원의 기본생활 지원의 예를 참고하여 학교생활을 구성하는 다양한 학교일과들: (1) 수업 준비하기와 정리하기; (2) 과제하기; (3) 알림장 쓰기; (4) 청소하기; (5) 이동하기; (6) 쉬는 시간 활용하기; (7) 일반적인 지시 따르기에 대해 설명하고 구체적인 지원방법들을 알아본다.

1. 일과의 공통요소

대부분 사람들은 매일 일과에 따라 생활하게 된다. 1가지 일을 하기 위해서는 결정을 하고 다른 사람과 상호작용하고 자료를 이용하며, 일을 마치고 자료를 정리한다(Doyle, 2002). Brown과 동료들(1987)은 일과에 일관된 단계가 있다는 것을 발견하였다. 일과는 시작 단계, 준비 단계, 주요핵심 단계, 마무리 단계로 구성된다. 날짜 공부 활동의 예는 〈표 9-7〉과 같다.

표 9-7 일과 단계의 예

〈일과-날짜 공부 활동〉

시작 단계-오전 수업을 알리는 벨이 울리기
준비 단계-날짜 공부를 위해 필요한 자료(달력, 펜, 종이 등) 준비하기
주요핵심 단계-달력에 오늘 날짜 표시하기, 날짜 말하기, 오늘의 할 일 이야기하기
마무리 단계-자료를 사물함에 정리하고 다른 활동 준비하기

출처: Doyle, M. B. (2002). *The paraprofessional's guide to the inclusive classroom: Working as a team*(2nd ed.), p. 51.

또한 Brown과 동료들(1987)은 일과에 혼합된 다른 5가지 요소를 밝혔는데, 의사소통하기, 상호작용하기, 선택하기, 문제해결하기, 시간 지키기다. 이런 요소들은 일과 속에서 다양하게 나타나고 자연스럽게 교수될 수 있다. 이러한 요소들은 기술적으로 꼭 필요하지 않을 수 있으나 학생들의 경험의 질을 높일 수 있다. 일과에 혼합되어 있는 요소들의 예를 들어 보면, 아침에 날짜 공부를 할 때 학생이 날짜에 대해 다른 학생과 이야기하기, 놀이시간에 할 놀이를 선택하기 등이 있다. 일과의 일정한 단계를 알고 일과 속에서 학생들에게 의사소통하기, 상호작용하기, 선택하기, 문제해결하기, 시간 지키기와 같은 요소들을 지속적으로 교수하고 지원한다면, 학생들이 자신의 역할을 알고 그 역할을 충실히 수행하여 학교생활에 원만하게 적응할 수 있다. 장애학생의 일과 관련 기술 습득을 위해서 특수교육보조원이 할 수 있는 지원의 예는 〈표 9-8〉과 같다.

표 9-8 일과 관련 기술 습득을 위한 지원의 예

- 일과의 단계 중 가장 중요한 주요핵심 단계의 교수 내용을 잊지 않기
- 4단계 모두에서 학생이 성과를 가질 수 있도록 하기
- 학생에게 일과를 시작할 수 있는 적절한 신호나 단서 주기
  (예: 종소리가 났음을 알리기, 책 펴기, 주변을 둘러보게 하기 등)
- 일과에 필요한 자료를 미리 준비할 수 있게 하기

출처: Doyle, M. B. (2002). *The paraprofessional's guide to the inclusive classroom: Working as a team*(2nd ed.), p. 51.

2. 수업 준비하기와 정리하기

교과수업의 내용은 다양하지만, 수업 역시 다른 일과와 마찬가지로 시작에서 마무리까지의 단계가 있다. 학생이 수업의 핵심주요 단계의 활동에 활발하게 참여하는 것도 중요하지만, 수업을 위해 준비하고 수업을 마친 후, 정리하는 것도 매우 중요한 기술이다. 왜냐하면 학생들이 수업을 준비하고 정리하기는 다른 활동에서의 전이나 다른 활동으로의 전이와도 관계가 있기 때문이다. 그러나 많은 장애학생들이 수업을 준비하고 정리하는 기술을 습득하지 못 한 채 학교생활을 하고 있다. 특수교육보조원은 학생이 수업을 준비하고 수업에 참여하며, 수업을 정리하는 일련의 모든 과정을 지원할 수 있다. 장애학생이 수업을 준비하고 정리하기를 지원하는 방법은 다음과 같다(〈표 9-9〉 참조).

표 9-9 수업 준비하기와 정리하기를 위한 지원방법의 예

- 학생과 하루 일과에 대해 이야기하기
- 수업이 시작하거나 끝나기 전에 시간을 미리 알려 주기
- 바른 자세로 앉아 수업 준비할 수 있도록 촉진하기
- 수업에 필요한 준비물 챙겨 책상 위에 놓게 하기
- 수업 시작 전 수업시간에 할 일 미리 이야기해 주기
- 수업 시간에 사용한 자료 정리하게 하기
- 학생이 수업을 마친 후 자신의 책상서랍과 사물함을 정리할 수 있도록 하기 (예: 책상서랍 안에 있는 쓰레기 버리기, 책 바르게 정리하여 넣기)
- 책상서랍에 큰 종이봉투를 준비하여 선생님이 나누어 주신 프린트물 넣기
- 지퍼백 등을 이용하여 연필, 크레용, 마커펜 등을 정리하게 하기

3. 과제하기

수업 중에 교사는 다양한 유형의 과제를 제시하고 학생들은 교사의 지시에 따라 과제를 수행하게 된다. 과제는 수업시간 중에 해결해야 하는 경우가 있고, 가

정에서 하는 경우도 있으며, 개별적인 과제가 있는 반면, 모둠 또는 학급 전체 학생들이 함께 하는 공동의 과제도 있다. 또한 미술작품 만들기, 연극놀이 연습하기, 수학문제 풀기, 독후감 쓰기 등 매우 다양한 유형의 과제가 있다. 이에 특수교육보조원이 장애학생의 과제수행을 지원하기 위해서 공통적으로 고려할 점을 알아보도록 한다(〈표 9-10〉 참조).

표 9-10 과제하기를 위한 지원방법의 예

- 과제의 길이 수정하기
- 과제를 작은 단위로 나누고 과제를 여러 날에 걸쳐 완성하기
- 학생이 다른 또래와 함께 할 수 있도록 짝 지어주기
- 모둠의 도움을 받을 수 있게 해 주기
- 학생이 스스로 자신의 과제를 관리할 수 있도록 체크리스트 제공하기
- 학생에게 글로 쓰는 대신 그림을 그리게 하거나 레코드 등을 이용하여 답을 말할 수 있도록 하기
- 학생 수준에 맞도록 과제를 수정해 주기
  (예: 문장 중 알맞은 곳에 명사 넣기를 한다면, 장애학생은 교과서를 읽거나, 이야기 중에서 명사 찾아 동그라미하기)
- 학생과 상의하여 과제의 우선순위 정하기
- 숙제를 자주 잊는 학생에게는 집으로 전화해 주기
- 과제를 교사에게 제출할 수 있도록 지원하기

4. 알림장 쓰기

알림장은 교사가 학생이 해야 할 일, 과제, 준비물, 학교 및 학급 행사 등을 학생과 가정에 알리기 위해 학생이 기록하는 노트다. 알림장은 학교와 가정을 연계하는 중요한 매개이며, 학교일과와 계획을 알려 주는 중요한 역할을 한다. 따라서 장애학생이 가능하다면 스스로 알림장을 쓸 수 있도록 지원하며, 알림장을 직접 쓰기 어려운 경우라 해도 알림장을 스스로 챙길 수 있도록 해야 한다. 〈표 9-11〉에 알림장 쓰기를 위해 특수교육보조원이 지원할 수 있는 방법이 제시된다.

표 9-11 알림장 쓰기를 위한 지원방법의 예

- 학생의 수준에 따라 알림장의 양 조절하기
  (예: 1, 2번은 학생이 쓰고 나머지는 보조원이 쓰기 등)
- 교사와 상의하여 학생의 수준에 맞는 쓰기 방법 선택하기
  (예: 덧쓰기, 짝꿍 것 보고 쓰기, 손 잡고 쓰기 등)
- 보조원이 알림장 내용을 불러 주면 학생이 받아쓰기
- 알림장을 쓴 후 알림장 내용을 다시 상기시키고 중요한 부분에 표시해 주기
- 알림장을 쓰는 것뿐만 아니라 알림장 검사, 가방에 넣기 등도 학생이 스스로 할 수 있게 지원하기
- 쓰기가 어려운 경우라 해도, 알림장을 꺼내거나 알림장을 써달라고 요구할 수 있도록 하기

5. 청소하기

청소는 대부분 학교 수업을 마친 후에 자리를 정리하고 교실과 복도를 쓸고 닦는 것으로 이루어진다. 청소는 모든 학급 학생들이 참여할 수 있지만, 주로 모둠별로 혹은 번호 순서에 따라 당번을 정해 5~6명의 학생들이 하게 된다. 청소는 장애학생이 가장 쉽게 참여할 수 있는 일과임에도 가장 많이 제외되는 활동이기도 하다. 청소시간은 학급 구성원으로서의 역할을 수행할 수 있는 기회이면서 학생들이 서로 협력하고 상호작용할 수 있는 시간이다. 청소를 하기 위해서는 실질적인 청소 기술을 익히는 것뿐만 아니라, 자신의 청소당번 날짜가 언제인지를 알고 다른 학생들과 상의하여 청소 역할을 정하고 협력하며 적절하게 상호작용을 하는 기술 또한 습득하여야 한다. 특수교육보조원이 장애학생의 청소하기를 지원할 수 있는 방법의 예는 〈표 9-12〉와 같다.

6. 이동하기

이동은 한 장소에서 다른 장소로 옮겨가는 것을 의미한다. 장애학생은 특수학급에서 일반학급으로, 일반학급에서 과학실이나 음악실, 컴퓨터실 등으로 이동

표 9-12 청소하기를 위한 지원방법의 예

- 청소 역할을 정할 때 학생들과 상의하여 장애학생에게 적합한 역할 주기
- 청소를 시작하기 전에 학생이 해야 할 일을 순서대로 이야기해 주기
- 청소를 하지 않는 경우 특수교육보조원이 시범 보이며 함께 하기
- 청소 방법을 옆에서 말로 설명하거나 신체적으로 보조하기
- 또래와 짝을 지어 청소하게 하기
- 청소를 바르게 하는 경우 칭찬하기
- 청소를 한 후 느낌을 이야기하여 동기부여하기
- 청소를 하면서 자연스럽게 친구들과 상호작용할 수 있도록 지원하기
  (예: 청소도구를 빌려달라고 친구에게 요청하기, 도움 요청하기)

하며, 다른 활동을 위해서 교실 내에서 이동을 하기도 한다. 특수교육보조원은 이탈 위험이 있는 장애학생, 휠체어 사용 학생, 보행에 어려움이 있는 학생 등 다양한 학생들의 이동을 지원할 수 있다. 다음에 특수교육보조원이 장애학생의 이동을 지원할 수 있는 방법을 알아본다(〈표 9-13〉 참조). 지체장애학생의 이동을

표 9-13 이동하기를 위한 지원방법의 예

〈휠체어 또는 보조도구를 사용하는 경우〉
- 안전벨트를 착용했는지 확인하기
- 휠체어, 워커 등 보조도구의 조작 방법 익히기
- 턱에 걸리지 않도록 조심하기
- 비탈길을 내려올 때는 뒤로 돌려서 서서히 내려가기
- 이동하지 않는 경우, 휠체어의 브레이크 채우기
- 보조원 스스로 자신의 안전에 유의하기

〈신체적인 보조를 하는 경우〉
- 교사나 학부모와 일관적인 방법으로 지원하기
- 학생의 움직임에 맞춰 한 사람이 움직이는 것처럼 보조하기

〈이탈의 위험이 있는 장애학생의 경우〉
- 손잡고 가기
- 스스로 갈 수 있도록 점차 지원 줄여가기
  (예: 반 정도는 손을 잡고 가고 나머지 반은 뒤따라가기, 친구와 함께 가도록 하고 보조원은 뒤에서 따라가기)
- 학교 지도에 학생이 자주 가는 곳을 표시하고 화살표 그려 주기

지원하는 방법은 일상생활 지원에 있어서 장애유형별 고려 부분에 자세히 다루기로 한다.

7. 쉬는 시간 활용하기

많은 장애학생들은 또래들과 상호작용에서 어려움을 가진다. 특수교육보조원은 장애학생이 일반학생들과 잘 어울려서 생활하고 올바른 상호작용을 할 수 있도록 지원해야 한다. 수업시간 이외에 쉬는 시간이나 점심시간에는 학생들이 자유롭게 활동을 하면서 상호작용을 할 수 있으므로 이 시간을 활용하여 장애학생이 일반학생들과 활발하게 상호작용을 하면서 사회성 기술을 익힐 수 있도록 지원한다. 특수교육보조원이 쉬는 시간에 장애학생을 지원할 수 있는 방법의 예를 〈표 9-14〉에 제시한다.

표 9-14 쉬는 시간 활용하기를 위한 지원의 예

- 또래에게 물건이나 차례 양보할 수 있도록 지원하기
- 자기 물건과 다른 사람의 물건 구분하여 사용할 수 있도록 지원하기
- 도움을 받았을 때 고마움 표시하게 하기
- 잘못을 했을 때 사과하게 하기
- 또래에게 인사할 수 있도록 촉진하기
- 장애학생과 일반학생이 함께 할 수 있는 놀이를 제안하기
  (예: 공기놀이, 퍼즐하기, 동화책 읽어 주기 등)
- 장애학생이 놀이에 쉽게 참여할 수 있도록 놀이방법 수정해 주기
- 장애학생이 놀이 순서 지킬 수 있도록 지원하기
- 장애학생과 일반학생 사이에 갈등이 생겼을 때 적절하게 중재하기
- 무조건 장애학생의 편을 들지 않고 갈등의 이유를 듣고 공정하게 중재하기
- 화장실 가기, 이동하기, 준비물 챙기기 등을 장애학생과 또래가 같이 할 수 있도록 지원하기

8. 일반적인 지시 따르기

대부분의 학생들은 일상생활을 하는 동안 수백 개의 지시를 듣고 따른다. 장애학생의 경우, 지시를 이해하지 못하거나 듣기에 어려움이 있거나, 기억의 결함이 있어 지시를 따르는 데 어려움을 갖게 된다. 모든 수업활동이나 학교일과에서 학생에게 요구하는 역할과 활동은 지시에 따라 수행하게 되므로 지시 따르기는 매우 중요한 기술이다. 따라서 학생이 지시에 집중하고 이해할 수 있도록

표 9-15 일반적인 지시 따르기를 위한 지원의 예

- 학생에게 지시를 하기 전에 먼저 눈 맞추기
- 학생이 지시를 이해하는지 알 수 있도록 눈을 보면서 이야기하기
- 교사가 지시를 할 때 집중해서 들을 수 있도록 촉진하기
  (예: 몸을 교사 쪽으로 돌리게 하기, 교사의 얼굴을 볼 수 있도록 하기)
- 교사의 지시 중 집중해서 들어야 할 단서가 되는 단어들 알려 주기
  (예: 첫째, 둘째 등)
- 지시를 간략하게 하기
- 교사의 지시에 관계없는 말을 덧붙이지 않도록 하기
- 교사의 지시를 천천히 다시 이야기해 주기
- 교사가 한 지시를 또래가 장애학생에게 알려 줄 수 있도록 하기
- 학생이 지시를 이해했는지 확인하기
  (예: 지시를 다시 이야기해 보게 하기, 지시의 중요 내용을 물어보기 등)
- 시각적, 청각적 지시를 혼합하여 사용하기

〈지시 따르기 연습방법의 예〉

- 교실에서 다양한 물건으로 연습하기
  ⇒ 연필을 공책 위에 올려놓고 클립을 빨간 종이에 꽂고 클립 아래에 열쇠를 내려놓아라. 빨간 종이 위에는 몇 개의 물건이 있을까?
- 지시에 따라 종이에 받아쓰기
  ⇒ 종이의 오른쪽 윗부분에 이름을 쓰고 이름 위에 날짜를 써라. 종이 가운데에는 '가' 자를 크게 써라.

출처: Hammeken, P. A. (2003). *Inclusion: An essential guide for the paraprofessional* (2nd ed.), pp. 125-127. 발췌 재구성.

지원하며, 지시 따르기에 익숙해질 수 있도록 다양한 방법으로 연습하게 한다. 일반적인 지시 따르기를 위해 특수교육보조원이 지원할 수 있는 방법의 예를 〈표 9-15〉에 제시한다.

III. 일상생활 지원에서 장애유형별 고려

장애학생은 그들의 다양한 장애로 인해 일반적인 방법으로 학교 일상생활을 하는 데 많은 제한성을 갖는다. 특히 지체장애, 시각 · 청각장애 학생이 학교에서 일상생활을 원활하게 하기 위해서는 그들의 장애와 특성에 맞는 지원과 보조도구가 필요하다. 장애학생의 장애유형에 따라 특별히 고려할 점들을 반영하여 특수교육보조원이 장애학생의 일상생활을 지원하는 방법을 알아본다.

1. 지적 및 발달장애 학생의 일상생활 지원

많은 지적 및 발달장애 학생을 위한 일상생활 지원은 앞서 설명한 일반적인 지원 방법을 적용할 수 있으며 다음을 특히 유의하도록 한다(〈표 9-16〉 참조).

표 9-16 지적 및 발달장애 학생의 일상생활 지원의 예

- 쉬운 말로 설명하기
- 반복하여 설명하고 반복하여 연습하기
- 학생의 프라이버시 반드시 지켜주기
  (예: 다른 학생들 앞에서 옷 입기를 연습하거나 화장실 문을 열고 볼 일을 보지 않게 지도하기)
- 학생의 생활연령을 고려한 언어 사용과 기술을 지도하기
- 사진이나 비디오 등 시각적, 청각적 자료를 함께 사용하여 기술 습득 돕기

2. 지체장애 학생의 일상생활 지원

지체장애 학생은 많은 경우, 이동과 자세유지에 있어서 어려움을 겪게 된다. 또한 신체 활동에 제한성을 가지기 때문에 환경적인 수정과 보조도구의 사용이 필요하다. 지체장애 학생의 이동과 자세유지를 지원할 수 있는 방법을 알아본다.

1) 지체장애 학생의 자세 유지와 앉기를 위한 지원

지체장애 학생은 스스로 몸을 자유롭게 움직이거나 자세를 유지하는데 어려움을 가진다. 학교생활에서 바른 자세를 유지하는 것은 학교일과에 참여할 수 있는 기회와 사회적 상호작용 기회, 의사소통 기회 등을 높일 수 있으므로 매우 중요하다. 다음에 지체장애학생이 적절한 자세를 유지할 수 있도록 신체부위에 따라 특수교육보조원이 지원할 수 있는 방법과 주의할 점을 알아본다(〈표 9-17〉 참조).

표 9-17 지체장애 학생의 바른 자세 유지 지원방법의 예

〈골반〉
- 골반이 한쪽으로 기울지 않도록 하기
- 엉덩이는 가능한 의자 뒤쪽으로 붙이기

〈발〉
- 발을 자유롭게 움직이기 어렵다면 발을 발받침에 혹은 바닥에 두어 균형 맞추기
- 의자나 휠체어의 높이를 조절하여 발의 위치가 너무 낮거나 높지 않게 하기

〈어깨와 상체〉
- 어깨와 상체가 바르게 되도록 자세 잡아 주기
- 어깨띠를 사용하는 경우 가슴을 지나치게 압박하지 않도록 조절하기

※ 주의! 부적절한 자세
- 휘어진 등
- 자리에서 미끄러지는 듯한 자세
- 몸이 옆으로 또는 앞으로 기울어지는 자세
- 머리를 지나치게 옆으로, 앞으로, 뒤로 기울인 자세
- 엉덩이와 무릎이 일직선이 되지 않고, 무릎이 엉덩이 양쪽으로 벌어지는 자세

출처: Bigge, J. L., Best, S. J., & Heller, K. W. (2001). *Teaching individuals with physical, health, or multiple disabilities* (4th ed.), pp. 199-202. 발췌 재구성.

2) 지체장애 학생의 이동 지원

지체장애 학생 중에는 휠체어를 사용하여 이동하는 경우가 많다. 휠체어 이동 지원에서 가장 중요한 것은 지체장애 학생과 특수교육보조원 모두의 안전이다. 휠체어 이동을 지원하기 위해서는 학생의 부모님이나 교사의 시범을 보고 그들의 도움을 받아 충분한 연습을 한 후 지원하는 것이 좋다. 휠체어의 구조를 알아보고([그림 9-1] 참조) 휠체어 이동 지원방법을 알아본다(〈표 9-18〉 참조).

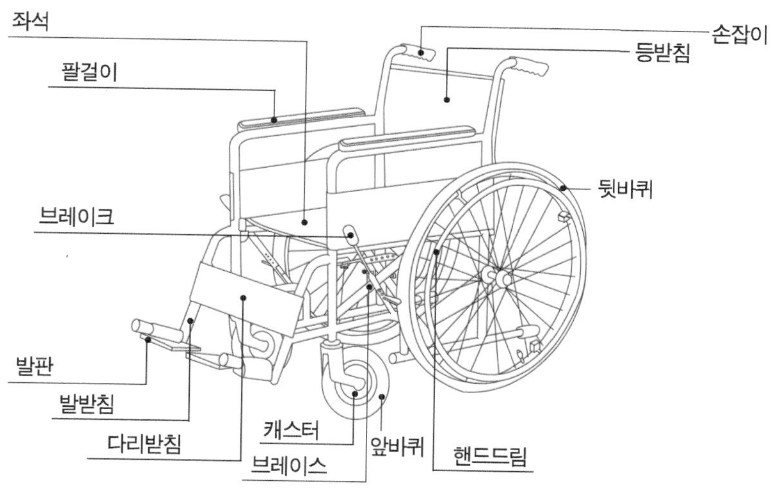

[그림 9-1] 휠체어의 구조 설명

표 9-18 휠체어 사용 지원의 예

〈휠체어로 이동하기〉

- 잠금장치를 잠그기와 풀기:
  브레이크를 잡아당겨 정지시키기 ⇔ 브레이크 앞으로 밀어서 풀기
- 전진하기(평지):
  양손으로 바퀴 손잡이의 뒷부분을 잡고 앞으로 밀며 나간다.
- 후진하기(평지):
  양손으로 바퀴 손잡이의 뒷부분을 잡고 뒤로 당긴다.
- 경사 오르기:
  몸을 앞으로 굽히고 양손으로 바퀴 손잡이의 뒷부분을 잡아 짧고 빠르게 민다.

표 9-18 휠체어 사용 지원의 예 (계속)

- 경사 내려가기:
  몸을 뒤로 젖히고 바퀴 손잡이를 잡은 손을 당겨 속력을 늦추며 방향을 조절한다. 또는 휠체어를 뒤로 하고 손잡이를 잡고 뒷걸음으로 보조하여 이동한다.
  * 내려갈 때는 안전벨트를 착용한다.
  * 브레이크를 병용하여 약하게 천천히 이동한다.
- 계단을 오를 때(휠체어 전방)
  - 캐스터를 발로 눌러서 들어올린다.
  - 앞바퀴를 계단으로 올린다.
  - 뒷바퀴를 밀어 올린다.
- 계단을 내려올 때(휠체어 후방)
  - 몸을 휠체어에 밀착시키고 뒷바퀴를 내린다.
  - 캐스터를 발로 눌러서 들어 올리면서 천천히 끌어내린다.
- 틈을 넘는 경우
  - 캐스터를 들어 발로 눌러 올린다.
  - 캐스터를 내린다.
  - 뒷바퀴를 띄우고 틈을 넘는다.

〈휠체어에서 이동하기〉

- 휠체어에 앉히는 방법
  - 휠체어에 브레이크 장치를 하고 발판을 올린다.
  - 쿠션을 놓고 학생을 앉힌다.
  - 휠체어 안쪽으로 허리를 깊숙이 들어가게 앉힌다.
- 휠체어에서 학생을 드는 방법
  - 휠체어의 브레이크를 건다.
  - 학생의 몸을 앞쪽으로 옮기고 발받침을 올린다.
  - 자신의 발을 충분히 벌리고 허리를 낮추어 학생의 잔등과 엉덩이 밑으로 손을 집어넣는다.
  - 안고 학생을 가슴 쪽으로 당겨 준다.
  - 천천히 일어선다.
- 휠체어에서 변기로 이동하기
  - 잠금장치를 잠그고 발판을 접는다.
  - 기능이 양호한 손으로 변기의 보호대를 잡는다.
  - 다른 손은 의자 받침대를 짚고 일어서면 몸을 돌려 변기에 앉는다.

출처: 박태희(1995). 발달이 좀 늦는 우리 아이 어떻게 키울까: 지체부자유아 편. 이소현, 박은혜(1998). 특수아동교육, pp. 256-259 재인용; 유재상(2007), pp. 154-155. 발췌 재구성.

3. 시각장애 학생의 일상생활 지원

시각장애 학생이 학교생활을 원만하게 하기 위해서는 환경적인 수정, 적절한 보조도구의 활용이 필요하다. 특히 시각장애 학생이 사용하는 도구가 있다면, 특수교육보조원은 도구의 사용에 대해 지도를 받아야 하고 도구를 적절하게 사

표 9-19 시각장애 학생의 일상생활 지원방법의 예

- 자리를 출입문, 교사 책상, 칠판에 가까운 곳에 배치하기
- 자연광을 사용할 수 있도록 창문 가까이에 앉게 하기
- 교실을 잘 정돈하여 학생의 이동 방해하지 않게 하기
- 점자타자기 등 학습도구를 놓을 수 있는 공간 주기
- 학생이 독서대 등을 사용하기에 좋은 자세 잡아 주기
- 학생에게 수업내용을 녹음할 수 있는 카세트, mp3 제공하기
- 필요 없는 자료는 치워 주기
- 학생에게 볼 수 없는 상황에 대해 말로 설명해 주기
- 학생이 과제를 마칠 수 있는 시간 더 주기
- 가능한 경우, 점자나 쓰기보다는 구두로 과제하기
- 가능한 손으로 만질 수 있는 경험 제공하기
- 노란색 아세테이트지를 종이에 덮어 주어 활자를 더 잘 볼 수 있게 해 주기
- 진하게 프린트 된 것을 제공하거나 사인펜으로 진하게 덧써주기
- 읽을 부분을 펜으로 지적해 주기
- 과제를 테이프에 녹음하여 할 수 있도록 하기
- 질문을 할 때는 학생의 이름을 먼저 불러 주고 지시하기
- 학생이 스스로 이동할 수 있도록 위치, 장애물 등을 설명해 주기
- 학생의 이동을 도울 때는 학생이 보조원의 팔꿈치를 잡고 반 보쯤 뒤에서 따라 오게 하기
- 문을 완전히 열어 놓거나 완전히 닫아 두어 부딪히지 않게 하기
- 임시로 생긴 장애물에 대해 미리 이야기해 주기
- 시각장애학생은 자신의 몸차림을 직접 볼 수 없으므로 특수교육보조원이 설명해 주거나 점검해 주기
- 학생이 사용하는 보조도구를 관리하고 점검하기
  (예: 충전 여부, 고장 여부 점검)
- 일반학생들에게 보조도구에 대해 설명하기

출처: 이소현, 박은혜(2006). 특수아동교육(2판), pp. 281-288; Hammeken, P. A. (2003). *Inclusion: an essential guide for the paraprofessional* (2nd ed.), p. 88. 발췌 재구성.

용할 수 있어야 한다. 특수교육보조원이 시각장애 학생과 함께 생활하면서 지원할 수 있는 방법과 주의할 내용들을 〈표 9-19〉에서 알아본다.

많은 시각장애 학생은 보행에 있어서도 제한성을 갖게 된다. 독립적인 보행에 어려움을 겪는 시각장애 학생은 케인을 사용하거나 안내자의 안내를 받아 보행을 할 수 있다. 특수교육보조원이 안내자로서의 역할을 하기 위해서 알아야 할 기본적인 사항을 몇 가지 알아본다(〈표 9-20〉 참조).

표 9-20 시각장애 학생의 보행 지원의 예

〈기본 안내법〉
- 안내자의 손등이 학생의 팔에 닿게 하기
- 안내자의 팔꿈치 바로 위에 학생의 손 올리기
- 엄지손가락은 안내자의 팔꿈치 바로 윗부분의 옆에 놓게 하고 나머지 손가락은 안쪽 부분을 잡기
- 학생의 팔 윗부분은 안내자의 몸과 나란히, 가까이 하기
- 학생의 팔이 90도에 가깝게 구부러지게 하기
- 안내자의 어깨 바로 뒤에 학생의 어깨가 오도록 하기
- 안내자는 학생의 반 보 앞에 서기

* 방향을 바꾸거나 위치를 이동할 때는 미리 예고를 해 주어 학생이 준비할 수 있도록 한다.

〈계단 오르내리기〉
- 안내자는 잠시 멈추기
- 안내자가 오르고 내리는 움직임을 학생이 느낄 수 있도록 하기
- 계단이 끝나면 잠시 멈추어 계단이 끝났음을 알려 주기

〈문 통과하기〉
- 안내자와 문을 통과하게 될 때 학생은 문을 닫아 주는 역할하기
- 학생이 문을 닫기 위해 안내자의 문손잡이를 잡고 있는 팔을 부드럽게 따라 잡아서 내려가 문손잡이를 잡을 수 있게 하기

〈의자에 앉기〉
- 안내자는 학생의 손을 의자 등받이에 대주고 앉을 자리에 물건이 있는지 확인하게 하기

출처: 박순희(2005). 시각장애 아동의 이해와 교육, p. 228. 발췌.

4. 청각장애 학생의 일상생활 지원

청각장애 학생들은 일상생활을 원활하게 하기 위해서 청각적인 정보 대신 시각적인 정보를 사용하거나 보청기와 같은 보조도구를 사용하여야 한다. 특수교육보조원은 담당하는 학생이 보조도구를 사용한다면, 그 도구의 사용 방법에 대해서 충분히 알아야 하며, 보조도구의 상태를 늘 점검하여 학생이 불편 없이 사용할 있도록 한다(예: 충전 상태 체크, 청소 상태, 분실 주의 등).

보조원은 학생이 보조도구를 사용하는 것을 관찰하여 보조도구의 상태, 보완할 점 등을 교사에게 보고한다. 특수교육보조원은 청각장애 학생을 지원할 수 있는 방법과 주의할 내용들을 알아본다(〈표 9-21〉 참조).

표 9-21 청각장애 학생의 일상생활 지원의 예

- 교사를 잘 볼 수 있도록 가까이 앉게 해 주기
- 가능하면 교실 안의 소음을 줄일 수 있도록 하기
- 일정한 톤과 간격으로 분명하게 말하기
- 간결하게 설명하기
- 수업의 새로운 내용의 개요와 어휘를 학습하기 전에 미리 설명하기
- 수업 전에 미리 소리내어 읽기 연습하기
- 새로운 단어를 설명할 때는 단어가 들어간 문장을 설명하기
- 학생이 언어적 지시를 혼동한다면 정보를 반복하고 요약하기
- 청각장애 학생이 일상적인 지시를 듣고 그 지시를 이해했는지 확인하기
- 설명 대신 프린트로 제공하기
- 청각장애 학생 대신 필기해 주기
- 보청기를 사용한다면, 학생의 어려움을 관찰하고 보청기 점검하기
  (예: 고장 유무 점검하기, 건전지 점검하기, 소리 크기 확인하기(볼륨 번호, on, off 확인), 물에 닿지 않게 하기, 먼지 청소하기, 분실하지 않도록 관리하기 등)
- 인공와우 점검하기
  (예: 고장 유무 점검하기, 잘 들리는지 점검하기, 자석이 떨어졌을 때 붙이도록 이야기해 주기, 분실하지 않도록 관리하기)
- 학생이 수화를 사용하는 경우 수화 익혀서 대화하기
- 일반학생에게 보조도구에 대해 설명하기

출처: 이소현, 박은혜(2006). 특수아동교육(2판), pp .253-265; Hammeken, P. A. (2003). *Inclusion: an essential guide for the paraprofessional*(2nd ed.), pp. 87-88. 발췌 재구성.

IV. 학급에서 발생하는 문제 상황 대처방안

특수교육보조원이 장애학생들과 학교생활을 하면서 종종 직면하게 되는 문제 상황들이 있다. 대부분 처음에 문제 상황을 갑자기 만나게 되는 경우 매우 당황하게 된다. 특수교육보조원이 학교생활에서 갑자기 직면하게 될 수 있는 문제 상황들을 알아보고 그 대처방법들을 알아본다. 문제 상황의 예로 장애학생의 성적 행동, 간질, 의료적 응급 상황에서 적합한 대처를 위한 최소한의 정보를 제공한다.

1. 성적 문제행동에 대한 이해 및 대처

장애학생들도 청소년기에 들어서면서 다양한 성적인 문제행동을 보이게 된다. 과거에는 장애인들은 2차 성징이 나타나지 않는다고 생각하거나 장애인의 성문제에 대해 부정적인 견해를 가지고, 그들의 성적 권리나 표현을 자주 무시하곤 했었다. 그러나 장애청소년들도 비장애학생들과 마찬가지로 성적인 감정을 가지고 있고, 성에 대한 요구와 표현은 크게 다르지 않다. 따라서 이들에게도 적절한 성교육은 반드시 필요하다.

장애학생들이 나타내는 성적인 문제행동은 대략 공공장소에서의 자위행위나 연령과 상대에 맞지 않는 부적절한 애정표현 등이 있다. 자위행위는 청소년기의 장애학생뿐만 아니라 비장애학생들에게도 나타나는 공통된 현상이다. 아직 장애인들의 자위행위에 대한 조사는 이루어지지 않고 있으나 비장애인의 경우를 보면, 중학교 3학년 남학생의 경우 80%가 여학생의 경우 30%가 자위를 해 본 경험이 있다고 대답하고 있다(김한경, 박용숙, 2003). 많은 성의학자들는 자위행위는 오히려 내적, 정서적 긴장을 풀어 주어 편안함을 가져올 수 있다고 한다. 즉, 성문제에 있어 자위행위는 그 행동 자체가 문제되는 것이 아니라 공공장소나 기타 적절하지 않은 상황에서 그 행동을 보일 때, 문제가 되는 것이다.

박용숙(2006)은 장애학생들이 꽉 조인 속옷을 입었을 때나, 성적인 충동에 의해서, 놀이거리가 없거나 시간 활용 능력이 없어 무료할 때, 타인의 관심을 끌기 위해, 성기에 상처가 있거나 염증이 생겼을 때, 성추행이나 성폭력을 당한 후에, 혹은 습관적으로 자위행위를 한다고 한다. 따라서 장애학생이 부적절한 상황이나 장소에서 자위행위를 할 경우, 왜 하는지를 살펴 그에 맞게 대처하는 것이 중요하다. 각각의 원인에 맞게 대처를 하면서 자위행위 지도와 함께 무의식적으로 손이 성기에 가지 않도록 바지에 단단한 벨트를 매 준다(박용숙, 2006).

이에 앞서 무엇보다도 장애학생에게 교실 안이나 사람들이 많은 공공 장소에서 지켜야 할 예절이 있다는 것을 알도록 주지시켜 주고, 사적인 공간과 공적인 공간을 구분하여 자위행위를 해야 함을 알려 준다. 의사소통이 잘 되지 않는 장애학생이나 최중도의 장애학생이 습관적으로 자위행위를 몰입하는 경우에는 관심을 다른 곳으로 돌리게 하거나 손을 바쁘게 움직일 수 있도록 과제를 주는 것이 좋다. 또한 스펀지 공이나 고무공 같은 부드러운 물건을 손에 주어 주무르도록 함으로써 정서를 안정시키고 성적인 욕구를 진정시키는 것도 1가지 방법이다(박용숙, 2006).

특수교육지원 *Tips 28*

장애청소년의 성

청소년기에 이른 장애학생들은 비장애학생과 마찬가지로 성에 대한 요구를 가지고 표현을 하기 시작한다. 장애학생들이 교실이나 사람이 많은 곳에서 성적인 문제행동을 보이면 공공장소에서의 예절에 대해 주지시켜 주고, 습관적으로 자위행위를 하는 경우 손을 움직일 수 있는 과제를 제공하는 등 관심을 다른 곳으로 돌려주는 것이 필요하다.

2. 간질에 대한 이해 및 대처

간질이란 신경세포가 짧은 시간 동안 과도한 흥분 상태를 일으킴으로써 발작이 나타나는 것을 말한다. 장애학생이나 비장애학생들 중에는 종종 학급 내에서 혹은 실외 활동 중에 발작 증상을 보이는 학생들이 있는데, 발작이 일어나면 우선 학생이 넘어질 것을 대비하여 모서리가 있는 책상이나 기타 주변의 위험한 물건들을 치워야 한다. 만약 학생이 안경을 꼈다면, 이를 벗겨주고, 목을 조이는 교복의 넥타이나 단추, 허리 벨트 등은 빠르게 풀어 준다. 그리고 발작이 끝날 때까지 학생 옆에서 함께 있어준다. 발작을 하는 동안은 되도록 학생을 그대로 두는 것이 좋은데, 혹 구토 등으로 인하여 기도가 막힐 수 있으므로 입안의 이물질을 제거해 주고, 머리를 옆으로 해 주는 것이 좋다. 학생이 발작을 하는 동안에는 몸을 강제적으로 잡거나, 주무르는 등의 행위를 해서는 안 된다. 발작이 끝난 학생은 한동안 보건실 등에서 잠시 휴식을 취할 수 있게 해 주는 것이 좋다. 또한 발작을 일으킨 학생이 정서적으로 다른 어려움을 보이지 않도록 다른 학생들에게 이를 잘 설명해 주는 것이 좋으며, 가능한 한 학생들이 발작모습을 보지 않게 한다.

발작의 유형은 매우 다양하기 때문에 학생이 평소와 다른 행동을 보이는지를 주의 깊게 관찰해야 한다. 또한 간질 관련 약을 복용하는 학생의 경우, 규칙적인 식사를 하고 약을 잘 복용할 수 있도록 돕고, 특히 실외 상황에서는 발작이 일어났을 때 위험할 수 있는 활동이나 운동은 권하지 않는다.

3. 의료적 응급상황에 대한 대처

학생들은 학교에서 갑자기 쓰러지거나 코피를 흘리거나 날카로운 물건에 찔려 피가 나거나 구토를 하는 등의 의료적인 응급상황에 종종 놓일 수 있다. 이때, 특수교육보조원은 최대한 빨리 담임교사와 보건교사에게 상황을 알리는 것이 매우 중요하다. 보건교사나 전문적인 의료인의 처치를 받기 전에 특수교육보조원은 당황하지 않고 침착하게 다음과 같은 응급처치를 할 수 있다(〈표 9-22〉 참조).

표 9-22 의료적 응급상황 대처 방법

〈출혈이 있을 때〉
- 출혈 부위를 소독 거즈나 깨끗한 천으로 상처를 덮고 손가락이나 손바닥으로 압박하기
- 가능한 맨손으로 상처 부위를 만지지 않기
- 눈의 상처나 유리 등이 박혀 있는 상처, 두개골 골절의 경우에 직접 압박하기 않기
- 보조원은 지혈을 한 후 반드시 손 씻기

〈쇼크를 일으켰을 때〉
- 다리를 20~30cm 정도 올려 주기
- 심한 부상을 입은 경우 뇌졸중인 경우 머리 쪽을 올려 주기
- 가슴 부상, 호흡 이상, 심장 이상 경우 반쯤 앉은 자세로 앉게 하기
- 목이나 척추 손상이 의심되거나 다리가 골절 된 경우 바닥에 수평으로 눕히기

  * 증상에 따라 적합한 자세를 취할 수 있도록 하고 확실하지 않은 경우 함부로 학생의 위치를 바꾸지 않기

- 섣불리 응급처치를 하는 것보다는 최대한 빨리 전문가에게 알려야 한다.
- 담임교사, 보건교사에게 사건 발생 즉시 알려야 한다.
- 응급 상황 발생 시 연락할 수 있는 전화번호를 미리 준비한다.
- 응급 상황 발생과 관련된 특이사항(발작 정도, 시간, 출혈 시작된 시각 등)을 기억하거나 기록한다.
- 함부로 학생의 위치를 바꾸지 않는다.
- 응급상황이 발생하지 않도록 미리 주의하는 것이 무엇보다도 중요하다.
  (예: 창문, 난간 등에 매달리지 않도록 주의하기, 발작의 전조증상이 나타나면 휴식을 취하게 하기 등)

출처: 소방방재청(http://www.nema.go.kr) 안전길잡이.

참고문헌

김한경, 박용숙(2003). 발달장애인을 위한 성교육. 서울: 나눔의 집.

박순희(2005). 시각장애아동의 이해와 교육. 서울: 학지사.

박용숙(2006). 정신지체인의 성적 문제행동 지도 방법. 늘푸른 나무, 가을호. 서울: 늘푸른 나무 복지관.

서울・경인특수학급 교사 연구회(2004). 성공적인 특수교육보조원 제도 실행을 위한 지침서: 통합교육의 징검다리. 서울: 서울・경인특수학급 교사 연구회.

심미옥(1996). 남녀 초등학생 인기요인 분석. 교육연구, 14, 277-301.

안승자(2002). 비장애학생의 장애학생에 대한 인식과 수용태도. 인천교육대학교 교육대학원 석사학위논문.

유재상(2007). 장애학생을 위한 이동지원. 한국자활후견기관협회 편. 2007 제3기 특수장애통합교육보조원 초급과정 연수(pp. 153-165). 서울: 한국자활후견기관협회.

이소현, 박은혜(1998). 특수아동교육. 서울: 학지사.

이소현, 박은혜(2006). 특수아동교육(2판). 서울: 학지사.

장혜성, 김수진, 김지영(2006). 기능적 기술 습득을 위한 개별화 교육 프로그램의 실제. 서울: 교육과학사.

Bigge, J. L., Best, S. J., & Heller, K. W. (2001). *Teaching individuals with physical, health, or multiple disabilities*(4th ed.). New Jersey: Merrill Prentice-Hall.

Brown, F., Evans, I., Weed, K., & Owen, V. (1987). Delineating functional competencies: A component model. *Journal of The Association for Persons with Severe Handicaps, 12*(2), 117-124.

Doyle, M. B. (2002). *The paraprofessional' s guide to the inclusive classroom; Working as a team* (2nd ed.). Baltimore: Paul H. Brookes.

Hammeken, P. A. (2003). *Inclusion: an essential guide for the paraprofessional* (2nd ed.). Minetonka, MN: Peytral Publications.

제9장 '장애학생의 일상생활 지원'을 공부한 후 다음을 알 수 있다.

- 장애학생의 기본 생활기술의 일반적 교수방법, 실제 상황에서 지도, 가정 연계를 통한 지도에 대해 이해한다.

- 특수교육보조원은 식사하기, 몸치장하기, 옷 입고 벗기, 화장실 사용하기의 기술 영역에 따라 지원방법을 이해한다.
  - 특수교육보조원은 실제 상황에서 지원하고 학생에게 일상생활의 모든 기회를 활용하여 충분한 연습기회를 준다.
  - 특수교육보조원은 점진적으로 촉진을 줄여 간다.

- 특수교육보조원은 학교일과에 장애학생의 참여가 가능하고 증진되도록 지원한다. 수업준비하기와 정리하기, 과제하기, 알림장 쓰기, 청소하기, 이동하기, 쉬는 시간활용하기, 일반적인 지시 따르기 등 다양한 학교일과와 관련한 지원방법을 안다.

- 특수교육보조원은 학생의 장애유형에 따라 일상생활 참여를 지원할 때 특히 주의할 점을 안다. 지체장애 학생과 시각장애 학생의 이동 지원방법, 지체장애 학생의 자세 유지를 위한 지원방법, 시각장애 학생과 청각장애 학생에게 정보를 전달하는 방법을 안다.

- 특수교육보조원은 학급에서 갑자기 발생할 수 있는 응급상황에 대처할 수 있는 방법을 안다. 응급상황 발생 시 즉시 담임교사와 보건교사에게 연락한다.

표 10-1 다양한 관련서비스 영역과 내용(미국 장애인교육법) (계속)

11. 사회복지 서비스	장애아동의 사회성 및 발달에 대한 기록, 장애아동이나 가족에게 집단 및 개별상담 제공, 학교적응에 영향을 주는 생활환경(예: 가정, 학교, 지역사회) 내 문제해결, 교육프로그램의 효과 증진을 위한 학교 및 지역사회 자원 발견 및 제공
12. 부모상담 및 훈련 서비스	장애아동의 특수요구에 대한 이해 증진, 아동발달에 대한 정보 제공, 부모지원단체, 경제적 지원 자원 및 지역사회 전문가에 의뢰 제공
13. 음악치료 및 미술치료	자아표현의 수단 제공, 창의성과 통제력 증진을 위한 기회 제공, 정신 및 신체건강의 유지, 정서 및 신체발달 증진을 위한 적절한 프로그램의 고안 및 실시

출처: Dettmer, P., Thurston, L. P., & Dick, N. (2002). *Consultation, collaboration, and teamwork for students with special needs*(4th ed.). 황복선, 김수진(2002), p. 236. 재인용.

3. 치료지원

우리나라에서는 관련서비스 개념과 근접하게 치료교육활동을 「특수교육진흥법」에 근거하여 교육과정 내의 한 영역으로 현재까지는 제공하고 있다. 그런데 우리나라 특수교육 현장에서의 치료교육활동은 개인학생의 독특한 욕구에 대한 치료서비스라기보다는 교육과정의 한 영역으로 취급하여 집단 중심의 교육활동과 흡사한 형태로 제공되고 있었다(박승희, 김영란, 2005). 특수학교를 중심으로 치료교육이 제공되었으며 최근에는 특수학급 일부 학생들을 대상으로 순회치료교육이 시작되었다. 그러나 새로 공포된 「장애인 등에 대한 특수교육법」에서는 치료교육활동이 삭제되고 '치료지원' 이란 용어가 사용되고 있으며, 치료지원이 관련서비스의 한 부분으로 포함되어 있다.

장애학생의 교육환경에서 요구될 수 있는 치료지원의 주요 영역들에 대한 간단한 설명을 다음에 제시한다. 다양한 치료들의 목표의 예와 주요내용의 예에 대한 설명은 특수학교 교육과정([별책 2])(교육부, 1997)에서 발췌하여 제시한다. 또한 각종 치료에서 특수교육보조원이 수행할 수 있는 역할을 간결하게 제시한다. 그러나 여기에 제시하는 학교환경 내의 각종 치료에 대한 설명은 새 법의 시행령 및 시행규칙이 새로이 마련되면서 바뀔 수 있는 내용임을 미리 밝힌다.

1) 언어치료

(1) 목표

- 의사소통을 위한 음의 특징을 알게 한다.
- 상황과 장소에 맞게 언어를 적절하게 사용하여 의사소통을 수행하게 한다.
- 언어 수행 능력 습득을 위한 적극적 태도를 가지게 한다.

(2) 내용

음의 감각 · 지각 기능, 음 확립의 기초 기능, 음의 확립 기능, 음의 전이 기능, 음의 유지 기능

(3) 특수교육보조원의 지원 역할

- 치료사가 교수한 치료 내용을 평상시에 연습할 수 있도록 촉진하기
- 학생 앞에서 사투리나 비속어, 부정확한 발음을 사용하지 않기
- 입모양과 발음을 과장되지 않고 분명하게 하기

2) 청능훈련

(1) 목표

- 음의 청각적 성질들을 알게 한다.
- 말소리를 이해하고 전체 의미를 정리할 수 있다.
- 타인의 말을 주의 깊게 듣도록 한다.

(2) 내용

- 음의 지각 기능, 음의 변별 기능, 말의 지각 기능, 말의 변별 기능

(3) 특수교육보조원의 지원 역할

- 학생이 다른 사람의 말을 주의깊게 들을 수 있도록 촉진하기

• 보청기 소리, 고장 유무, 건전지 등 점검하기

3) 물리치료

(1) 목표

• 여러 가지 운동을 통하여 약화되거나 변형된 하지의 기능을 원활히 할 수 있게 한다. 서기 및 걷기와 같은 신체의 기본 동작 습득을 통하여 개인적인 운동 양식을 가지게 한다.
• 전신의 종합적 치료를 통하여 자립 보행을 할 수 있게 한다.

(2) 내용

신체의 이완 동작, 신체의 기본 동작, 누운 자세 및 앉기 동작, 무릎 서기 및 혼자 서기 동작, 한쪽 다리 서기 및 딛기 동작, 보조 보행 및 자립 보행 동작

(3) 특수교육보조원의 지원 역할

• 필요한 경우 물리치료사가 제시한 방법대로 일상생활에서 바른 자세나 동작을 할 수 있도록 지원하기
• 전문적인 지식이 없이 함부로 학생의 자세를 바꾸거나 동작을 연습하는 것은 매우 위험하므로 반드시 물리치료와 관련된 지원은 치료사의 지시에 따르기

4) 작업치료

(1) 목표

• 약화되거나 변형된 상지의 기능을 향상시킨다.
• 일상생활에 필요한 기본 동작의 기초 기능을 익힌다.
• 놀이, 운동 및 작업 동작 등 전신의 종합 치료를 통하여 작업적 기초 기능을 기른다.

(2) 내용

- 상지의 동작, 일상생활 기본 동작, 신체의 응용 동작, 작업 동작

(3) 특수교육보조원의 지원 역할

- 치료사가 제시한 방법대로 일상생활 전반에 걸쳐 연습기회 제공하기
- 학생에게 치료사가 제시한 바른 자세, 동작 시범 보이기

5) 보행훈련

(1) 목표

- 보행훈련용구의 특성과 기능을 알고 올바른 방법으로 보행한다.
- 실생활 장면에 따라 단독 보행과 응용 보행을 능숙하게 한다.
- 안전을 위한 보행의 규칙을 알고, 보행에 필요한 바른 의지와 태도를 가진다.

(2) 내용

- 가정생활 환경의 보행 기능, 학교생활 환경의 보행 기능, 주택가 환경의 보행 기능, 번화가 및 상가 지역의 보행 기능, 교통수단을 이용한 보행 기능

(3) 특수교육보조원의 지원 역할

- 필요한 경우 치료사가 제시한 방법대로 보행연습하기
- 보행연습 시 장해물로부터 특수교육보조원 자신과 학생 보호하기
- 일상생활에서 학생의 현행수준, 진보를 관찰하여 치료사에게 정보 전달하기

특수교육지원 *Tips 29*

치료상황의 특수교육보조원 역할

특수교육보조원이 치료를 지원하는 경우 치료사의 감독과 지시에 따라야 하며, 치료사가 담임교사에게 전달을 요청한 사항은 반드시 전달하여 치료 상황과 수업이 연결되게 하고, 이 두 상황에서의 학생의 정보가 공유될 수 있도록 해야 한다.

II. 장애학생의 방과후 활동 지원

1. 장애학생을 위한 방과후 활동

1) 장애학생을 위한 방과후 활동의 목적 및 필요성

현재 특수교육현장에서는 장애학생들의 독특한 개개인의 요구와 특성을 이해하고 이들의 요구와 특성에 적합한 교육과 치료를 제공할 수 있는 전문성을 가진 강사를 초빙하여 다양한 형태의 방과후 교육을 실시하고 있다. 장애학생을 위한 방과후 활동의 목적은 장애학생의 소질 · 적성 계발 및 취미 · 특기 신장교육의 기회를 제공하는 것이다. 또한 장애학생에게 치료교육 활동 기회를 제공하며, 방과후 과외활동의 교내 흡수를 통해학부모의 사교육비를 경감시키고자 하는 것이다. 현재 장애학생을 위한 방과후 활동은 학교의 실정에 따라 다양하게 운영되고 있다.

2) 장애학생을 위한 방과후 활동 운영 계획의 예

장애학생을 위한 방과후 활동은 학교 실정에 따라 다양하게 운영될 수 있다. 다음에 장애학생을 위한 방과후 활동에 대한 이해를 돕기 위해 일반적인 운영 계획의 예를 〈표 10-2〉와 같이 제시한다. 교사는 장애학생을 위한 방과후 활동 운영을 위해서 학기 초에 수강 일수를 책정하고 연간지도계획을 세우게 된다. 학기 초 장애학생들의 학부모를 대상으로 수요조사를 실시하고 부서를 확정하여 수강신청을 받는다. 방과후 활동 강사는 특수학급 교사와 긴밀한 협의를 통하여 특수교육대상 학생들에게 적합한 교육 내용, 교육방법 등을 선정한다. 강사는 특수교육대상 학생의 능력, 특성, 수준 등을 고려하여 그에 적합한 연간, 주간 계획을 수립하여 교육활동을 전개한다. 특수교육보조원은 필요한 경우 방과후 활동 시간에 방과후 활동 강사의 지시하에 장애학생을 지원하게 된다.

표 10-2 장애학생을 위한 방과후 활동 운영 계획의 예

과정	내용	일시
계획	• 특수학급 방과후 활동 운영계획 수립 • 방과후 활동 안내문 발송 • 방과후 활동 수요조사 • 방과후 활동 부서 확정, 배정 안내	3월 1일 ~ 3월 6일
실행	• 학교운영위원회 심의 • 강사초빙 위촉 • 특수학급 교사, 강사 협의회 실시 • 부서별 연간 지도계획서 작성	3월 7일 ~ 3월 10일
교육 및 평가	• 각 부서별 교육활동 전개 • 수업일지 작성 • 학생별 평가서 작성	3월 12일 ~ 12월 31일

2. 다양한 방과후 활동에서 특수교육보조원 지원

장애학생을 위한 방과후 활동은 학교 상황, 구성원의 특성, 재정 운영 등의 이유로 다양한 형태로 운영된다. 서울특별시교육청에서는 특수학급의 경우, 학급 수 이상 방과후 활동 부서를 개설하고 한 부서에 학생이 7명 이상이 되지 않도록 규정하고 있다. 현재 교육현장에서 많이 개설되고 있는 방과후 활동반의 예로: (1) 음악치료; (2) 미술교육; (3) 체육교육을 소개하고 이러한 활동에서 특수교육보조원이 수행할 수 있는 지원의 예를 알아본다.

1) 장애학생을 위한 음악치료

음악치료는 사람의 건강을 위해 음악을 사용하는 것이다. 음악치료는 치료사가 개입하여 음악적 경험과 치료적 관계를 통해 환자를 역동적으로 변화시키는 체계적인 치료 과정이다.

표 10-3 음악치료에서 사용되는 음악활동과 특수교육보조원 지원의 예

음악활동	음악활동의 내용 및 특수교육보조원 지원의 예
음악감상	학생이 좋아하는 음악을 통하여 정서적인 반응을 이끌어낼 수 있다. 반면 친숙하지 않은 음악을 통해서는 상상력과 사고력을 키울 수 있다. 음악 속의 여러 가지 악기 소리나 리듬을 구별하고 가사 내용을 분석하는 등의 인지적인 접근도 가능하다. 〈특수교육보조원 지원의 예〉 • 학생이 음악에 집중할 수 있도록 편안한 분위기 만들어 주기
노래 부르기	일반적으로 말을 배우면서 노래를 하게 되는데 노래를 부르려면 가사와 음을 기억하고 목소리를 조절하여 소리를 낸다. 노래 부르기를 통해서는 발음을 연습하거나 스스로 가사를 만들어 부르는 활동 등을 통해 문장력을 향상시킬 수 있다. 또 조를 바꾸어 노래 부르기를 통해서 같은 음률로 말하는 학생이 음역을 넓힐 수 있게 한다. 〈특수교육보조원 지원의 예〉 • 새로운 노래를 배우기 전에 친숙해질 수 있도록 쉬는 시간 등을 이용하여 학생과 함께 부르거나 노래를 들려주기 • 마주 보고 앉아서 교감하며 노래 부르기 연습하기 • 노래 속도, 강약 등을 말이나 손동작 등으로 알려 주기
연주	연주는 기악연주와 즉흥연주 등이 사용된다. 음악치료에서 연주는 학생이 음악적 지식이 없어도 쉽게 참여할 수 있도록 계획하며 점진적으로 학생의 필요에 따라 능숙하게 연주할 수 있도록 한다. 악기 연주는 학생의 근육 힘 조절력을 향상시키고, 눈과 손의 협응력을 높이며 청지각 훈련 등을 위해 활용된다. 〈특수교육보조원 지원의 예〉 • 학생이 바른 자세로 연주할 수 있도록 언어적 또는 신체적 촉진하기
독보	학생은 악보를 보면서 노래하고 연주하는 방법을 배우게 된다. 음악치료사는 학생의 수준에 따라 다양한 악보를 활용하며 대표적인 예는 색깔악보다. 악보를 이용하면 시각적 집중력이 높아지고 음의 위치를 보면서 공간 지각력이 높아진다.
동작	다양한 음악을 이용하여 몸과 마음을 긴장 또는 이완시키면서 여러 가지 신체활동을 할 수 있다. 음악을 이용하여 신체재활을 지속시키고 대근육 운동을 시킬 수 있다. 〈특수교육보조원 지원의 예〉 • 음악에 따른 움직임을 특수교육보조원이 시범 보이기 • 언어적 또는 신체적 촉진하기
창의성	학생은 음악활동에서 자신을 자유롭게 연출할 수 있다. 자신만의 리듬을 만들고 다른 사람의 음악을 수용할 수 있게 된다.

출처: 장혜원(2006), pp. 230-238. 발췌 재구성.

(1) 음악치료에서 사용되는 음악활동과 특수교육보조원 지원

음악치료에서 주로 사용되는 음악활동을 음악감상, 노래 부르기, 연주, 동작, 독보, 창의성 활동으로 설명할 수 있다(장혜원, 2006). 다음에는 음악치료에 많이 사용되는 음악활동을 설명하고 각 음악활동에 따라 특수교육보조원 지원의 예를 알아본다(〈표 10-3〉 참조).

(2) 장애학생을 위한 방과후 음악치료의 예

실제 장애학생을 위한 방과후 음악치료 시간에 다루어지는 내용들을 구체적으로 살펴보도록 한다(〈표 10-4〉 참조). 다음에 소개하는 장애학생을 위한 방과후 음악치료의 목적은 악기탐색, 리듬악기 치기 등과 같은 음악적 기본 기술 습득과 함께 음악활동을 통한 감정 표현이다. 또한 음악활동을 통하여 학생들이 가사 만들기, 색 찾기 등 인지적인 학습을 할 기회를 줄 수 있으며, 정서적인 순화를 도모할 수 있다. 음악치료를 전공한 강사의 주도로 학생들의 개별적인 특성과 수준을 고려하여 수업이 진행된다.

표 10-4 장애학생을 위한 방과후 음악치료 활동 연간계획(일부)의 예

학습주제	지도내용	준비물
터치벨 실로폰 연주	Hello Song 교통수단 노래 실로폰 연주하기	키보드 그림카드 실로폰
Egg Pass 드럼 서클	Hello Song Egg Pass 모방활동 피아노 왼손 연주	키보드 애그쉐이크 드럼
발성연습 리듬감	Hello Song 스카프 창작활동 카주 불기	키보드 스카프 카주
음악극 리듬악기 이름 알기	Hello Song 작은별 변주 리듬 연주 음악극	키보드 이야기책

표 10-4 장애학생을 위한 방과후 음악치료 활동 연간계획(일부)의 예 (계속)

학습주제	지도내용	준비물
반대말 노래 학습 가사 바꾸기	Hello Song 도레미송 붐웨커 연주	키보드 노래가사 붐웨커
노래가사 기억 리듬악기 연주	Hello Song 우리 모두 다 같이 노래는 즐겁구나	키보드 리듬악기
오르프 악기 연주 패들드럼 즉흥 연주	Hello Song 자연의 소리 음악 듣기 패들드럼 즉흥 연주	키보드 리듬악기 오르프
악기소리 탐색 박자 인지	Hello Song 어떤 소리 날까? Song Writing	키보드 리듬악기

2) 장애학생을 위한 미술교육

장애학생을 위한 미술교육은 미술의 교육적 측면과 치료적 측면에서의 접근으로 나누어질 수 있으나 미술교육과 미술치료는 상호보완적으로 활용되어야 한다. 미술교육은 다양한 미술활동을 통하여 신체적, 정서적, 인지적 발달을 도모하고 자기표현과 창의력, 행복감과 자신감을 증진시키는 것이며 다양한 미술교육 매체를 통하여 자신의 감정을 표현하는 활동을 말한다. 미술치료는 창작을 통하여 심리적, 정서적 갈등을 완화시키고 긍정적이고 창조적으로 살아갈 수 있도록 도와주는 심리치료의 한 방법이다(이동숙, 2006).

(1) 장애학생을 위한 미술치료 과정과 특수교육보조원 지원

장애학생을 위한 미술치료는 일반적으로 워밍업, 도입, 활동, 토론의 순서로 진행된다(이동숙, 2006). 다음 〈표 10-5〉에서 미술치료의 과정을 설명하고 그에 따른 특수교육보조원 지원의 예를 알아본다.

표 10-5 미술치료의 과정과 특수교육보조원 지원의 예

미술치료 과정	각 과정의 내용 및 지원의 예
워밍업	활동의 준비과정으로 가벼운 스트레칭, 손이나 얼굴 비비기, 노래하기 등 긴장을 풀거나 심리적 안정을 가질 수 있도록 준비한다. 〈특수교육보조원 지원의 예〉 • 학생을 자리에 앉히거나 강사가 주도하는 활동에 참여할 수 있도록 촉진하기
도입	활동에 대한 간단한 설명을 하고 재료와 도구를 체험할 수 있는 시간이다. 재료의 재질감, 재료를 보며 연상되는 것, 느낌 등을 자유롭게 이야기할 수 있다. 교사는 재료에 대한 탐색을 촉진하는 질문을 하거나 탐색방법을 보여준다. 〈특수교육보조원 지원의 예〉 • 학생이 재료와 도구를 탐색할 수 있도록 자세 잡아 주거나 재료 제공하기
활동	자유롭게 창작활동에 들어가는 단계다. 교사는 재료 사용을 돕거나 작업 진행을 도와준다. 〈특수교육보조원 지원의 예〉 • 학생이 재료와 도구를 사용할 수 있도록 신체적 · 언어적 촉진하기 • 재료와 도구 사용에 어려움을 보이는 학생에게 시범 보이기
토론	자신의 작품을 다시 살펴보고 작업시간에 느꼈던 느낌, 연관되는 것, 마음에 드는 점 등을 자유롭게 이야기한다. 〈특수교육보조원 지원의 예〉 • 학생이 자신의 느낌과 생각을 이야기할 수 있도록 촉진하기 • 다른 사람의 설명을 들을 수 있도록 하기

출처: 이동숙(2006), pp. 256-257. 발췌 재구성.

(2) 장애학생을 위한 방과후 미술교육의 예

실제 장애학생을 위한 방과후 미술교육 시간에 다루어지는 내용들을 구체적으로 살펴보도록 한다(〈표 10-6〉 참조). 다음에 소개하는 장애학생을 위한 방과후 미술교육의 목적은 학생들이 기초적인 회화 기술을 습득하고 미술활동을 통하여 자신의 생각과 느낌을 활발하게 표현하는 데 있다. 또한 다양한 미술활동을 경험하여 정서적인 안정과 즐거움을 도모한다. 미술활동은 학생의 특성과 수

표 10-6 장애학생을 위한 방과후 미술교육 활동 연간계획(일부)의 예

학습주제	지도내용	준비물
생각하는 그림	형태찾기 디자이너 되기	스케치북 크레파스
생각하는 그림	점으로 그린 그림 사진 붙이고 나머지 부분 상상하여 그리기	스케치북 크레파스
관찰그림	자세히 보고 그리기-꽃, 화분 배가 투명해졌어요	스케치북 크레파스
생각하는 그림	잠깐 보고 기억해서 그리기 동물원을 탈출한 코끼리	스케치북 크레파스
신문지 그림 만들기	신문지 말아서 입체그림 그리기	스케치북, 크레파스 신문지, 풀, 가위
관찰그림	그대로 멈춰라 책의 주인공이 된 내 모습 그리기	스케치북, 크레파스 연필, 지우개
재미있는 표현	비누거품 그림 연필로 그리기-신발	물비누, 물감, 붓 연필
협동화	모두 함께 꾸미는 동물원	전지, 크레파스, 풀 가위
재미있는 표현	콜라주-여러 가지 천 붙이기	스케치북, 풀, 가위
관찰그림	자세히 보고 그리기-손 놀이터에서 생긴 일	스케치북 크레파스

준에 맞게 같은 주제라도 수준을 달리하여 이루어진다.

3) 장애학생을 위한 체육교육

특수체육은 일반적인 체육활동에 참여하기 어려운 장애를 가진 사람들이 운동을 통해 재활과 교육을 돕기 위해 이루어진다. 특수체육은 일반 체육활동에 제한없이 참가하여 성취감이나 안전감을 갖기 어려운 장애를 가진 학생들의 제한점, 능력, 흥미에 맞게 개발된 게임, 스포츠, 리듬 등의 다양한 활동을 의미한다.

(1) 장애학생을 위한 체육 프로그램의 내용과 특수교육보조원의 지원

장애학생을 위한 체육활동은 신체활동을 매개로 인지기능을 향상시키고 다른 사람과 어울리는 방법을 습득할 수 있도록 한다. 또한 정서순화, 건강유지와 향상 등 삶의 안정과 생활의 긍정적인 변화를 목적으로 한다(김의수, 2003). 장애학생을 위해 체육활동은 감각운동 프로그램, 이완운동 프로그램, 체력운동 프로그램, 기본운동 기술, 표현활동 프로그램, 리듬운동, 수중운동, 야외활동 등으로 구성될 수 있다(김의수, 2003). 〈표 10-7〉에서는 일반적으로 특수교육보조원이 체육활동을 지원할 수 있는 방법의 예와 주의할 점이 제시된다.

표 10-7 장애학생을 위한 체육활동에서 특수교육보조원 지원의 예

- 체육활동 중에 발생할 수 있는 학생의 이탈, 사고에 주의하기
- 체육활동에 필요한 환경 구성 지원하기
  (예: 필요한 체육기구 배치하기, 위험한 물건 치우기, 음악 틀어주기 등)
- 필요한 경우, 학생의 활동을 돕기 위해 시범을 보이거나 신체적 보조하기
- 필요한 경우, 학생의 활동 파트너 되기

(2) 장애학생을 위한 방과후 체육교육의 예

다음에 소개하는 장애학생을 위한 방과후 체육활동은 감각운동, 체력운동, 기본운동기술, 놀이, 게임 등 다양한 신체활동을 통하여 개인의 능력과 잠재력을 키우는 것을 목적으로 한다. 체육활동을 통하여 전문성 있는 강사의 지도에 따라 다양

특수교육지원 *Tips 30*

방과후 활동 지원

현재 우리의 학교 실정에서 방과후 활동 지원은 특수교육보조원의 역할 중 하나다. 특수교육보조원은 방과후 활동 강사의 수업유형을 이해하며 강사의 지시를 따르고, 필요한 경우 학생의 담임교사와 상의하에 담당강사에게 학생의 현행수준에 대한 정확한 사실적 정보를 제공한다.

한 신체활동을 통하여 체력을 기르고 운동기술을 개발하며, 정서적인 안정을 도모할 수 있다. 실제 장애학생을 위해 계획된 활동내용의 예는 〈표 10-8〉과 같다.

표 10-8 장애학생을 위한 방과후 체육교육 활동 연간계획(일부)의 예

학습주제	지도내용	준비물
기초체력활동 및 기본운동기술	템포트레이닝, 윗몸일으키기, 공 주고받기, 간단한 기구를 이용한 점핑활동	매트, 공
기초체력활동 및 기본운동기술	템포트레이닝, 윗몸일으키기와 앞구르기, 앞, 옆으로 점프하기, 줄넘기 기본운동 기술	매트, 줄넘기
기초체력활동 및 기본운동기술	템포트레이닝, 윗몸일으키기와 앞구르기, 앞, 옆으로 점프하기, 줄넘기 기본운동 기술	매트, 줄넘기
기초체력활동과 이동기술	스트레칭, 템포트레이닝, 도구를 이용한 점핑활동, 줄넘기를 이용한 뛰기, 던지고 받기 기본 기술 습득	매트, 줄넘기, 공
기본신체활동 습득, 줄넘기 활동	스트레칭, 템포트레이닝, 윗몸일으키기, 앞구르기, 다양한 방향과 방법의 점핑활동, 줄넘기활동	매트, 줄넘기, 공
줄넘기 활동 및 기본신체활동	스트레칭, 템포트레이닝, 응용된 점핑활동, 줄넘기활동, 공 던지고 받기 활동	매트, 줄넘기, 공
줄넘기 활동 및 여러 가지 도구를 사용한 조작기술	스트레칭, 템포트레이닝, 윗몸일으키기와 팔굽혀 펴기, 줄넘기활동, 풍선과 공을 이용하여 던지고 받기	매트, 줄넘기, 공, 풍선
물체조작기술 심화활동과 줄넘기 활동	스트레칭, 템포트레이닝, 윗몸일으키기와 앞구르기 활동, 도구를 이용한 반복 점핑활동, 줄넘기활동, 다양한 공받기 활동	매트, 줄넘기, 공
물체조작 기술심화활동과 줄넘기 활동	템포트레이닝, 윗몸일으키기, 앞구르기활동, 제자리 멀리 뛰기, 풍선과 공을 이용한 물체조작 활동, 줄넘기 활동	매트, 줄넘기, 공, 풍선

III. 장애학생의 참여 증진을 위한 각종 보조도구

장애학생의 장애의 특성에 따라 운동성이나 이동성 및 감각능력의 제한성으로 인해 독립적으로 기능하기 위해서 다양한 보조도구의 지원이 필요한 경우가 종종 있다. 따라서 교사나 특수교육보조원은 장애학생에게 필요한 보조도구의 종류와 사용법과 유의사항에 대해서 알고 있어야 한다. 보조도구란 장애인이 일상생활을 보다 독립적으로 하게 하고 적절한 교육 및 치료 서비스를 받고, 가정과 학교와 지역사회에서 여러 여가활동 및 개인활동을 하는 데 도움을 줄 수 있도록 고안된 도구를 의미한다(박승희, 2003). 장애학생이 실제로 보조도구를 사용하는 경우, 특수교육보조원은 보조도구 이름과 적절한 사용법에 대해 숙지하고 있어야 한다.

다음에서는 지체장애 학생과 시각 · 청각장애 학생이 빈번하게 사용하는 보조도구를 소개하고 특수교육보조원이 적절하게 지원할 수 있는 방법과 주의할 점을 알아보도록 한다. 우선 장애유형별로 독특하게 필요한 보조도구를 안내하고 다음에 공통적으로 필요한 보조도구를 안내한다.

1. 지체장애 학생을 위한 보조도구

지체장애 학생의 경우, 착석 및 자세유지 보조도구, 이동 보조도구를 빈번히 사용한다. 이러한 보조도구 사용 시 주의할 점을 〈표 10-9〉에 간략히 제시한다.

표 10-9 지체장애 학생을 위한 보조도구 사용 시 주의할 점

보조도구 종류	보조도구 사용 시 주의할 점
착석 및 자세유지 보조도구	• 다리는 일직선으로 유지할 수 있게 하기 • 보조도구의 안정성, 적합성 여부를 계속 점검하기 • 미세한 불편도 바로 수정하여 기형이나 운동능력이 감소되지 않도록 주의하기 • 같은 고정된 자세를 30분 이상 유지하지 않도록 하기 • 보조도구에 땀이 찬 경우, 산소 공급을 해 주고 냄새를 제거하기

표 10-9 지체장애 학생을 위한 보조도구 사용 시 주의할 점 (계속)

보조도구 종류	보조도구 사용 시 주의할 점
이동 보조도구	• 이동 보조도구를 사용하더라도 무겁거나 주의를 요하는 경우에는 반드시 도움 요청하기 • 휠체어를 사용하는 경우, 학생의 손이 바퀴에 다치지 않도록 주의하기 • 이동하지 않는 경우, 브레이크 걸어 두기 • 안전벨트 사용하기 • 전동 휠체어는 배터리 충전 상태 체크하기

출처: Bigge, J. L., Best, S. J., & Heller, K. W. (2001). *Teaching individuals with physical, health, or multiple disabilities*(4th ed.), pp. 202-207.

2. 시각장애 학생을 위한 보조도구

시각장애 학생은 시각적인 정보를 일반적인 방법으로 취득하는 데 어려움이 있다. 다음 〈표 10-10〉에서 시각장애 학생이 시각적 정보를 얻는 방법에 따라 시각적 보조도구, 촉각적 보조도구, 청각적 보조자료, 보조공학적 기자재로 나누어 설명한다(이소현, 박은혜, 2006). 시각장애 학생의 이동을 돕는 보조도구도 함께 설명한다.

표 10-10 시각장애 학생을 위한 보조도구

〈시각적 보조도구〉

- **독서대**
  독서대는 책을 올리거나 각도를 조절하고 눈에 가깝게 하기 위해 사용한다.
- **사인펜**
  사인펜을 이용하여 글자나 그림을 진하고 굵게 표시한다.
- **큰 활자를 이용한 교재**
  정상적인 활자를 확대복사하거나 활자를 확대시켜 출력하는 소프트웨어를 사용하여 교재를 만든다.

표 10-10 시각장애 학생을 위한 보조도구 (계속)

〈청각적 보조자료〉

- **카세트 녹음기, mp3**
  필기하는 대신에 녹음기와 mp3를 사용하여 수업내용을 녹음하기도 하고, 숙제, 시험 답안을 녹음하기도 한다.
- **녹음도서**
  녹음도서는 시각장애인 관련 단체의 자원봉사자들에 의해 녹음된다.

〈촉각적 보조도구〉

- **점자도서**
  점자도서는 컴퓨터, 점자 번역가에 의해서 만들어진다. 일반학생들과 함께 읽기 활동에 참여할 수 있기 위해서는 점자를 배우고 점자도서를 쉽게 구할 수 있어야 한다.
- **점판과 점필**
  점자를 쓰기 위한 필기구로 점첨, 점관, 점판으로 구성되어 있다. 점자용지를 점첨에 고정한 후 점관 사이에 점자지를 넣어 점자를 찍도록 되어 있다.
- **점자프린터**
  컴퓨터로 입력된 문서를 점자로 프린트할 수 있다.
- **촉각그림세트**
  사회과 학습이나 이동훈련을 위해 그래프나 지도를 그릴 수 있도록 다양한 도드라진 선이나 모양을 만들 수 있는 도구다.
- **촉각지도와 지구본**
  도드라진 표면과 서로 다른 질감을 통해 지리, 지도 읽기에 필요한 기술을 가르치는 데 사용할 수 있다.

〈보조공학적 기자재〉

- **점자기**
  점자 키보드에 의한 입력과 점자 출력이 가능한 브레일 모니터 및 컴퓨터를 사용하여 활자를 직접 점자로 바꾸어 주는 컴퓨터 점역기 등이 있다.
- **점자정보단말기**
  시각 상실을 보완할 수 있도록 편리하게 정보를 취득할 수 있는 휴대용 컴퓨터다. 컴퓨터로 입력 또는 출력되는 모든 내용을 음성합성기에 의하여 읽어 주고 연속되는 점자 셀에 의하여 점자로 읽어 준다. 점자키보드에 의해 입력과 점자출력이 가능하다.
- **확대독서기**
  모니터를 통해 글자를 확대하여 보여 준다. 읽을 페이지를 작은 망원렌즈가 있는 카메라 밑에 놓으면 위의 모니터에 확대된 활자가 나온다.
- **음성전환 독서기**
  독서기는 컴퓨터의 성능을 이용하여 인쇄된 활자를 직접 음성합성으로 바꾸는 기구다.

표 10-10 시각장애 학생을 위한 보조도구 (계속)

책이나 기사 등을 복사할 때처럼 기계 위에 올려 놓으면 스캐너가 움직이면서 글을 음성으로 읽어 준다.

〈아동을 위한 보조도구〉

- **흰지팡이**
  시각장애인의 보행 보조도구. 시각장애인 단독 보행 시에 안전과 보행정보를 제공하며, 시각장애인이라는 것을 타인에게 알려 줘서 위험할 때 보호받을 수 있게 한다.
- **시각장애인 안내견**
  시각장애인의 독립적이고 안전한 보행을 돕기 위해 전문 양성기관에서 훈련을 받은 개다. 시각장애인 안내견은 시각장애인이 보행할 때 위험에서 보호하고 안내하는 역할을 할 수 있다.

출처: 박승희(2003). 장애인 인권교육 입문: 다르게 함께 사는 세상, pp. 29-30, p. 35; 이소현, 박은혜(2006). 특수아동교육(2판), pp. 290-296; 정동영, 박승희, 원성옥, 유숙열(2005), p. 149. 발췌 재구성.

3. 청각장애 학생을 위한 보조도구

청각장애 학생들은 청각적인 정보를 획득하는 데 어려움이 있다. 청각장애 학생에게는 보청기와 같이 청각적인 정보를 전달하게 하는 보조도구와 청각적인 정보를 시각적인 정보로 전환해 주는 보조도구가 유용하게 사용될 수 있다. 다음 〈표 10-11〉에서는 청각장애 학생들을 지원할 수 있는 보조도구를 제시한다.

표 10-11 청각장애 학생을 위한 보조도구

- **보청기**
  청각장애인이 소리를 들을 수 있도록 소리를 전기적으로 증폭시키는 기계다. 보청기는 마이크로폰, 증폭기, 리시버(스피커)로 이루어진다. 마이크로폰은 소리를 받아 들여 전기적 신호로 바꾸어 주는 장치이고, 증폭기는 들어오는 전기적 신호를 증폭시켜 주는 장치이며, 리시버는 증폭된 전기적 신호를 다시 소리 신호로 변환시켜 내보내주는 장치이다. 박스형, 안경형, 귀걸이형, 귀속형 등이 있다.
- **인공와우**
  인공와우이식은 보청기를 써도 도움을 받지 못하는 고도의 감각 신경성 난청 아동에게

표 10-11 청각장애 학생을 위한 보조도구 (계속)

청력을 제공하는 수술이다. 와우이식은 외부의 음원으로부터 전달되어 온 소리 에너지를 전기에너지로 바꾸고 달팽이관에 삽입된 전극을 통하여 청신경을 직접 자극하여 소리를 듣게 하는 수술이다. 인공와우는 체내와 체외의 두 부분으로 되어 있다. 체외에 있는 부분은 보청기처럼 착용하며, 마이크, 언어합성기, 발신기로 구성된다. 체내에는 보내진 자극을 수신하여 전기적 정보로 바꾸어 주는 수화기와 이를 청신경으로 보내는 전극이 수술로 삽입된다.

- **FM 보청기**
  교사가 작은 마이크를 착용하고 말하면 소형 라디오와 같은 트렌스미터를 통해 청각장애학생이 귀에 착용하고 있는 보청기에 확대된 음성이 전달된다.
- **캡션기**
  텔레비전에서 나오는 음성정보를 자막으로 볼 수 있게 한다. 그러나 방송국에서 자막을 내보내는 프로그램에 한하여 캡션기기 설치된 TV 수신기로만 볼 수 있다.
- **청각장애인용 전화기**
  문자전화기는 한글문자판과 액정화면, 문자전송기능 단추 등을 추가로 설치하고 통화내용을 상대방의 전화기에 문자로 보낼 수 있다.
  골도전화기는 유선수화기 부분에 특수진동자를 부착하여 귀에 대지 않고 머리에 대어 뇌에 진동을 전달하여 소리를 들을 수 있게 한다.
- **알림장치**
  출입문의 벨소리, 화재경보, 자명종, 전화벨 등의 소리를 불빛이 들어오게 하여 알 수 있도록 한다.
- **보청견**
  보청견은 청각장애인에게 청각적 정보를 전달해 주는 역할을 한다. 예를 들어, 팩스가 온 신호음이 들리거나 현관 벨이 울리면 청각장애인에게 사실을 전달해 주는 역할을 한다.

출처: 박승희(2003). 장애인 인권교육 입문: 다르게 함께 사는 세상, pp. 30-31, p. 36; 이소현, 박은혜(2006). 특수아동교육(2판), pp. 265-266. 발췌 재구성.

4. 다양한 공통적 보조도구

다양한 장애학생들이 가정, 학교, 여가, 지역사회 환경 등에서 여러 가지 활동에 참여하는 데 필요한 보조도구를 다음과 같이 6가지: (1) 일상생활 보조도구; (2) 컴퓨터 보조도구; (3) 이동 보조도구; (4) 착석 및 자세유지 보조도구; (5) 의사소통 및 대체 기구; (6) 스위치 등 장착기구로 분류하여 각각에 대해 간략한 정보를 제공한다.

1) 일상생활 보조도구

일상생활 보조도구는 장애인의 독립적인 일상생활을 위해 고안된 것으로 식사, 목욕, 옷 입기 등의 기술들을 쉽게 수행할 수 있도록 만들어진 도구들이다. 예를 들면, 이동식 목욕의자, 미끄러짐을 방지하는 부착식 접시, 한 손으로 사용할 수 있는 도마, 허리를 숙이지 않고 양말을 신을 수 있도록 고안된 도구, 어깨와 목 사이에 고정시킬 수 있는 수화기 등이 있다. 일상생활 보조도구의 예를 〈표 10-12〉에 제시한다.

표 10-12 일상생활 보조도구의 예

- **구부러지는 포크:**
  길고 부드러운 손잡이를 사용자의 손에 맞게 구부려서 사용자가 쉽게 손잡이를 잡을 수 있다.
- **문고리 보조 손잡이**
  문고리를 돌리기 어려운 경우 손잡이가 옆으로 길게 나와 있는 보조 손잡이를 문고리에 덧씌워 사용한다.
- **한 손 사용자용 손톱깎기 판**
  판 위에 손톱깎기의 아랫부분을 고정시켜 한 손으로만 손톱을 깎을 수 있다.

출처: 아이소리몰(http://isorimall.com)

특수교육지원 *Tips 31*

보조도구 지원은 이렇게

보조도구를 사용하는 장애학생을 지원할 때는 보조도구의 정확한 이름과 사용법에 대해 충분히 알고 있어야 하며 보조도구의 상태를 항상 점검하여(예: 배터리 충전상태, 고장 유무 등) 장애학생이 보조도구를 사용하는 데 항시 불편함이 없도록 지원한다.

2) 컴퓨터 보조도구

현대생활에 필수품이며 장애인들에게는 의사소통, 정보수집, 학습보조 등을 위해 유용하게 활용될 수 있는 컴퓨터를 보다 쉽게 접근하고 사용할 수 있도록 고안된 도구들이 포함된다. 예를 들면 한 손 사용자 키보드, 롤러 마우스, 큰 스위치 등이다(〈표 10-13〉, [그림 10-1] 참조).

표 10-13 컴퓨터 보조도구의 예

- **페니, 자일스 조이스틱, 트렉볼스**
  마우스를 사용하기 어려운 사람들을 위한 입력 장치다. 클릭과 드래그를 할 수 있는 버튼이 있다.
- **터치 스크린**
  모니터 앞에 부착하여 화면에 있는 아이콘을 직접 손으로 누르면 선택이 된다.
- **키가드:**
  키보드 위에 부착하여 손가락이 목표한 키를 정확하게 누를 수 있도록 돕는다.
- **트렉볼**
  마우스의 아랫부분에 있는 볼이 바깥으로 돌출되어 있고 좌우에 클릭 버튼이 있으며 윗부분에 드래그 버튼이 따로 있어 미세한 동작이 어려운 사람들이 사용하기에 좋다.

출처: 박승희(2003). 장애인 인권교육 입문: 다르게 함께 사는 세상, p. 27; 아이소리몰(http://isorimall.com)

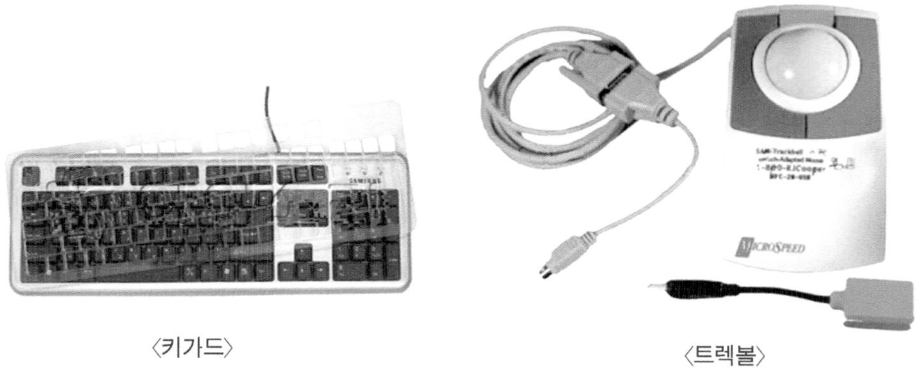

〈키가드〉 〈트렉볼〉

[그림 10-1] 컴퓨터 보조도구의 예

출처: 아이소리몰(http://isorimall.com)

3) 이동 보조도구

이동 보조도구는 시각적인 어려움이나 신체적인 제한으로 이동이 어려운 장애인의 이동을 보다 안전하고 편리하게 하기 위하여 고안된 것이다. 수동, 전동 휠체어, 리프트 등이다. 이동 보조도구의 예를 〈표 10-14〉에 제시한다.

표 10-14 이동 보조도구의 예

- **보행 보조기**
  손잡이와 지지대가 있으며 바퀴가 달려 있어 손으로 밀면서 이동할 수 있다.
- **이동보조벨트**
  허리띠에 손잡이가 부착되어 있어 장애인의 허리 두르고 손잡이를 잡아 이동을 보조할 수 있다.

출처: 아이소리몰(http://isorimall.com)

4) 착석 및 자세유지 보조도구

착석 및 자세유지 보조도구는 지체장애인이 바른 자세를 유지하여 고통과 기형을 예방할 수 있도록 고안된 것을 말한다. 예를 들면, 욕창 방지용 공기 방석, 머리, 골반, 체간 지지대, 코너 의자 등이다. 착석 및 자세유지 보조도구의 예를 〈표 10-15〉, [그림 10-2]에 제시한다.

표 10-15 착석 및 자세유지 보조도구의 예

- **인너**
  개인의 신체 특성에 맞게 제작한 쿠션 형태로 엉덩이와 등받이 부분에 넣어 자세를 유지할 수 있게 한다.
- **스탠딩 테이블**
  스스로 서기가 어려운 경우 몸을 지지할 수 있는 지지대와 고정벨트를 이용하여 서서 활동을 할 수 있게 한다.

출처: 박승희(2003). 장애인 인권교육 입문: 다르게 함께 사는 세상, p. 32; 아이소리몰(http://isorimall.com)

〈코너의자〉

[그림 10-2] 착석 및 자세유지 보조도구의 예

출처: 아이소리몰(http://isorimall.com)

5) 의사소통 보완 및 대체 기구

의사소통 보완 및 대체 기구는 일반적인 방법으로 다른 사람과 의사소통하기 어려운 사람들을 위해 고안된 것으로 간단한 그림이 있는 의사소통판에서 음성 출력 장치 등 매우 다양하다. 의사소통 보완 및 대체 기구의 예를 〈표 10-16〉, [그림 10-3]에 제시한다.

표 10-16 의사소통 보완 및 대체 기구의 예

- **의사소통판**
  메시지를 전달할 수 있는 그림, 상징, 기호, 단어 등을 넣어 만든다. 사용자는 그림이나 상징 등을 말로 하는 대신 손가락으로 가리켜 자신의 의사를 전달한다.
- **칩톡**
  원하는 그림, 상징, 기호, 단어 등을 메시지 버튼에 붙여서 사용한다. 약 5초 길이의 메시지를 녹음하여 버튼을 누르면 재생된다.
- **멀티콤스**
  그림이나 문자카드를 끼워 넣고 버튼을 누르면 내용이 음성으로 출력된다.

출처: 박승희(2003). 장애인 인권교육 입문: 다르게 함께 사는 세상, pp. 26-27; 아이소리몰(http://isorimall.com)

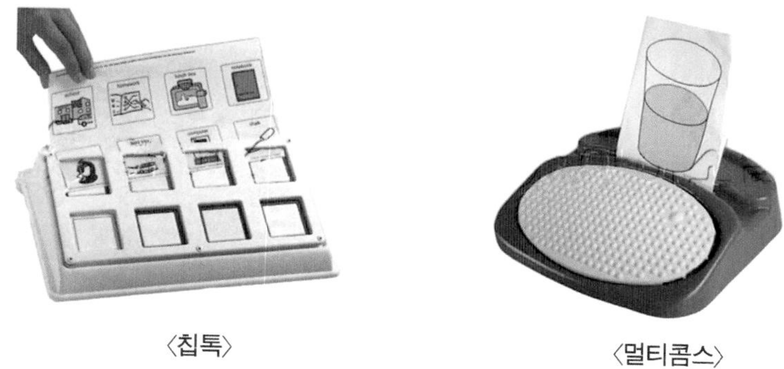

〈칩톡〉 〈멀티콤스〉

[그림 10-3] 의사소통 및 대체 기구의 예

출처: 아이소리몰(http://isorimall.com)

6) 스위치 등 장착 기구

운동능력이 매우 제한적인 지체장애 학생이 학습, 놀이, 일상생활을 스스로 통제할 수 있도록 다양한 스위치가 개발되었다. 스위치는 손, 턱, 발, 눈썹, 숨 조절 등으로 작동이 가능하다. 스위치는 컴퓨터뿐만 아니라 의사소통 보완 및 대체 기구, 생활기기, 전동휠체어 등 다른 기자재의 조작에도 사용할 수 있다. 스위치 등 장착 기구의 예는 〈표 10-17〉, [그림 10-4]와 같다.

표 10-17 스위치 등 장착 기구의 예

- **터치 스위치**
  혀, 코, 뺨, 손가락으로 건드리면 작동된다. 매우 작은 움직임에도 쉽게 반응한다.
- **와블 스위치**
  긴 막대 모양으로 된 스위치로 어느 방향으로든 밀거나 잡아당기거나 건드리면 작동된다.
- **퍼티트 필로우 스위치**
  머리나 팔로 살짝 치면 작동되는 스위치로 신체 일부와 부딪힐 때 충격을 완화하게 하기 위해서 커버가 부드러운 벨벳으로 되어 있다.
- **젤리빈 스위치**
  플라스틱 재질이며 쉽게 잘 눌러져서 손동작이 어려운 사람들이 한 번의 동작으로 사용하기 편리한 스위치다. 컴퓨터, 전자회로 장난감 등에 플러그 인하여 사용할 수 있다.
- **손가락 스위치**
  손가락에 스위치를 끼워 손가락의 미세한 동작만으로 작동이 가능하게 하는 스위치다.

출처: 박승희(2003). 장애인 인권교육 입문: 다르게 함께 사는 세상, pp. 26-27; 아이소리몰(http://isorimall.com)

〈젤리빈 스위치〉

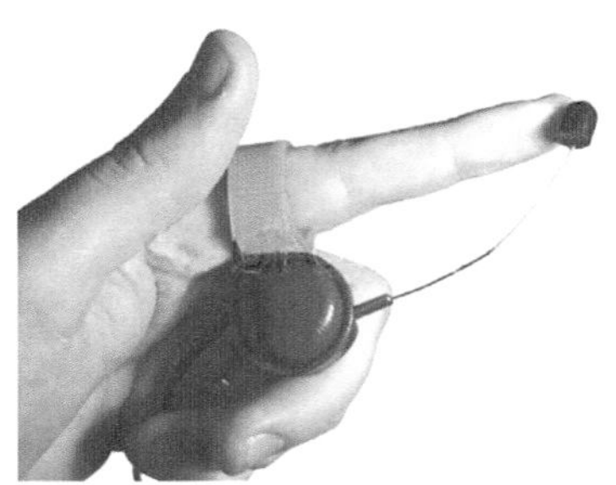

〈손가락 스위치〉

[그림 10-4] 스위치 등 장착 기구의 예

출처: 아이소리몰(http://isorimall.com)

참고문헌

교육부(1997). 특수학교 교육과정. 교육부 고시 제1998-11호[별책 2]. 서울: 교육부.

김의수(2003). 장애아동 체육교실의 이론과 실제. 서울: 무지개사.

박승희(2003). 장애인 인권교육 입문: 다르게 함께 사는 세상. 서울: 국가인권위원회.

박승희, 김영란(2006). 한국 특수학교 초등부의 치료교육활동 실시 현황과 쟁점.. 언어청각장애연구, 10(2), 101-127.

이동숙(2006). 미술수업 및 미술치료에서의 보조원의 역할. 한국자활후견기관협회 편. 2006 제2기 특수(장애통합)교육보조원 초급과정 연수(pp. 246-258). 서울: 한국자활후견기관협회.

이소현, 박은혜(2006). 특수아동교육(2판). 서울: 학지사.

장혜원(2006). 음악수업 및 음악치료에서의 보조원의 역할. 한국자활후견기관협회 편. 2006 제2기 특수(장애통합)교육보조원 초급과정 연수(pp. 230-244). 서울: 한국자활후견기관협회.

정동영, 박승희, 원성옥, 유숙열(2005). 대학장애학생 교수-학습 지원편람 개발 연구. 서울: 교육인적자원부.

황복선, 김수진(2002). 장애아동을 위한 관련서비스 전달체계의 이론적 기초 정립. 언어청각장애연구, 7(3), 233-251.

Amendments to Individuals with Disabilities Education Act. (1997). *Public Law,* 105-117.

Bigge, J. L., Best, S. J., & Heller, K. W. (2001). *Teaching individuals with physical, health, or multiple disabilities*(4th ed.). New Jersey: Merrill Prentice-Hall.

Dettmer, P., Thurston, L. P., & Dyck, N. (2002). *Consultation, collaboration, and teamwork for students with special needs*(4th ed.). Boston: Allyn & Bacon.

제10장 '관련서비스 및 보조도구 안내'를 공부한 후
다음을 알 수 있다.

- 관련서비스란 장애학생이 특수교육을 제공받을 때, 그 교육이 학생에게 최대한 유익이 되게 하기 위해 필요한 다양한 서비스로 정의될 수 있다.

- 「특수교육진흥법」의 개정으로 새로 공포된, 「장애인 등에 대한 특수교육법안」에서 제시한 관련서비스의 정의는 다음과 같다. "특수교육 관련서비스라 함은 특수교육대상자의 교육을 효율적으로 실시하기 위하여 필요한 인적 · 물적 자원을 제공하는 서비스로서 상담지원, 가족지원, 치료지원, 보조인력지원, 보조공학기기지원, 학습보조기기지원, 통학지원 및 정보접근 지원 등을 말한다."

- 장애학생을 위한 방과후 활동은 각 학생의 요구와 특성에 적합한 교육과 치료를 제공하며 학생의 소질 적성 계발 및 취미 특기 신장교육의 기회를 제공하기 위한 것이다. 필요한 경우, 특수교육보조원은 방과후 활동을 지원할 수 있다.

- 보조도구란 장애인이 일상생활을 보다 독립적으로 하게 하고 적절한 교육 및 치료 서비스를 받고, 가정과 학교와 지역사회에서 여러 여가활동 및 개인활동을 하는 데 도움을 줄 수 있도록 고안된 도구를 의미한다.

- 보조도구는 일상생활 보조도구, 컴퓨터 보조도구, 이동 보조도구, 착석 및 자세유지 보조도구, 의사소통 보완 및 대체 기구, 스위치 등 장착기구 등이 있다.

제11장 장애학생 가족에 대한 이해

Ⅰ. 장애학생 가족 이해의 중요성

Ⅱ. 장애학생 부모 및 가족의 경험에 대한 존중

Ⅲ. 특수교육보조원과 장애학생 부모와의 원만한 의사소통 방안

제 11 장 장애학생 가족에 대한 이해

학습목표

- 장애학생 가족 이해의 중요성에 대해 안다.
- 개인 장애학생의 부모 및 가족의 경험에 대한 민감성과 존중감을 가진다.
- 특수교육보조원과 장애학생 부모와의 원만한 의사소통 방안에 대해 안다.

I. 장애학생 가족 이해의 중요성

최근 학교 환경에서 만날 수 있는 학생들의 가족 유형은 다양하다. 흔히 생각하는 일반적인 가정의 형태인 '아버지-어머니-자녀'로 구성된 가족 이외에도 '조부모-손자, 손녀'로 구성된 가족, 부모 중 한부모만 있는 '아버지-자녀' 혹은 '어머니-자녀'로 구성된 한부모 가족, 양부모 혹은 수양자녀로 구성된 가족, 재혼가족, 일시적으로 자녀를 위탁하여 기르는 위탁가족 등 다양한 형태의 가족 유형이 있다. 교사와 특수교육보조원이 학생들의 가족 형태나 가족 구성원의 다양성을 존중하는 것은 중요하다. 학생 가족의 배경을 이해하고 그것이 학생들의 학업이나 학교 생활에 미칠 수 있는 영향력에 대해 숙고하면, 학생을 더 잘 이해할 수 있게 될 것이다.

특히 장애자녀를 둔 가정은 다른 가정과는 다른 경험들을 가질 수 있다. 장애 유형이나 정도가 어떠하든지 간에 장애자녀를 양육하는 것은 쉬운 일이 아니다. 장애학생이 있는 가족은 독특한 어려움을 가질 수 있는데, 자녀의 장애를 발견하고 진단을 받는 과정에서 겪게 되는 어려움과 심리적 부담을 비롯하여 장애학생을 양육하는 데 있어서의 신체적, 경제적인 부담 및 가족 구성원 간의 긴장과 갈등, 나아가 미래에 대한 불안감 등을 지닐 수 있다. 교사나 특수교육보조원들이 이러한 장애학생 가족의 경험과 요구에 대해 잘 알고 이해하는 것은 장애학생의 교육에 있어서 중요한 일이다.

II. 장애학생 부모 및 가족의 경험에 대한 존중

부모들이 자신의 자녀가 건강하고 아무런 문제가 없기를 바라는 것은 당연하고도 자연스러운 일이다. 부모들은 자신의 자녀가 장애가 있다는 것을 알았을 때, 충격을 받고 믿지 않으려 하거나 낙담을 하게 된다. 장애학생의 부모들은 자녀가 장애가 있다는 사실을 받아들임에 있어 어느 정도 공통적인 정서적 과정을 거치는데, 초기에는 부정적인 태도를 보이다가 점차 수용적인 태도로 바뀌어 적응하게 된다.

1. 장애학생 부모의 장애수용 단계

Kubler-Ross(1969)는 암환자들을 대상으로 연구를 하여 사람들이 일반적으로 겪는 슬픔의 단계에 대해 밝혀냈다. 그 단계는 다음과 같은 5단계로 나누어진다: (1) 충격과 불신, 부정의 단계; (2) 분노와 분개의 단계; (3) 타협의 단계; (4) 좌절과 우울의 단계; (5) 수용의 단계. 이는 장애를 가진 부모들에게도 종종 적용이 된다. 일반적으로 장애학생의 가족들도 자녀의 장애를 알게 된 처음에는 충격을 받고, 믿지 못하며, 이를 부정한다. 이후 점차 분노를 느끼다가 스스로 타협을 하고, 좌절과 우울을 경험하며, 점차적으로 장애에 대해 수용을 하는 과정을 거친다. 〈표 11-1〉은 각 단계별 특성 및 단계별로 전문가들이 가족을 도울 수 있는 방법에 대해 설명하고 있다.

이러한 Kubler-Ross가 묘사한 슬픔의 단계를 겪는 장애학생 부모들의 특성은 다음과 같다(박지연 외 공역, 2006, pp. 369-370).

첫째, 일반적으로 장애학생의 부모는 처음에 자녀의 장애진단을 부정한다. 그들은 종종 의사가 실수로 진단을 잘못 했을 거라고 생각하고 여러 병원을 전전하며 '의사쇼핑' 을 한다. 이러한 반응은 부모가 자녀의 장애를 더 잘 이해하게 될 수 있도록 할지도 모르지만, 적절한 시기에 필요한 도움을 얻지 못하게 할 수 있다. 불신과 부인이 없어지면, 가족 구성원들은 우울감을 경험하게 된다. 이 시기 동안 가족들은 사회적인 고립을 경험할 수 있다. 무엇보다도 지지가 필요한 이 때에는 친척이나 가까운 친구들이 가족들에게 최소한의 지지를 제공할 수도 있다. 우울감은 시간이 지나면서 나아지지만 장애학생으로 인한 문제가 생활 전반으로 이어질 때는 만성적이 되기도 한다.

둘째, 위의 단계가 지나고 나면, 분노와 죄책감의 단계로 접어드는데, 이때는

제11장 '장애학생 가족에 대한 이해'를 공부한 후 다음을 알 수 있다.

- 장애학생이 있는 가족은 다양한 면에서 일반 가정과는 다른 경험을 가질 수 있는데, 이러한 가족의 어려움과 독특한 요구에 대해 이해하는 것은 장애학생의 보다 나은 교육을 위해 중요한 일이다.

- 장애학생 가족들은 장애학생의 양육 및 교육과 관련하여 심리/정서적, 경제적, 신체적인 측면에서의 어려움을 겪기도 하고, 한편으로는 장애학생으로 인하여 오히려 가족 간의 결속력이 강화되고 가족구성원 간에 강한 유대감이 형성되기도 한다. 모든 장애학생 가족들이 전형적인 하나의 특성을 보이는 것이 아니라 저마다 독특한 특성과 개별적인 요구들을 가지고 있음을 이해하는 것이 중요하다.

- 특수교육보조원이 장애학생 부모와 의사소통을 할 때에는 다음과 같은 몇 가지 사항에 유의해야 한다. 첫째, 장애학생에 대한 정보 및 부모와의 면담 내용은 철저하게 비밀이 보장되어야 한다. 둘째, 부모에게 장애학생의 학교생활에 대한 이야기를 할 때에는 객관적이고 사실적인 정보만을 전달해야 한다. 셋째, 특수교육보조원은 특수교사나 일반교사의 보조자 역할임을 인식해야 한다. 넷째, 특수교육보조원은 교사나 부모에게 잘 모르는 사항에 대해 잘못된 정보를 제공해서는 안 된다. 다섯째, 장애학생이 함께 있는 자리에서는 어느 누구와도 학생에 대한 이야기를 하지 않아야 한다.

특수교육지원 Tips 전체 목록

1. 특수교육대상자
2. 장애인등록제도
3. 특수학교 대 일반학교 특수교육대상 학생 수
4. 장애영역별 특수교육대상 학생 수
5. 통합교육의 개념
6. 동일한 장애명이지만 각기 다른 학생
7. 장애는 모든 문제의 원인이 아님
8. 정신지체의 새로운 명칭은 지적 장애
9. 수화는 많은 청각장애인에게 제1언어
10. 특수교육보조원 정체성
11. A+ 특수교육보조원, 이렇게 하면 될 수 있다!
12. 개별화교육계획(IEP)은 개별지도(일대일)가 아님
13. 표준화된 검사 이외의 다양한 자료 사용
14. 학생의 현행 수행수준 묘사에서 피해야 할 표현
15. 개별화교육계획(IEP)에서 장 · 단기목표
16. 개별화전환교육계획(ITP)
17. 일반교육과정 내용에 접근하는 3가지 방안
18. 지역사회중심교수
19. 학생의 생활연령에 대한 고려
20. 과제분석
21. 긍정적 행동을 칭찬하며 문제행동을 감소
22. 정확한 약물복용
23. 아무도 몰래 사탕이나 살짝 꼬집기는 안 됨!
24. 침묵의 위력
25. 기본 생활기술
26. 촉진은 점차 줄이고 독립적 수행
27. 장애학생의 프라이버시 존중
28. 장애청소년의 성
29. 치료상황의 특수교육보조원 역할
30. 방과후 활동 지원
31. 보조도구 지원은 이렇게
32. 다양한 가족 형태의 존중
33. 장애학생 부모에게 자녀의 이야기를 할 때

부　　록

- **부록 1 _** 교육인적자원부, 특수교육정책과 특수교육운영계획(2007년도 예)
- **부록 2 _** 보건복지부, 장애인복지시책(2007년도 예)
- **부록 3 _** 특수교육 전공 및 장애이해 관련 도서의 예
- **부록 4 _** 장애이해 관련 영화의 예
- **부록 5 _** 장애 및 특수교육 관련 웹사이트의 예
- **부록 6 _** 수화 및 점자의 예
- **부록 7 _** 전국 시도교육청 웹사이트
- **부록 8 _** 전국 특수교육지원센터 주소록

부록 1

교육인적자원부, 특수교육정책과 특수교육운영계획 (2007년도 예)

2007년 특수교육운영계획

교육인적자원부(특수교육정책과), 2007. 1

특수교육대상 학생 누구나, 언제, 어디서나 교육받을 수 있는 교육복지사회 구현

추진방향

- 특수교육대상 학생의 교육기회 완전 보장
- 전국 특수교육의 균형적인 발전 도모
- 모든 학생의 교육요구와 능력을 존중하는 학교문화 창조

중점 추진 과제

- 지역별 · 학교급별 균형적인 특수교육 기회 확대
- 통합교육의 기반 구축 및 운영의 내실화 도모
- 교수-학습방법의 다양화를 통한 특수교육의 질 제고
- 교원의 특수교육 책무성 및 전문성 강화
- 특수교육 지원체제 강화

I. 지역별 · 학교급별 균형적인 특수교육 기회 보장

1. 특수교육대상 학생의 진단 · 평가 및 배치체계 확립

추진목적

- 특수교육대상 학생의 장애 정도 및 교육욕구 등의 정확한 진단 · 평가 및 적합한 교육환경 배치로 개별학생의 학습권 보장

* 특수교육진흥법 제4조(특수교육운영위원회), 제5조(의무교육등), 제10조(특수교육대상자의 선정), 제11조(각급학교의 지정 · 배치), 제14조(순회교육 등)

1) 특수교육대상 학생의 무상 · 의무교육제도 홍보 강화

- 의무 · 무상교육에 대한 특수교육 제도 및 특수교육대상 유아 학비 지원 사업 등 특수교육 사업 홍보

2) 특수교육대상 학생의 진단 · 평가 강화

- 특수학교(급) 및 일반학교 내 특수교육대상 학생의 지원요구를 판단하는 다양한 진단 · 평가 수행 및 특수교육운영위원회의 진단 · 평가 및 심사에 대한 전문성 강화

3) 특수교육대상 학생의 선정 · 배치 절차 준수

① 전학: 고등학교 과정은 교육감이 시 · 도 특수교육운영위원회의, 중학교 과정 이하의 각급 학교는 교육장이 시 · 군 · 구 특수교육운영위원회의 심사를 거쳐 정하되, 보호자의 의견을 참작하여 종합적으로 판단한 후 결정함(특수교육진흥법 제10조, 11조)

② **선정 또는 지정 · 배치에 대한 재심청구**: 특수교육대상자 또는 보호자는 특수교육대상자의 선정, 학교의 지정 · 배치에 대하여 이의가 있을 때에는 당해 특수교육운영위원회에 재심을 청구할 수 있으며, 특수교육운영위원회는 30일 이내에 이를 심사 · 결정하여 통보함('환급' 용어 자제)

학생 또는 보호자	–특수교육대상자로의 선정을 신청
⬇	
교육감 · 교육장 또는 학교장	–특수교육운영위원회에 대상 선정 및 학교 지정 · 배치에 대한 심의 요청 ※시 · 군 · 구특수교육운영위원회: 유 · 초 · 중학생 ※시 · 도특수교육운영위원회: 고등학생
⬇	
특수교육운영위원회	–학생의 장애 정도보다 지원정도, 심리적 · 기능적 · 교육적 판단을 중시 –보호자에게 의견진술 기회 부여
⬇	
교육장 또는 교육감	–특수교육대상자의 선정 결과 및 학교 지정 · 배치를 신청인에게 서면으로 통지 ※ 일반학교 → 특수학급 → 특수학교 → 타 시 · 도 특수학교 순(특수교육진흥법시행규칙 제4조)
⬇	
학생 또는 보호자	–배치된 학교에 취학

③ **일반학교 지정 · 배치 요구 시**: 거주지와 가장 가까운 일반학교에 학생의 정원과 관계없이 배치(특수교육진흥법시행령 제10조제3항)

④ **학적 편성**: 특수학급이 아닌 일반학급(통합학급)에 편성 배정하고, 상급 학교 진학 시 반드시 전 학년까지의 특수교육 수행자료 사본을 첨부하여 이송

4) 취학의무 면제 및 유예자에 대한 학교 지정 · 배치

- 취학의무 대상 특수교육대상 아동에 대한 적령 취학 독려

※ 의무교육 대상 중 취학의무 면제 및 유예자에 대한 입학 또는 재입학 · 편입학은 초 · 중등교육법시행령 제29조제2항에 의거 학년 결정(초등학교에 한함)

시 · 도교육청 조치사항

① 홍보책자 제작 활용
특수교육 관련 기초 정보 제공 및 지역내 특수교육지원센터와 특수교육기관 등에 관한 홍보책자 제작하여 병원, 보건소, 어린이집 등 유관기관에 배부
② 선정 · 배치 관련 지침서 제작 활용
진단 · 평가 및 선정 · 배치 관련 지침서를 마련하여 시 · 군 · 구교육청, 특수교육기관, 일반학교에 시달('07. 2 시행)
③ 구비서류 간소화
학부모, 담임교사로부터 과다한 구비 서류 요구 금지
④ 진단 · 평가소위원회 구성 · 운영
특수교육대상자의 선정 · 배치를 위한 진단 · 평가업무를 현장 교사에게 부과하지 않도록 하며, 특수교육운영위원회 내 특수교육대상자 진단 · 평가소위원회를 구성하여 운영

- 학령기가 지난 특수교육대상 학생에 대한 취학 조치: 특수교육진흥법 제14조에 의거 대책 수립, 동법 제11조에 따라 조치, 초등학교 졸업자격이 없는 자의 중학교 입학은 불가

2. 특수교육대상 유아의 무상교육 기회 보장 확대

추진목적

- 만 3~5세 특수교육대상 장애유아의 완전 무상교육 실현으로 장애유아 가정의 생활안정 및 교육복지 증진
- 특수교육 기회 확대를 통한 특수교육대상 유아의 장애경감, 2차 장애예방 및 성장 · 발달 촉진

* 교육기본법 제18조(특수교육), 초 · 중등교육법 제59조(통합교육), 특수교육진흥법 제5조(의무교육 등), 제8조(조기특수교육시책강구)

1) 유아특수교육기관 신 · 증설

- 국 · 공 · 사립유치원(단설 · 병설) 내 특수학급, 유치원 과정만 운영하는 특수학교, 장애인복지시설 내 유치원 과정 파견학급 신 · 증설
- 특수교육기관에 3세 유아반 설치 · 운영 및 유치원 특수학급이 설치되지 않은 시 · 군 · 구교육청에 유치원 특수학급 1학급 이상 우선 설치

2) 특수교육대상 유아 일반유치원 배치 확대 및 학비 지원

• 지원대상: 장애유아 2,000명

• 특수학급 미설치 일반유치원에 취원하는 만 3~5세 장애유아
• 만 3~5세 기간에 무상교육 수혜실적이 없는 만 6세 초등학교 취학의무 유예자(무상보육 지원실적이 있는 장애유아 포함)는 유아특수교육기관 및 일반유치원 취원 희망 시 1년에 한해 취학 허용
• 만 6세 초등학교 취학의무 유예자 중 만 3~5세 기간에 무상교육 및 무상보육 지원을 받은 실적이 있더라도 해당 특수교육운영위원회에서 인정하는 사안에 대해서는 1년간 학비 지원
※ 예: 거주지 관내(학군)에 특수학교 초등부 또는 초등학교 특수학급이 없는 경우 등

• 지원대상 선정시기: 재학생(학년 말 · 학년 초), 신입생(학년 초)
※ 긴급지원 요구 시: 분기별로 선정하고 지원은 유치원 취원 기간 동안 소급 적용하는 등 탄력적으로 운영
• 지원대상 선정 및 지원 절차
• 지원단가 및 예산집행
- 지원단가: 국공립유치원(1인 월 9만 원), 사립유치원(1인 월 361천 원 이내)
※ 분기별 유치원 교육과정 운영일수의 2/3 이상 출석한 경우 지원
- 입학금, 수업료, 교과용도서대(교재대), 급식비, 통학비를 포함하여 지원하되, 실제 소요되는 경비를 기준으로 지원
- 교육인적자원부 '교육비 특별회계 예산편성 매뉴얼'(국고보조금사업)에 의거 1/4, 3/4분기 수시 교부

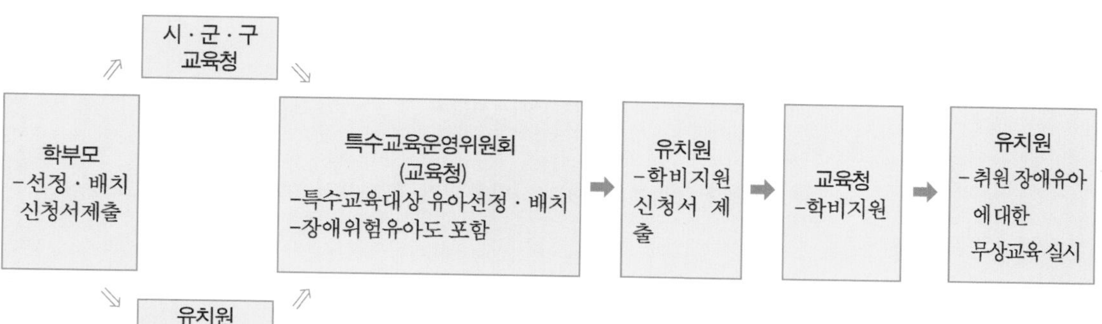

3) 유아특수교육 담당교사 전문성 강화

- 유아특수교육 담당교사 임용 시 유아특수교사자격증 소지자를 우선 배치하고, 기 배치된 타 자격증 소지교사는 유아특수교육교사 자격증 소지자로 교체(특수교육담당교원 및 전문직인사관리기준)
- 유아특수교육기관의 치료교육 담당교사 배치 확대
  ※ 유치원과정만 운영하는 특수학교에 보건교사, 교과전담교사 배치(특보 81070-455, '02.7.19)

시 · 도교육청 조치사항

① 유아특수교육기관의 종일반 운영을 위한 인건비, 운영비, 시설환경 개선비 지원 확대 및 특수교육대상 유아 일반유치원 학비 대응투자 예산 확보
② 특수교육대상 유아 일반유치원 배치 · 학비지원계획 수립 · 추진 및 결과보고
③ 특수교육진흥법 전부 개정을 통해 유치원 과정 의무교육 도입에 따른 해당지역내 학부모 대상 의견 수렴 및 실시 방안 모색

3. 특수교육기관의 신(증)설을 통한 특수교육 기회 확대

추진목적

- 특수학교 신설 및 특수학급 증설을 통해 특수교육대상 학생에 대한 지역별 · 학교급별 균형적인 특수교육 기회 제공 확대

* 교육기본법 제18조(특수교육), 초 · 중등교육법 제59조(통합교육), 특수교육진흥법 제3조(국가 및 지방자치단체의 임무), 고등교육법 제45조(부설학교)

1) 장애영역별 · 지역별 균형적인 특수학교 신설 추진

- 단일 장애영역 학교보다 여러 장애영역을 대상으로 하는 종합 특수학교 설립 · 운영 권장
  ※ 특수교육 발전 종합계획 및 BTL사업에 의거 '07년부터 '09년까지 14개 학교 증설

2) 유 · 초 · 중 · 고 학교급별 균형적인 특수학급 설치 · 운영

- 특수교육진흥법시행령 제13조의 2(특수학급 설치)에 의거 시 · 도교육청의 특수학급 편성기준 수정 · 보완(특보 81070-179, '03. 3. 27)
- 특수교육 여건 취약지역에 특수학급 우선 설치

  ※특수학급 미설치 시 · 군 · 구교육청: 유치원(101개), 중학교(5개), 고등학교(45개)
- 고등교육법 제45조 제4항 및 제5항의 규정에 의거 교육대학, 국공립대학의 사범대학 및 종합교원양성대학 부설학교의 특수학급 의무적 설치 운영

  ※특수학급 설치 현황 : '06. 8교, '07. 24교, '08. 7교(예정)

  ※특수학급 설치에 따른 특수교사 정원 확보(2007년)

3) 특수학교 및 특수학급 학급당 학생수 감축

- 특수학교(급) 학급당 평균 학생수 감축계획(「특수교육발전종합계획」 의거)

(단위 : 명)

학교과정	유치원	초등학교	중학교	고등학교
'06 현황	3.7	5.9	7.4	8.9
'07 목표	4.0	6.0	6.0	7.0

※시각 · 청각장애학교의 경우 유(4), 초(6), 중(9), 고(12명) 적용하되, 중복 · 중증장애 학생의 학급당 학생수는 하향 조정

시 · 도교육청 조치사항

① 일반학교 설립 계획 수립 시 특수학급 설치 계획을 포함하도록 조치
② 각 교육청별 특수학교 및 특수학급의 학급정원, 급당 평균인원 등에 대한 실태조사 후 특수학교 및 특수학급 확충 자체계획 수립
③ 특수학교 및 특수학급 증설에 필요한 소요예산 확보(특수교육발전종합계획(수정계획), 특수교육보건과-4603('04. 11. 4))
④ 관할지역 내 2007년 특수학급 설치 국공립대학 부설학교에 특수교육대상 학생 선정 · 배치, 특수학급 시설 · 설비, 교재 · 교구 구입, 특수학급 운영계획 및 교육과정 편성 · 운영에 대한 장학지도 등 적극적인 행정지원

4. 특수교육대상 학생의 순회교육 내실화 도모

추진목적

- 가정 · 병원 · 복지시설의 중도 · 중복장애 학생 및 건강장애학생에게 학교교육 기회 제공
- 가정 · 복지시설 · 야간학교의 과령아, 장애성인 등에 대한 의무교육과정 학교교육기회 제공

※ 특수교육진흥법 제5조(의무교육 등), 제14조(순회교육 등)

1) 순회교육 대상자 실태 파악

- 지역교육청별 취학의무 유예자, 법인 · 개인 등이 설립한 복지시설, 기도원, 기타 보호시설 등의 장애아동, 만성질환으로 인해 장기입원 및 통원치료 중인 아동, 야간학교의 의무교육 및 학령기 교육 미수혜자 조사

2) 순회교육 지원 범위 확대

- 복지시설 등에 특수교육기관의 분교장 또는 파견학급 설치 확대
- 가정 · 병원 및 복지시설 등에 전담 순회교사 배치 확대
- 야간학교 등의 의무교육 및 학령기 교육 미수혜자 등에 대한 순회교육 지원 확대

시 · 도교육청 조치사항

① 순회교육 대상은 특수교육운영위원회의 종합적인 판단을 통해 이동 곤란 등 특별한 사유를 지닌 학생에 한해 선정하고, 통학지원 등 가능한 지원을 확대하여 학교에 출석토록 권장
※ 순회교육을 받고 있는 학생 중 학교교육이 가능한 학생은 특수학교(급), 일반학급으로 재선정 · 배치
② 특수학급 담당교사의 순회교육 겸임 지양 및 순회학급 설치 · 순회학급 전담교사 배치 확대
③ 순회학급에 대해 교내 학급과 동일한 기준으로 교재 · 교구 구입비 등 학급 운영비 지원

3) 순회교육 교육과정 운영의 내실화 도모(p. 9 참조)

4) 특수교육대상자 순회교육 담당교사 연수 강화

- 중도 · 중복장애학생 및 만성질환으로 인한 건강장애학생의 지도방법, 지도 프로그램 개발 및 가족지원 방법, 치료교육 등에 관한 연수 강화

◐ 순회교육 운영방안 ◑

1. 운영 방침
   - 가정, 병원 및 복지시설 등의 중도 · 중복장애아동 및 장기치료 중인 건강장애아동, 장애인 야학의 교육생 중에서 특수교육운영위원회를 통해 순회교육 대상으로 선정된 학생에 대해 실시
   - 담당교사가 학생을 방문하여 교육하되, 가정교육, 통신교육, 출석교육 및 체험교육 등을 통해 수업일수 확보
   - 순회교육은 학기별, 월별 계획에 의해 계획적으로 교육과정을 운영
2. 학급 편성
   - 1학급을 5명 이내로 편성하되, 거주지별, 시설별로 무학년제 편성 운영
3. 교육과정 운영
   - 순회학급, 파견학급, 병원학교 등 학생의 학적은 재적교(반)에 두고, 교육과정 편제와 시간배당은 재적교의 교육과정 편제와 시간배당에 따르되, 학생의 장애 정도에 따라 교육과정을 수정하여 운영할 수 있음
   - 학생 1인당 주 2회 이상 방문교육을 원칙으로 하며, 1일 학생 1인당 수업시간은 40분 3시간으로 운영하되, 학생의 장애유형 · 정도 · 능력 및 기후 · 계절 · 학습 내용에 따라 조정 운영할 수 있음
   - 방문교육 이외 통신교육, 가정교육, 출석교육 및 체험교육 등을 통해 수업일수 확보해야 함
     - 방문교육: 교사의 방문을 통해 일대일로 이루어지는 교육
     - 통신교육: 이메일, 인터넷 및 전화 등을 통해 과제를 부여하고 확인하는 교육
     - 가정교육: 사전계획에 의해 가정에서 학생 혼자 혹은 가족들과 함께 하는 학습과제를 부여하는 교육
     - 출석교육: 재적 학교의 수업과 행사활동 등에 참여하는 교육
     - 체험교육: 사전계획에 의해 부모 또는 교사와 함께 하는 체험교육
   - 본 운영방안은 순회교육 전담교사를 배치한 경우에 한해 적용하되, 기타 교육과정 운영 및 필요사항은 시 · 도 지침에 따름

5. 병원학교 설치 · 운영 및 건강장애학생 교육지원 체계 확립

추진목적

- 만성질환 치료로 인해 학업을 중단하고 있는 건강장애 학생들의 학업의 연속성 유지 및 학습권 보장
- 개별화된 학습지원, 심리 · 정서적 지원 등을 통해 학교생활적응 도모 및 삶에 대한 희망과 용기를 심어 주어 치료효과 증진

※특수교육진흥법 제5조(의무교육 등), 제10조(특수교육대상자의 선정), 제14조(순회교육 등), 특수교육진흥법 시행령 제8조(특수교육대상자의 선정)

1) 만성질환 학생을 건강장애로 선정하여 무상교육 혜택 제공

- 일반학교 교사 및 학부모 대상으로 건강장애의 선정기준 및 절차, 무상교육 지원 범위, 교육지원 내용 등에 대해 소개하는 공문 발송 혹은 자료 배포
  ※선정기준 중 '3개월 이상의 계속적인 의료적 지원' 이란 입원 혹은 통원치료 등 장기간의 의료적 처치가 요구되어 1년의 출석일수 220일의 2/3이상을 출석할 수 없을 정도로 의료적 처치가 요구되는 경우로 연속적인 3개월 입원 학생만을 제한적으로 선정하지 않도록 유의
- 일반학급 배치를 원칙으로 하되, 병원 혹은 가정에서의 학습 지원

2) 시 · 도교육청별 병원학교 1개 이상 설치 · 운영

- 병원학교 설치 · 운영에 대한 행 · 재정지원 홍보 및 해당지역 종합병원과 시 · 도 혹은 시 · 군 · 구교육청간 협약을 통해 병원학교 설치 추진
  ※병원학교 수: 8개('05) → 18개('06년) → 24개('07) → 32개('08)
  ※병원학교 설치 지역('06): 서울(6), 부산(3), 대구(1), 인천(1), 대전(2), 경기(1), 충남(1), 전남(1), 경남(2) 등 9개 지역
- 병원에 파견학급 형태로 설치하되, 수혜자 요구에 따라 '○○교육청 소속 ○○ 병원학교' 로 통칭
- 병원학교 소속병원의 소아과의사 등 주책임 의료진에 대해 '명예교장' 역할을 부여하여 원활한 병원학교 운영 도모
- 병원학교 운영의 내실화 도모(p. 11 참조)

3) 개별적인 학습지원 및 심리 · 정서적 적응 지원 강화(p. 11 참조)

◐ 건강장애 학생 교육지원 방안 ◑

1. 건강장애 학생 선정 및 무상교육 제공
   - 만성질환 학생을 건강장애학생으로 선정하여 무상교육 혜택 부여 및 순회 교육 · 병원학교 · 화상강의 등 다양한 방법을 통해 출석일수 확보하여 상급 학교 · 학년 진학하도록 지원

     ※ 선정의 기준: 심장장애 · 신장장애 · 간장애 등 만성질환으로 인하여 3개월 이상의 장기입원 또는 통원치료 등 계속적인 의료적 지원이 필요하여 학교생활 · 학업수행 등에 있어서 교육적 지원을 지속적으로 받아야 하는 자
2. 건강장애 학생을 위한 개별화된 교육지원 및 심리 · 정서적 적응 지원
   - 개별화교육계획 수립: 개별화건강관리계획은 물론, 병원학교 · 화상강의 시스템 등을 이용한 수업일수 확보 계획을 포함하고, 학생 연령과 학업수준에 따라 학업중심 교육과정과 심리 · 정서적 적응지원의 균형 유지
   - 사이버가정학습 서비스, 화상강의시스템 시범운영 등을 이용하되, 담임교사, 특수교사, 학부모도우미, 교사자원봉사단, 예비교사 등이 일대일 상담 및 지도 등 지속적으로 관리하여 학년별 · 과목별 진도에 따라 학습할 수 있도록 함
   - 일반학생 봉사점수제 활용, 캠프, 기타 다양한 방법을 통한 심리 · 정서적 적응 지원으로 치료효과 증진 및 학교생활 적응 도모
3. 병원학교 교육과정 운영
   - 배치된 특수교사 외 인근학교 교사자원봉사단 · 예비교사도우미 등의 방문교육, 사이버가정학습 서비스, 화상강의 시스템을 적극 활용
   - 학사 관리: 병원학교의 수업 참여를 출석으로 인정하도록 조치
     - 정규교사 미배치 병원학교의 경우 수업확인증명서 발급을 통해 출석으로 인정
     - 최소수업시간: 유치 · 초등학생 1일 1시간 이상, 중 · 고등학생 1일 2시간 이상
   - 병원학교 교육과정 연구학교 및 u-러닝지원 연구학교 운영 적극 지원
4. 통원치료 중인 학생에 대한 교육지원 방안
   - 건강장애로 선정한 후 개별화교육계획을 수립하되, 통신교육, 가정교육, 출석교육, 체험교육 등 교육방법의 다양화를 통해 연간 수업일수 확보를 개별화교육계획에 포함
   - 담임교사, 특수교사, 교사자원봉사단, 예비교사도우미제 등을 통해 가정을 방문하여 지도 혹은 화상강의 시스템 적극 활용
   - 화상강의시스템 시범운영: 인터넷을 통한 실시간 화상강의를 시범적으로 운영하여 개별학생의 학년 및 학력 수준에 적합한 개별화된 학습을 지원하고 수업으로 인정
     - 서울시교육청교육연구정보원 담당지역: 서울, 대전, 경기, 강원, 충북, 충남
     - 경남교육청 더불어하나회 담당지역: 부산, 대구, 광주, 울산, 전북, 전남, 경북, 경남, 제주
     - 인천시교육청교수학습센터 담당지역: 인천

시 · 도교육청 조치사항

① 시 · 도교육청별 병원학교 설치현황 · 운영실태 파악 및 설치계획 수립('07.3)
② 만성질환 학생을 건강장애학생으로 선정하고 개별화교육계획 수립하여 순회교육, 병원학교, 화상강의 활용 등을 통해 수업일수를 확보하고 유급을 사전에 방지할 수 있도록 일반학교에 홍보 철저
③ 병원 및 화상강의시스템 시범운영 기관의 인근학교 교사와 교원양성 대학 예비교사들이 병원학교 강사 혹은 화상강의 강사로 참여할 수 있도록 적극하고 시 · 도교육청 차원의 인센티브 부여 방법 모색

II. 통합교육의 기반 구축 및 운영의 내실화 도모

1. 일반학교의 장애인 편의시설 확충

추진목적

• 일반학교의 장애인 편의시설 · 설비 확충을 통해 장애학생의 이동권 보장 및 통합교육 기반 구축

※ 특수교육진흥법 제12조(취학편의 등), 제15조(통합교육)

1) 모든 특수학급 설치학교 '09년까지 장애인 편의시설 설치 완료

• 시 · 도교육청별 각급학교 장애인 편의시설 설치 종합추진계획 수립 추진 및 실적 점검 강화

▶특수교육진흥법 제12조제4항
④ 각급학교의 장은 특수교육의 편의를 위하여 장애인 · 노인 · 임산부 등의 편의증진보장에 관한 법률 제2조제2호의 규정에 의한 편의시설을 설치하여야 함.
- 2004년 1월1일부터 시행
- 특수학급 설치 일반학교는 시행 후 3년 이내에 설치, 특수학급이 설치되지 아니한 일반학교는 초등학교부터 단계적으로 설치

• 각급학교 장애인 편의시설 설치 규정을 준수하여 장애학생 이동권 보장 도모(장애인 · 노인 · 임산부 등의 편의증진보장에 관한 법률 제2조2호)

2) 특수학급 미설치학교도 초등학교부터 단계적으로 설치

2. 일반학생의 장애이해교육 및 장애 체험활동 강화

추진목적

• 일반학생의 장애학생에 대한 인식을 개선하여 장애학생을 포함한 모든 학생이 더불어 사는 학교문화 창조

※교육기본법 제4조(교육의 기회균등), 초 · 중등교육법 제59조(통합교육), 특수교육진흥법 제15조(통합교육)

1) 교과서의 장애관련 내용 교육 충실

• 국립특수교육원 개발 초 · 중 · 고등학교 교과서 장애관련 내용 지도자료(2003-2005) 활용

2) 학기별 1회 이상 장애이해교육 실시

• 모든 학생 및 학부모 대상 장애이해교육 학기별 1회 이상 실시: 국립특수교육원 홈페이지(www.kise.go.kr)의 장애이해교육 사이트 활용

3) 장애체험활동 실시

• 특수학교별로 창의적인 장애체험활동 프로그램을 개발하여 일반학교와 공동 활동함으로써 모든 일반학생 및 학부모의 장애 인식개선 도모
• 지역별 장애인식개선사업 추진하는 복지관 등 유관기관과 연계하여 실시

4) 일반학교 1교 1특수학교 · 장애인시설 자매결연 권장

• 특수학교 · 장애인시설에서의 봉사활동 실시를 통해 장애 이해 증진

3. 특수학교 및 특수학급의 운영 개선

추진목적

• 특수학교와 특수학급의 교육과정 운영개선을 통해 지역사회 특수교육 지원 및 일반학급의 통합교육 지원 강화

※특수교육진흥법 제25조(교육과정의 운영 등)

1) 특수학교의 운영 개선

- 학교시설 개방을 통해 지역 주민과 장애인의 교육 · 문화 · 여가활동 지원 및 장애성인 평생교육 지원
- 자원봉사자 활용 프로그램 확대 개발 · 운영을 통해 지역주민을 특수교육 지원 인력으로 확보하며 장애학생에 대한 인식 개선 도모
- 장애영유아 상담, 일반학교 특수교육대상 학생 진단 · 평가와 진로 · 직업 및 전환교육 상담 지원 등을 통해 지역사회의 장애인 지원 확대

2) 특수학급의 운영 개선

- 전일제 특수학급 운영 지양 및 시간제 특수학급으로 운영형태를 전환하여 통합교육 확대 지원
- 통합학급 교수-학습활동 지원을 위한 특수학급 담당교사와 통합학급 담당교사 간 협력 강화
- 일반학생 · 일반교사의 장애인식 · 특수교육 이해 증진을 위해 학기별 1회 이상 학생교육 · 직원연수 실시 및 지원활동 강화
- 특수학급 · 통합학급의 특수교육보조원 활용 및 관리 강화

시 · 도교육청 조치사항

① 시 · 도교육청별로 특수학교(급)의 운영형태 개선에 대한 세부지침 작성 시행
② 시 · 도교육청 자체 특수학교 경영 평가 시 학교 운영 전환 노력 반영

4. 통합학급 운영 · 관리 강화

추진목적

- 통합학급의 교재 · 교구, 교육환경 개선 등의 운영지원 확대를 통해 통합교육의 내실화 도모
- 통합학급 담당교사에 대한 장학 및 연수 확대를 통해 통합교육의 활성화 도모

※초 · 중등교육법 제59조(통합교육), 특수교육진흥법 제15조(통합교육)

1) 통합학급의 특수교육대상 학생 학습활동 지원

• 일반학급에 완전 통합되어 있는 특수교육대상 학생을 위해 특수교육지원센터 순회교사, 인근 특수학교(급) 교사 등의 순회교육 실시 및 교재 · 교구비 등의 지원 확대
• 학교급별, 교과별 통합교육과정 및 교수법 개발 · 보급
• 단위학교별로 일반학급에 재학하고 있는 저시력학생 현황 파악, 이들에 대한 확대교과서 보급 및 활용에 대한 홍보 철저

2) 통합학급당 특수교육대상 학생의 적정 배치 및 일반학생 수 감축

3) 통합학급 담당교사의 적정 배치

• 통합학급 담당교사는 특수학교교사 자격증 소지자, 교육대학원에서 특수교육을 전공하고 있는 교사 또는 특수교육 직무연수(60시간 이상)를 이수한 자를 우선 배치
  ※ 단, 해당자가 없는 경우 특수교육 직무연수(60시간 이상) 이수를 조건으로 배치 가능
• 통합학급 담당교사에게 선택가산점을 부여하는 경우 특수교육대상 학생이 교육과정 운영시간의 최소 30～40% 이상을 일반학급 수업에 참석토록 조치

4) 통합교육 담당교사의 특수교육 직무연수 강화

• 특수교육대상 학생이 통합된 일반학급을 담당하는 교사에게 특수교육 직무연수(60시간 이상)를 우선하여 이수토록 조치
• 시 · 도 및 시 · 군 · 구교육청별로 통합교육 실시학교 관리자(교장 · 교감) 자체 특수교육 직무연수 실시

5) 교육청별 통합학급 담당교사 · 특수학급 교사연수의 연합 또는 분리연수 연 1회 이상 실시

6) 통합교육의 효율적 실시를 위하여 일반교원 대상 모든 연수 과정에 특수교육에 관한 사항을 연수내용에 포함

※ 특수교육진흥법 시행령 제13조(특수교육에 관한 연수)

5. 통합학급 시범학교 운영의 활성화

추진목적

- 통합학급 시범학교 운영을 통해 통합교육과 관련한 문제 해결 및 통합교육 촉진

※초·중등교육법 제59조(통합교육), 특수교육진흥법 제15조(통합교육)

1) 통합학급 시범학교 운영

- 지역교육청별 통합학급 시범학교 1개교(학교과정별) 이상씩 지정·운영 후 결과 보고회 개최

시·도교육청 조치사항

지역별·학교급별·교육활동영역별 통합학급 운영 실천 모형 및 자료 개발 등을 위해 통합학급 시범학교 운영비 지원 및 지도 강화

III. 교수-학습방법의 다양화 및 개선을 통한 특수교육의 질 제고

1. 특수학교 및 특수학급의 교육과정 운영 철저

추진목적

- 특수학교와 특수학급 교육과정 운영의 내실화 및 효율화를 통한 특수교육의 질 제고

※특수교육진흥법 제25조(교육과정의 운영 등)

1) 특수학교 학교교육과정 편성·운영 철저

- 지역 및 학교의 특수성과 창의성, 학생의 요구와 특성을 살린 특수학교 학교교육과정 편성·운영 강화

2) 특수학급 및 통합학급 교육과정 편성·운영 철저

- 특수학급(순회교육 포함) 및 통합학급 교육과정 운영에 관한 내용을 일반학교의 학

교교육과정에 포함 편성 · 운영

3) 특수교육대상 학생의 장애 정도별 · 학교과정별 특성에 적합한 성교육 실시 및 교직원 대상 특수교육대상 학생 보호를 위한 교육 실시

2. 특수교육대상 학생의 개별화교육 강화

추진목적

- 특수교육대상 학생의 개별화교육의 내실화를 통해 학생의 개인별 요구에 적절한 교육의 제공 및 특수교육의 성과 제고

※특수교육진흥법 제16조(개별화교육)

1) 개별화교육계획 수립 · 적용 강화

- 개별화교육계획 작성 시 특수학급 교사, 통합학급 담당교사, 전년도 담임교사, 학부모 등 다양한 특수교육 관련인사가 참여하여 작성
- 교수 실제와 관련된 개별화교육계획의 실행을 통한 특수교육대상 학생 개인별 최선의 교육목표 성취 강조
- 특수교육대상 학생 개인별 요구에 따른 특수교육 서비스 외에 치료교육 등 관련 서비스 및 전환 서비스 제공계획 포함

2) 다양한 학생집단, 교사조직, 지원인력 등의 활용을 통한 특수교육대상 학생의 요구에 적합한 개별화교육 제공 강화

- 교과 및 단원의 특성, 학생의 요구 등에 따른 다양한 학생집단 편성 활용
- 학생 요구 및 학교 실정에 따라 협력교수 등 다양한 교사조직 활용 및 유급 특수교육보조원, 자원봉사자, 공익근무요원 및 공공 근로인력 등의 특수교육 보조인력 활용 확대

3) 학교급별 · 교과별 프로그램 및 자료 개발 · 활용 적극 지원

시 · 도교육청 조치사항

① 시 · 도 및 시 · 군 · 구교육청별로 특수교육대상 학생의 개별화교육계획의 정보를 공유하는 체제를 구축하여 특수교육대상 학생이 전학 또는 진학하는 경우 정보 공유하도록 지침 마련
② 교사자율 연구회 운영지원, 학교급별 · 교과별 개별화교육 관련 자료 전시회 및 수업대회 등 개최 권장

3. 특수교육대상 학생의 진로 · 직업교육 강화

추진목적

- 특수교육대상 학생의 진로 · 직업교육 강화를 통한 교육과정 운영의 효율화 도모
- 지역사회 산업체 및 관련기관간 연계 협력체제 구축을 통한 특수교육대상 학생의 취업률 제고

※ 특수교육진흥법 제20조(직업교육), 제22조(진로교육)

1) 특수학교 진로상담실 운영을 내실화하여 특수교육대상 학생의 진로 상담 강화

2) 특수교육대상 학생의 진로 · 직업 능력 평가

- 특수교육대상 학생에 대한 적성, 직업능력 및 태도 평가 후 진로 · 직업교육계획 수립 적용
- 고등학교 졸업학년 특수교육대상 학생들에 대한 직무수행능력 평가 후 취업 또는 전공과 입학 여부 등 결정

3) 특수교육대상 학생의 직업교육 내실화

- 중학교와 고등학교 과정 특수학교와 특수학급의 직업교육과정 운영 강화
- 고등학교 2학년 과정부터 지역사회와 학교 특성 및 학생 요구를 반영한 선택교육과정의 교과 선정 지도
- 특수학교 및 특수학급과 지역사회 산업체 및 관련기관과의 연계를 통한 직업교육

과정 운영

4) 특수학교 전공과 운영지원 강화

- 특수학교 전공과 교육과정 운영의 내실화 도모
- 지역사회 장애인 고용 지원기관 및 산업체와 연계를 통한 특수교육대상 학생의 지원고용모형 확대 적용
- 중도 · 중복장애 특수교육대상 학생을 위한 보호고용모형 도입 확대 적용

5) 특수교육대상 학생의 직업교육 강화 및 전환 서비스 제공을 확대하는 직업교육-직업훈련-취업알선 지역사회 기관 간 연계체제 구축 운영

- 지역사회 장애인 고용 및 훈련 지원기관 간 정보 공유체제 구축 운영 및 실무자 간 협의체 구성 운영
- 근로현장과 연계교육을 위한 산업체 파견학급 설치 · 운영

시 · 도교육청 조치사항

① 시 · 도교육청별 특수학급 중등교사에 대한 직업교육 연수 실시 및 지원
② 직업교육 교사의 정원은 중등에 둠으로써 특수학교 및 특수학급 직업교육 교사 간 인사 교류가 원활하도록 조치

4. 특수교육대상 학생의 치료교육 강화

추진목적

- 특수학급 담당 치료교육 교사 배치 확대를 통한 특수교육대상 학생의 요구와 장애 특성에 적합한 치료교육의 제공
- 치료교육 활동의 충실화를 통한 특수교육대상 학생의 장애 교정 · 보완 · 경감 및 2차 장애예방 강화

※ 특수교육진흥법 제18조(치료교육 등), 제19조(치료교육담당교원의 배치)

1) 특수학급 담당 치료교육 전담 순회교사 배치 확대

- 특수학급 및 통합학급의 특수교육대상 학생을 위한 치료교육 전담 순회교사를 6학

급당 1인 배치

※근거: 특수교육진흥법 제18조, 제19조 및 동법 시행령 제16조, 초·중등교육법 시행령 제40조

2) 치료교육 활동의 충실화

• 학교별·지역교육청별로 특수교육대상 학생의 개인별 요구와 특성에 적합한 선택적 치료교육 실시 확대

※특수교육대상 학생의 요구와 특성에 따라 개인별로 심리치료, 언어치료, 물리치료, 작업치료, 보행훈련, 청능훈련, 생활적응훈련 등에서 적합한 영역을 선택하여 치료교육 실시

시·도교육청 조치사항

① 치료교육 전담순회교사 배치·운영은 지역교육청에서 자율적으로 하되, 유치·초등학생부터 치료교육을 제공받을 수 있도록 조치

② 시·도교육청별 특수학교(급) 교사, 순회교육 담당 교사에 대한 치료교육 연수 실시 및 지원

③ 치료교육 교사의 정원은 초등에 둠으로써 특수학교 및 특수학급 치료교육 교사간 인사교류가 원활하도록 조치

5. 특수교육의 정보화 지원 강화

추진목적

• 특수학교와 특수학급의 정보화 지원확대 및 ICT 활용교육 강화에 의한 특수교육대상 학생의 정보 접근권 보장

• 특수교육대상 학생의 정보 및 수능방송 접근권 강화를 위한 특수교육 e-러닝 시스템 구축

※정보격차해소에 관한 법률 제7조

1) 특수학교와 특수학급의 정보화 지원 확대

• 특수학교와 특수학급의 교단 선진화 기자재(프로젝션 TV, 실물화상기, 학습용 컴퓨터 등) 확충 지원

2) 특수학교와 특수학급의 ICT 활용교육 강화

- 학교급별 · 교과별 특수교육대상 학생의 특성에 적합한 ICT 활용교수 모형 개발 및 자료 보급

※ 개별화교육 자료 전시회 시 멀티미디어 자료 및 ICT 활용교수자료 출품 권장

3) 특수교육 e-러닝 시스템 구축 운영(국립특수교육원 홈페이지 활용)

- 시각장애 학생을 위한 EBS 수능교재 점자 · 음성자료 지원
- 청각장애 학생을 위한 자막 · 수화방송 자료 개발
- 시각장애 학생용 홈페이지 및 발달장애 학생을 위한 교과별 멀티미디어 학습지원 홈페이지 운영
- 재택 중도 · 중복장애 학생을 위한 사이버 교육시스템 운영
- 체계적인 장애학생 전환교육 프로그램 개발 · 운영

IV. 교원의 특수교육 책무성 및 전문성 강화

1. 일반교원의 특수교육에 대한 전문성 강화

추진목적

- 일반교원의 특수교육 연수를 통한 특수교육과 특수교육대상 학생에 대한 이해 및 책무성 강화

※ 교육기본법 제18조(특수교육), 특수교육진흥법 시행령 제13조(특수교육에 관한 연수)

1) 일반학교 교원 연수과정에 특수교육관련 강좌 개설

- 유 · 초 · 중 · 고등학교 교원의 모든 연수과정(직무연수, 자격연수 등)에 특수교육 관련 강좌 개설

2) 일반교원의 특수교육 연수기회 확대

- 시 · 도교육연수원 등에 특수교육 직무연수(60시간) 개설
- 국립특수교육원의 유 · 초 · 중 · 고등학교 교사 · 교감 및 교장 연수과정에 참여 적극 권장

2. 특수교육 담당 교원의 전문성 및 책무성 강화

추진목적

• 다양한 연수를 통한 특수교육 담당 교원의 전문성 강화 및 특수교육의 질 향상

※ 특수교육진흥법 제23조(특수학교교원의 자질향상)

1) 특수교육교원 연수기회 확대

• 직무연수: 국립특수교육원, 시 · 도교육청, 특수교육교원양성대학 연수원 등

※ 시 · 도교육연수원 등에 특수교육 직무연수(60시간) 개설 권장

• 특수학교교사 자격연수: 초등(국립특수교육원, 시 · 도교육청), 중등(공주대학교 중등교원연수원, 시 · 도 교육청)

• 특수교육 전문요원 양성 특별연수: 국립특수교육원

2) 특수학교교원 1급 정교사 자격연수 기회 확대

• 추진목적: 자격증 표시과목 소지인원이 적은 희소과목 교사에게 균등한 자격연수 기회부여 및 연수기회 미부여로 인한 불이익을 해소하여 특수교육교원의 전문성 향상과 근무의욕 고취

• 추진방안

- 표시과목별 자격연수 실시를 원칙으로 하되, 해당 자격증 소지인원이 적어 3년 이내에 동 표시과목별 자격연수가 불가한 희소 과목 교사에 대하여는 표시과목 해당 중등학교 1급 정교사 자격연수 과정에 포함하여 실시
- 동 연수이수자를 대상으로 특수교육에 관한 60시간 정도의 연수를 별도로 실시하여 1급 정교사 자격증 수여

3) 특수교육교원 치료교육 및 직업교육 연수 강화

3. 특수교육교원 양성과정 현장연구 및 실습을 위한 연구학교 운영

추진목적

- 국립특수학교를 상설 연구학교인 국립대학부설의 유치원 · 초등학교 · 중학교 · 고등학교와 같이 연구학교로 지정 · 운영
- 국립특수학교를 특수교육교원 양성과정 현장연구 및 실습의 장으로 활용함으로써 특수교육교원 양성과정의 전문성 제고

※ 고등교육법 제45조(부설학교), 연구학교에 관한 규칙 제4조

1) 연구주제

- 특수교육교원 양성과정의 실습방법 다양화 방안

2) 운영대상

- 국립특수학교 5개교(서울맹학교, 서울농학교, 한국선진학교, 한국경진학교, 한국우진학교)

3) 운영기간

- 2005. 3. 1 ~ 2010. 2. 28(5년)

4) 운영내용

- 특수교육교원 양성과정 실습방법에 관한 현장연구 수행
- 특수교육 교육과정 운영 방법 및 내용에 관한 실험연구, 특수교육 교원의 자질 함양과 전문성 신장에 관한 연구, 특수교육교원 양성과정의 효율적인 교육실습 방법에 관한 연구

5) 학교 조치 사항

① 학교별로 합리적인 교육실습 계획 수립 · 운영

- 관찰실습, 참가실습, 수업실습, 실무실습별로 학교 특성을 반영하여 적절한 계획 수립
- 학교별 교육실습생 배정원칙을 마련하여 준수
- 교육실습생 지도내용 선정을 위한 지도교사 의견 수렴 · 반영
- 교육실습생에게 적정한 과제 부여

② 효율적인 교육실습 체제 정비

- 교육실습 지도교사 선정: 특수학교 1급 정교사 자격증을 가지고 당해 학교에 1년 이상 근무한 자로 선정(단, 해당자가 없는 경우 우리부와 사전 협의 후 선정)
- 지도교사에 대한 사전 연수 철저: 지도교사 연수계획 수립, 지도교사의 교수-학습 지도능력 배양
- 실습환경 조성 및 실습록 작성 지도, 교육실습생 복무지도 철저

③ 연구학교 유공교원 가산점 부여

- 근거: 교육공무원승진규정 제41조제3항제1호, 연구학교에 관한 규칙 제9조
- 대상: 특수교육교원 양성과정 현장연구 및 실습 유공교원(현장연구 및 관찰실습 · 참가실습 · 수업실습 · 실무실습을 포함한 교육실습을 직접 지도한 교사, 실습주무부장, 교감)
- 인정범위: 교육인적자원부장관 지정 연구학교 가산점 월 0.021점

④ 계획서 및 보고서 작성 · 제출

- 규격: 특별한 경우를 제외하고 A4 용지 규격으로 통일
- 제출기한: 계획서(당해 연도 2월 말일), 보고서(익년도 1월 말일)

⑤ 연구학교 유공교원 가산점 부여 현황 제출: 익년도 1월 말일

⑥ 연구학교 운영 예산

연구학교 운영예산은 자체적으로 충당하며, 초 · 중등교육법 시행령 제33조제4항, 제34조제4항, 제35조제4항에 의한 보직교사 증치는 허용하지 않음

⑦ 교육실습 지도교사 선정과 가산점 부여 시 공정하고 형평성을 고려하여 문제가 발생하지 않도록 유의

⑧ 가산점을 부여하는 교육실습 지도교사는 관찰실습 · 참가실습 · 수업실습 · 실무실습 등을 총괄하여 가능한 6~8주 이상을 지도할 수 있도록 할 것

⑨ 가산점 평정은 교육공무원인사관리규정 제11조 제3항에 의거 승진규정 제11조 제1항의 휴직, 직위해제, 정직기간을 제외한 잔여기간만 계산

V. 특수교육 지원체제 강화

1. 특수교육 보조인력 지원 확대

추진목적

• 특수교육보조원의 안정적인 확보 및 활용의 극대화를 통한 특수교육대상 학생의 학습권 보장

※초 · 중등교육법 제59조(통합교육), 특수교육진흥법 제16조(개별화교육)

1) 유급 특수교육보조원 채용 확대

• 지원대상: 일반학급 · 특수학급 · 특수학교의 특수교육대상 학생 중 특수교육보조원 배치가 필요한 학생을 선정하되, 중도 · 중복장애 학생 우선 지원

• 지원절차

• 지원규모: 특수교육보조원 4,000명, 1인당 인건비 12,000천 원(275일, 1인당 연수비 62천 원 포함)

학교장	-학급담임이 학부모 동의를 얻어 특수교육보조원 활용계획서 작성 -해당 특수교육운영위원회에 계획서 제출
⬇	
교육감 · 교육장	-특수교육보조원 배치 대상학생 및 학교 결정 · 통보
⬇	
학교장	-특수교육보조원 채용 공고 및 채용 -특수교육보조원 인건비 지원요구
⬇	
교육감 · 교육장	-특수교육보조원 인건비 지원 -특수교육보조원 활용 · 관리 실태 점검

2) 자원봉사자 및 공익근무요원 등 보조인력 활용 내실화('06년 공익근무요원 650명)

- 공익근무요원 배치 시 특수교육대상 학생의 성별, 연령 및 특성 고려
- 공익근무요원의 연수는 공익근무요원의 배정시기를 고려하여 사전연수를 실시하고 이론과 실습의 균형 고려
- 이론연수의 경우 국립특수교육원부설 원격연수원의 '특수교육 보조인력과정' 사이버연수를 활용하거나, 사이버연수를 근무시간에 실시하여 담당교사의 지도를 받을 수 있도록 함

시 · 도교육청 조치사항

① 2007년 특수교육보조원제 시 · 도교육청별 자체 추진계획 수립 및 추진결과 보고
② 특수교육보조원 채용 홍보 및 관리 철저
- 시 · 도교육청별 특수교육보조원 고용 · 훈련 · 활용 · 관리 지침 마련 및 특수교육보조원 배치학교의 학교장(감) · 교사 대상연수 강화
- 시 · 도교육청별 특수교육보조원 자체 연수계획서 수립 · 제출('07.2.15)

③ 특수교육보조인력 현장 우수사례 또는 미담 발굴 및 홍보

◐ 유급 특수교육보조원 배치 및 활용방안 ◑

1. 신 분
   - 학교회계직
2. 자 격
   - 고등학교 졸업 이상의 학력을 소지하고 특수교육에 관심이 있는 자
   - 시 · 도교육청 주관 특수교육에 관한 연수과정을 이수한 자
3. 역 할
   - 교사의 고유업무인 수업 · 학생지도 · 평가 · 상담 · 행정업무 등을 대리할 수 없고, 학급 담임교사의 요청에 의해 학생 지도를 보조
   - 정규교사 감독 아래 다음과 같은 지원업무 수행
     - 특수교육대상 학생의 개인욕구 지원: 용변 및 식사지도, 보조기 착용, 착 · 탈의, 건강보호 및 안전생활 지원 등
     - 특수교육대상 학생의 교수-학습활동 지원: 학습자료 및 학용품 준비, 이동 보조, 교

실과 운동장에서의 학생활동 보조, 학습자료 제작 지원 등
- 특수교육대상 학생의 문제행동 관리 지원: 적응행동 촉진 및 부적응행동 관리 지원, 또래와의 관계형성 지원, 행동지도를 위한 프로그램 관리 등

4. 배치방법
  - 담임교사(특수학급 설치학교의 경우 일반학급과 특수학급 담임 공동)가 부모의 동의를 받아 특수교육보조원 활용 계획서를 작성하여 학교장 명의로 특수교육운영위원회에 제출한 이후, 특수교육운영위원회 심사를 통해 적격한 학생에 한해 배치

5. 배치기준
  - 특수교육대상자로 선정되어 일반학교 일반학급, 특수학급, 특수학교에서 교육을 받고 있는 학생 중 중도 · 중복장애 학생부터 우선 배치

6. 활용 및 관리
  - 특수학급 설치교: 유급 특수교육보조원을 통합학급에 배치 · 활용하고, 관리는 특수학급 담임교사가 담당
  - 특수학급 미설치교: 유급 특수교육보조원을 통합학급에 배치 · 활용하고, 관리는 학급 담임교사와 특수교육지원센터에서 담당

2. 특수교육지원센터 운영의 활성화

추진목적

- 지역중심의 특수교육 지원체제 구축으로 특수교육대상 학생에 대한 지원 확대
- 특수교육 여건이 열악한 농산어촌 가정 · 시설 및 일반학교의 일반학급에 배치되어 있는 장애학생의 특수교육 관련 서비스 확대
- 지역중심의 특수교육지원센터 시범운영으로 향후 순회교육 및 일반유치원 특수교육대상 학생 지원 확대

※ 특수교육진흥법 제3조(국가 및 지방자치단체의 임무)

1) 특수교육지원센터 중심의 지역사회 유관기관 간 협력 체제 구축

- 병원, 보건소, 어린이집, 사설특수교육실, 복지관, 직업훈련학교, 산업체 등 의료 · 교육 · 보육 · 직업 등 관련 기관 간 네크워크 구축
- 동사무소, 시 · 군 · 구청별 장애복지 담당부서 및 담당자 명단 확보: 자원봉사단체 협의회 등 지자체에서 운영 · 지원하는 다양한 복지 프로그램 파악
- 특수교육교원 교원양성대학 등 인근 대학과 연계하여 자원봉사 인력 활용

- 특수교육 관련 각종 홍보전략 수립 및 홍보물 유관기관에 배부

2) 특수교육지원센터 전문인력 확보

- 지역 내 특수교육과정연구회 분과 조직을 활용하는 등 학년별, 장애영역별, 분야별 우수교사로 구성된 특수교육지원센터 지원단을 구성하여 상시 상담 제공 등 실질적인 운영 방안 수립 시행
- 특수학급 치료교육 전담 순회교사를 특수교육지원센터에 배치하여 지역별 순회지원

3) 시 · 도교육청별 특수교육지원센터 운영(p. 29 참조)

- 특수교육대상 학생의 거주지역 중심 특수교육 서비스 제공
- 지역 내 유관기관과 유기적 관계 유지, 타지역 센터와 정보 상호교류

4) 특수교육지원센터 운영을 위한 국고 지원 사업 추진(p. 30 참조)

시 · 도교육청 조치사항

① 상담 및 각종 지원실적 기록, 전담인력 배치를 통한 특수교육지원율 확대 등 특수교육지원센터 설치 · 운영 실적 관리 철저
② 시 · 도교육청별 특수교육지원센터 운영계획서 제출('07. 4. 10까지)
③ 2007년도 특수교육지원센터 운영을 위한 국고 지원 사업 계획 수립 · 추진 및 결과보고

◐ 특수교육지원센터 운영방안 ◑

1. 설치
   지역교육청에 설치하는 것을 원칙으로 하되, 지역중심지 특수학교나 특수학급에도 설치 가능
2. 운영
   1) 지역교육청 특수교육 담당 장학사의 책임하에 운영
   2) 순회교육 담당 특수교육 및 치료교육 교사 배치로 상시 운영
      - 유 · 초 · 중 · 고등학교 일반학급 배치 특수교육대상 학생에 대한 교육 지원
      - 재택 순회교육대상 학생 교육활동 지원 담당
      - 지역사회 장애인 및 특수교육대상 학생과 가족 상담 담당

3. 기능

1) 특수교육 활동 지원
- 통합학급 · 특수학급 및 특수학교 교수전략 및 방법 지원
- 통합학급과 특수학급에 특수교육 및 치료교육 서비스 제공
- 지역사회 장애인 및 특수교육대상 학생 가족 상담
- 순회교육 대상학생 지도 및 치료교육 서비스 제공
- 특수교육 지원공학기구 및 학습보조도구 대여
- 특수교육보조원 훈련 및 관리 지원

2) 특수교육대상 학생 발견 정보 관리 지원
- 장애영유아 관련 정보 수집 관리
- 유아 발달진단 결과 정보 관리

3) 특수교육대상 학생 진단 · 평가 지원
- 장애아동 발달진단검사 및 진단검사 지원
- 중등 특수교육대상 학생 전환능력 평가 지원

4) 특수교육대상 학생 선정 · 배치 지원
- 특수교육대상 학생의 진단 · 평가 결과 분석 지원
- 특수교육대상 학생의 학교배치, 지원서비스의 내용과 범위 결정 지원

◐ 특수교육지원센터 운영을 위한 국고 지원 ◑

1. 지원 대상

현재 순회교육 및 특수학급 학생 중 중도 · 중복장애 학생부터 우선 선정

2. 지원 대상학생 선정절차

학교	순회교육 및 특수학급대상 학생 중 추가 지원신청서 배부
⬇ 부모 및 담임교사	부모의 동의에 따라 담임교사가 추가 지원신청서 작성하여 학교에 제출
⬇ 학교	순회교육 추가 지원 요구학생의 지원요구서를 학교장 명의로 작성하여 특수교육지원센터 담당자에게 의뢰
⬇ 특수교육지원센터	특수교육지원센터 관리자(교육청 장학사, 학교장)와 전담교사는 순회교육 추가지원 신청자 중 중도 · 중복장애 학생 우선 지원(1개소당 8명 내외) 대상으로 선정하고 특수교육 운영위원에 대상자 보고

3. 특수교육지원센터 선정
수요인원을 고려하여 운영의 최고 성과를 기할 수 있는 지역교육청으로 선정
4. 담당자 자격
특수교육교사 또는 치료교육교사 자격 소지자 중 특수교육 교사 경력자 우선 채용
5. 담당자 업무 및 역할
1) 순회교육 대상자 및 특수학급 학생 추가 교육지원(현 학교교육 시간 외 별도 시간 편성)
2) 지역사회 장애인 및 특수교육대상 학생 가족 상담(홈페이지 개설 운영)
3) 장애영 · 유아 및 일반학급 특수교육대상 학생 진단 · 평가 지원
4) 미취학 특수교육대상 학생 발견 정보 관리(만 3세부터 취학 전 유아)
- 복무기간 2007. 3. 1 ~ 2008. 2. 28
- 복무일수: 교원 복무일수 기준(방학기간 교대 근무)
- 복무시간: 교원 복무시간 적용(매주 월 · 토요일 진단 · 평가 및 상담지원)
6. 지원규모
1) 지원예산: 3,800백만 원(일반회계 800백만 원, 농특회계 3,000백만 원, 50%)
2) 지원규모: 도시지역 16개소, 농산어촌지역 60개소(전담인력 2인씩 배치)

3. 특수학교 현대화 사업 지원

추진목적

- 특수학교 시설 · 설비 현대화로 교육과정 운영 내실화 및 특수교육대상 학생 교육복지 증진

※특수교육진흥법 제3조(국가 및 지방자치단체의 임무)

1) 노후 및 부족시설 신축 및 개 · 증축으로 시설 현대화 추진

- 보통교실, 특별교실, 다목적실, 도서실, 강당, 급식시설, 기숙사시설, 치료교육실, 직업보도훈련실, 보건위생 및 편의시설 등의 신축 및 개 · 증축
- 신 · 증축을 할 경우 건축관련 법령에 의한 용적률 등 건축가능 면적 등을 면밀히 검토 · 확인하고 신청

2) 특수학교 이전 신축에 따른 현대화

- 특수학교 현대화 사업 시행지침에 의거 이전부지 확보 및 지방자치단체의 학교이전 계획 승인 등 제반 법률적 문제와 민원사항들을 해결하고 시행

※ '이전신축' 사업의 경우에는 토지매입확인서(등기부등본), 건축허가서, 학교이전계획승인서 등 신축 확정 증빙서류를 반드시 제출할 것

시 · 도교육청 조치사항

① 2007년 특수학교 현대화 지원 계획('07. 2 예정)에 의거 시 · 도교육청별로 특수학교 현대화 사업 세부추진계획서 제출('07. 3 예정)
② 시 · 도별 '특수학교현대화사업추진위원회' 구성
- 초등교육과장, 특수교육 담당장학관, 학교운영지원과장, 시설담당과장, 지역사회 대학교수 등으로 구성
- 기능: 사업 자문, 현장 실사 및 사업 추진과정 지도 · 관리
③ 2006년 사업 추진 결과 자체 평가 및 현장실사 점검('07. 1～2)
- 시 · 도별 '특수학교현대화사업추진위원회'에서 사업결과 평가

4. 특수교육기관의 종일반 운영 지원

추진목적

- 특수교육대상 학생의 전일제 교육과 보육에 의한 학생의 전인적 발달 도모 및 부모의 사회활동 참여 증대

※ 교육기본법 제18조(특수교육), 특수교육진흥법 제5조(의무교육 등)

1) 종일반 운영

- 지원대상: 가정형편이 어려운 학생 중 희망자 우선 지원
- 지원규모(예정): 특수학교(급) 572학급 운영 지원(1학급당 보육교사 인건비 16백만 원 지원)

시 · 도교육청 조치사항

① 시 · 도교육청별로 향후 국고지원 계획(추후 통보 예정)에 의거, 종일반 운영 지원계획 수립
※ 교사 자격 소지자 미확보 시 기타 강사인력으로 대체 지원
② 시 · 도교육청별로 종일반 운영지원 예산 확보: 국고 지원예산 미확보 시 교육청 예산으로 운영

5. 특수교육 행 · 재정 지원 확대

추진목적

- 특수교육에 대한 행 · 재정 지원 확대를 통해 특수교육의 전문성 확보 및 질 제고

※특수교육진흥법 제3조, 제5조, 제6조, 제7조, 제12조, 특수학교시설 · 설비기준령 제4조, 제5조, 특수교육담당교원 및 교육전문직인사관리기준

1) 특수학교 및 특수학급 운영지도 강화

- 특수학교의 장애유형별 · 학교급별 특수성을 감안하여 시 · 도교육청에서 직접 관장하여 운영 지도
- 사립 특수학교 교직원 정(현)원 관리 철저 및 건실한 경영 유도
  ※사립 특수학교의 운영비, 인건비, 시설 · 설비지원비, 연수비 등을 공립 특수학교 수준으로 지원

2) 특수학교(급) 장학협의 기능 강화

- 교육과정 편성 · 운영 등 특수학교(급) 운영 전반에 걸친 문제해결을 위한 장학협의 실시
- 시 · 도별 특수학급 교육과정 평가 지침 마련 시행
- 장애유형별 · 학교과정별 · 교과별로 동료장학 · 요청장학 및 임상장학 강화
- 국립특수학교가 소재한 시 · 도교육청은 국립특수학교에 대한 장학 협의 · 지도

3) 특수교육 전담 장학요원 확충

- 시 · 도교육청 특수교육담당 전담 장학관 및 초 · 중등 장학사 배치
  ※초 · 중 특수교육담당 장학사 배치 시 · 도: 서울, 부산, 경기, 전남, 경남, 울산, 경북
- 시 · 군 · 구교육청 특수교육담당 전담 장학관(사) 배치 확대
- 시 · 도교육청별 신임 특수교육 담당 전문직의 특수교육 장학 지원관련 직무연수 의무 실시

4) 시 · 도교육청 특수학교 경영평가 실시

- 평가목적: 특수학교의 교육의 질 제고 및 선도적인 학교경영 모형 제시
- 결과활용: 평가결과를 토대로 특수교육 유공교원 및 학교 표창 실시

5) 특수학교(급) 시설 · 설비 확충 지원

- 특수학급을 포함하여 특수학교시설 · 설비기준령 제4조제2항에 의한 기준을 정하고, 기준에 따른 설비 · 비품 확보
- 특수학교 및 특수학급 교구 · 설비 확충 지원
- 특수학급 교실 기준면적 확보 최우선적으로 실현

6) 특수학급 교사 정원 및 재정 지원

- 특수학급 시설 · 설비, 교재 · 교구 구입비 등 운영에 필요한 경비를 '학교운영비'에 반드시 우선 편성 · 지출할 수 있도록 학교운영비 편성 · 집행 지침에 포함
- 특수학급 지원을 위한 목적성 예산 지원
- 중 · 고등학교 특수학급 학급당 교사 정원 산출은 일반 중 · 고등학교 학급당 교사 정원과 동일하게 적용

7) 특수교육대상 학생 취학 편의 지원

- 특수교육대상 학생의 장애정도, 통학거리, 부모 요구 등을 감안, 통학버스 또는 기숙사 중 선택적으로 운영
- 통학버스 및 기숙사 부족교(공 · 사립)에 대한 확보대책 수립 및 운영 지도 강화
- 특수학교 생활지도원의 근무여건 개선을 위한 지원 확대

8) 특수학교(급)에 특수교육 전공자 우선 배치

- 특수학교(급) 교사는 특수학교 교사자격증 소지자로 전원 배치(단, 전원 자격소지자 배치 불가능 시 연차적으로 배치계획 수립 추진)
- 특수학교 교장(감)의 승진후보자 명부는 일반학교 교장(감)의 승진후보자 명부와 별도 작성

시 · 도교육청 조치사항

① 특수교육 여건 개선 예산 확보: '07년 특별교부금에 의한 특수교육 여건 개선 사업, 특수교육 지원 시스템 강화 등의 사업 추진 지원계획 통보 시 사업 집행의 효율성 증진을 위한 집행 계획 수립 · 관리 · 감독 철저

VI. 특수교육 관련 행사 및 기타 행정사항

1. '07년도 국립특수학교 경영 평가

1) 평가목적

- 국립특수학교의 종합적인 학교경영 평가에 대한 주기적인 진단을 통해 단위학교 교육의 질적 수준 제고
- 국립특수학교 간의 선의의 경쟁을 촉진하여 학교 실정에 적합한 학교교육과정 편성 · 운영 도모
- 공 · 사립 특수학교의 학교경영 개선의 모델학교로서 선도적인 역할 수행

※ 평가 근거: 초 · 중등교육법 제9조 및 동법 시행령 제12조

2) 평가방침

- 학교경영의 공통적인 부분과 장애 특성에 따른 교육과정 편성 운영 개선 방향 모색토록 시행
- 평가편람은 장애특성을 최대로 반영하여 학교경영 개선의 기초자료로서의 활용성 증진 도모
- 종합적이고 내실 있는 평가를 위하여 평가문항 및 자료 준비의 감축으로 학교의 업무 부담 경감토록 추진
- 평가결과의 적극적 환류를 위해 평가과제별 우수학교 발표 및 자율 특색사업, 우수 혁신 사례 발굴 공 · 사립학교에 확산 도모

3) 평가대상 학교 및 기간

- 평가 대상학교: 국립특수학교 5개교(서울맹학교, 서울농학교, 한국선진학교, 한국경진학교, 한국우진학교)
- 평가 적용 기간: 2006. 3 ~ 2007. 7

4) 평가영역 및 내용: 5개 영역 33개 과제 설정 예정(추후 협의조정)

- 특수교육 기회 확대 및 통합교육 기반 구축(8과제)
- 교육방법의 다양화 및 개선을 통한 특수교육의 질 제고(14과제)
- 교원의 특수교육 책무성 및 전문성 강화(2과제)
- 특수교육 지원체계 강화 및 지원 확대(8과제)
- 학교 특색사업 및 수요자 만족도(2과제)

※ 2005년도 평가편람 참조

5) 추진 일정(안)

- 평가계획 및 평가편람 작성('07. 2)
- 평가편람(안) 수립 확정을 위한 실무자협의('07. 2)
- 평가 기본계획 수립('07. 3)
- 평가 계획 및 평가편람(안) 통보('07. 3)
- 평가 사전 협의회 개최('07. 4)
- 평가계획 및 평가편람 통보('07. 4)
- 학교별 자체 평가('07. 6. 20～6. 30)
- 학교별 자체 평가 제출('07. 6. 30)
- 현장확인 평가('07. 7. 10～7. 16)
- 평가결과 분석 및 정리('07. 7. 18～7. 31)
- 평가결과 학교경영 반영 사항 협의('07. 8)

2. 특수교육 관련 행사

1) 2007년 전국 특수교육 담당 전문직 워크숍

- 주제: 미정
- 일시: '07. 3월 중순(예정)
- 장소: 국립특수교육원
- 주최: 교육인적자원부 · 국립특수교육원
- 참석대상: 시 · 도 및 시 · 군 · 구 교육청 특수교육 담당 장학관(사) 250명

2) 제5회 전국 특수교육정보화대회, 제3회 전국 장애학생 e스포츠대회

- 일 시: 2007. 9월(예정)
- 장 소: 미정
- 주 최: 국립특수교육원 및 유관 기관
- 후 원: 교육인적자원부, 보건복지부, 문화관광부, 한국특수교육총연합회 및 유관 기관
- 참석대상: 장애학생, 일반학생, 특수교사, 시도교육청, 유관기관 등 약 5,000명
- 행사내용
  - 전국 특수학교(급) 학생정보경진대회(6개 영역 16종목)
  - 전국 장애학생 e스포츠 페스티벌(6개 영역 7개 종목)
  - 전국 특수교육 정보화 세미나
  - 전국 특수교육 산업 박람회
  - 장애이해 고위관리자 과정
  - 문화행사(장애체험대회, 공연, 팬사인회)

3) 2007년 전국 장애학생 직업기능 발표대회

- 일시: '07. 10월 중(예정)
- 장소: 충남
- 주최: 교육인적자원부
- 주관: 충남교육청 · 한국특수교육총연합회
- 참석대상: 전국 특수학교 및 특수학급 학생 및 교사 2,500여 명

3. '07년도 특수교육 현황 작성자료 제출

- 대상: 시 · 도 교육감(국립특수학교 포함)
- 내용: 학교별 · 장애유형별 · 학년별 등 특수교육대상 학생 현황 및 교사 현황 등 '06년 작성자료 참조
- 방법: 전수조사를 통한 실수 파악 및 확인 · 점검 철저
- 제출일: '07. 4. 6(금)

4. 연차보고서 작성자료 제출(정기국회 보고용)

- 대상: 시 · 도 교육감, 국립특수교육원장
- 내용: '06년 특수교육 연차보고서 참조(추후 통보)
- 방법: 전수조사를 통한 실수 파악 및 확인 · 점검 철저
- 제출일: '07. 6. 22(금)

5. 기타 사항

- 시 · 도교육청별로 2007년 특수교육 운영계획 추진 관련 지역교육청 특수교육 담당 전문직 연수 개최('07.3)
- 각 시 · 도교육청에서는 본 운영계획을 참고하여 지역실정에 적합한 운영계획을 수립 추진하고, 계획서 6부를 '07.3.9(금)까지 제출(시 · 도교육청 상호 교환본은 시 · 도교육청별로 송부)
- 특수교육관련 행사에 해당자가 참석할 수 있도록 적극 협조
- 특수교육관련 행사 주관 시 · 도교육청은 행사의 성공적인 개최를 위해 적극 협조

부록 2

보건복지부, 장애인복지시책(2007년도 예)

2007년 장애인복지시책

보건복지부, 2007

1. 보건복지부에서 시행하는 사업

주요사업명	지원대상	지원내용	비고
1. 장애수당 지급	• 국민기초생활보장법에 의한 수급자 및 차상위 계층(120% 이하)의 18세 이상 등록 장애인 (보장시설 장애인은 연령에 상관없이 장애수당만 지급) －중증장애인: 장애등급이 1, 2급인 자(다른 장애가 중복된 3급정신지체인 및 발달장애인 포함) －경증장애인: 장애등급이 3～6급인 자 (＊특례수급 장애인이 차상위 계층에 해당 시 장애수당 지급)	• 기초중증: 1인당 월 130천 원 • 차상위중증: 1인당 월 120천 원 • 기초및차상위 경증 : 1인당 월 30천 원 • 보장시설 장애인 －기초 및 차상위 중증: 1인당 월 70천 원 －기초 및 차상위 경증: 1인당 월 20천 원	읍·면·동에 신청
2. 장애아동 부양수당 지급	• 국민기초생활보장법에 의한 수급자 및 차상위 계층(120% 이하)의 18세 미만 재가 장애아동 보호자(보호자가 없는 경우 장애아동 당사자) • 중증장애인: 장애등급이 1, 2급인자(다른 장애가 중복된 3급정신지체인 및 발달장애인 포함) • 경증장애인: 장애등급이 3～6급인 자 ※특례수급자 중 장애아동보호자(보호자가 없는 경우 장애아동 당사자)가 차상위 계층에 해당 시 장애아동부양수당 지급	• 기초중증: 1인당 월 200천 원 • 차상위중증: 1인당 월 150천 원 • 기초및차상위 경증: 1인당 월 100천 원	읍·면·동에 신청

주요사업명	지원대상	지원내용	비고
3. 장애인 자녀 교육비 지원	• 소득인정액이 일정금액 이하인 가구의 1~3급 장애인인 중학생 · 고등학생 및 1~3급 장애인의 중학생 · 고등학생 자녀 ※ 소득인정액 기준(가구원/월) • 1인: 566,697원 이하 • 2인: 954,736원 이하 • 3인: 1,264,726원 이하 • 4인: 1,567,196원 이하 • 5인: 1,827,036원 이하 • 6인: 2,092,519원 이하 ※ 7인 이상 가구는 1인 증가 시마다 265,483원씩 증가	• 고등학생의 입학금 및 수업료 전액 • 고등학생의 교과서대 10만 원(연 1회) • 중학생의 부교재비 32천 원(연 1회) • 중학생, 고등학생의 학용품비 44천 원(학기당 22천 원씩 연 2회)	읍 · 면 · 동에 신청
4. 장애인 자립 자금 대여	• 저소득 가구의 장애인가구주 또는 가구주의 배우자인 장애인 • 국민기초생활보장법상의 수급자 및 차상위 계층은 생업자금을 대여함으로써 자립자금대여 대상에서 제외	대여한도: 가구당 2,000만 원 이내 • 대여이자: 3%(고정금리) • 상환방법: 5년 거치 5년 분할상환	읍 · 면 · 동에 신청
5. 장애인 의료비 지원	• 의료급여법에 의한 의료급여 2종 수급권자인 장애인	• 1차 의료급여기관 진료 -본인부담금 1,000원 중 750원 지원(의약분업 적용) -본인부담금 1,500원 중 750원 지원(의약분업 예외) • 2차, 3차 의료급여기관 및 국공립결핵병원 진료 -의료급여수가적용 본인부담진료비 15%(암, 심장 및 뇌혈관질환은 본인부담진료비 10%) 전액을 지원하되 본인부담금 식대 20%는 지원하지 않음 • 의료급여 적용 보장구 구입 시 상한액 범위 내에서 본인부담금(15%) 전액	의료급여증과 장애인등록증을 제시

주요사업명		지원대상	지원내용	비고
6. 장애인 등록진단비 지급		• 국민기초생활보장법상의 수급자로서 신규 등록 장애인 및 직권에 의한 등급 재조정 대상 장애인	• 진단서 발급 비용 지원 –정신지체 및 발달장애: 4만 원 –기타 일반장애: 1만 5천 원 • 장애판정을 위한 검사비용은 본인 부담	시·군·구에서 의료기관에 직접 지급
7. 장애인 재활 보조 기구 무료교부		• 국민기초생활보장법상의 수급자 및 차상위계층으로서 등록 장애인중 교부품목자	• 품 목 –욕창방지용 매트: 1~2급 지체·뇌병변·심장장애인 –음향신호기의 리모콘과 음성탁상시계: 시각장애인 –휴대용 무선신호기: 청각장애인 –자세보조용구: 뇌병변장애인, 근육병 등 지체장애인 1, 2급	읍·면·동에 신청
8. 건강보험 지역 가입자의 보험료 경감	• 자동차분 건강보험료 전액 면제	• 장애인복지법 규정에 의해 등록한 장애인 소유 자동차 • 지방세법에 의하여 장애인을 위하여 사용하는 자동차로서 지자체가 자동차세를 면제하는 자동차	• 건강보험료 책정시 자동차분 건강보험료 전액 면제	국민건강보험공단 지사에 확인
	• 생활수준 및 경제활동 참가율 등급별 점수 산정시 특례적용	• 등록장애인	• 건강보험료 책정 시 지역가입자의 연령·성별에 상관없이 기본구간(1구간)을 적용하고, 자동차분건강보험료를 면제받는 장애인용자동차에 대하여 모두 기본구간(1구간)을 적용하여 보험료를 낮게 책정	국민건강보험공단 지사에 신청
	• 산출 보험료 경감	• 지역가입자 중 등록장애인이 있는 세대로 소득이 없어야 하고, 동시에 과표재산이 5,000만 원 이하이어야 함.	• 장애등급 1~2급인 경우 : 30% 감면 • 장애등급이 3~4급인 경우 : 20% 감면 • 장애등급 5~6급인 경우 : 10% 감면	국민건강보험공단 지사에 신청

<table>
<tr><th>주요사업명</th><th>지원대상</th><th>지원내용</th><th>비고</th></tr>
<tr><td>9. 장애인 생산품 판매시설 (공판장) 운영</td><td>• 장애인직업재활시설 등에서 물품을 생산하는 장애인</td><td>• 장애인들이 생산한 물품의 판로 확보로 장애인 취업 확대 및 소득 보장
• 설치지역: 시 · 도당 1개소 (16개 지역)</td><td>인근 장애인 생산품 판매 시설에 의뢰
문의: 장애인 복지시설협회 02-718-9363</td></tr>
<tr><td>10. 장애인 직업재활 기금사업 수행기관 운영</td><td>• 등록장애인</td><td>• 장애인이 취업을 통하여 안정된 생활을 할 수 있도록 직업상담, 직업평가, 직업적응훈련, 취업알선, 지원고용, 취업 후 지도 등 취업과 관련된 종합적인 서비스 제공</td><td>사업 수행기관(장애인복지관, 장애인 단체, 직업재활시설 등)
내방, 전화 등으로 이용 신청</td></tr>
<tr><td>11. 보장구 건강보험 급여(의료급여) 실시</td><td>• 등록장애인
- '보장구급여비 지급청구서' 제출 시 첨부서류
1. 의사발행 보장구 처방전 및 보장구 검수확인서 각 1부
2. 요양기관 또는 보장구 제작 · 판매자 발행 영수증 1부
※지팡이 · 목발 · 휠체어(2회 이상 신청 시) 및 흰지팡이의 경우는 위 1호 서류 첨부생략

- '보장구급여비지급청구서' 제출기관
1. 건강보험: 공단
2. 의료급여: 시군구청</td><td>• 건강보험대상자: 적용대상 품목의 기준액 범위 내에서 구입비용의 80%를 공단에서 부담
• 의료급여수급권자: 적용 대상품목의 기준액 범위 내에서 전부(1종) 또는 85%(2종)를 기금에서 부담

〈적용대상 보장구 및 기준액〉
<table>
<tr><th>분류</th><th>기준액</th><th>내구연한</th></tr>
<tr><td>지체장애인용 지팡이</td><td>20,000</td><td>2</td></tr>
<tr><td>목발</td><td>15,600</td><td>2</td></tr>
<tr><td>휠체어</td><td>480,000</td><td>5</td></tr>
<tr><td>의지 · 보조기</td><td>유형별로 상이</td><td>유형별로 상이</td></tr>
<tr><td>시각장애용
저시력 보조기
-안경
-돋보기
-망원경
-콘텍트렌즈
-의안</td><td>

100,000
100,000
100,000
80,000
300,000</td><td>

5
4
4
3
5</td></tr>
<tr><td>흰지팡이</td><td>14,000</td><td>0.5</td></tr>
<tr><td>보청기</td><td>240,000</td><td>5</td></tr>
<tr><td>체외용인공후두</td><td>500,000</td><td>5</td></tr>
<tr><td>전동휠체어</td><td>2,090,000</td><td>5</td></tr>
<tr><td>전동스쿠터</td><td>1,670,000</td><td>6</td></tr>
<tr><td>정형외과구두</td><td>220,000</td><td>2</td></tr>
</table>
</td><td>신청기관
-건강보험: 공단
-의료급여: 시군구청</td></tr>
</table>

주요사업명	지원대상	지원내용	비고
12. 장애인 자동차 표지 발급	• 장애인 또는 장애인과 세대별주민등록표상 같이 기재되어 있는 배우자, 직계존 · 비속, 직계비속의 배우자, 형제, 자매명의로 등록하여 장애인이 주로 사용하는 자동차 1대 • 국내거소신고를 한 재외동포와 외국인등록을 한 외국인으로서 보행장애가 있는 사람 명의로 등록한 자동차 1대 · 장애인복지시설 및 단체 명의의 자동차	• 장애인전용주차구역 이용(일부에 한함), 10부제 적용 제외, 지방자치단체별 조례에 의거 공영주차장 주차요금 감면 등 • 장애인의 보행상 장애 여부에 따라 장애인전용주차구역을 이용할 수 있는 표지가 발급되며, 장애인이 탑승한 경우에만 표지의 효력을 인정	읍 · 면 · 동에 신청
13. 장애인 결연 사업	• 시설 입소 장애인 및 재가 저소득장애인	• 결연을 통하여 장애인에게 후원금품 지원, 자원봉사활동, 취업 알선 • 신청기관 –시설생활 장애인: 한국장애인복지시설협회 (T. 718-9363~4) –재가장애인: 한국복지재단	
14. 장애인용 LPG 연료 세금인상액 지원	• 복지(구입)카드 또는 보호자카드로 수송용 LPG를 이용하는 장애인용 LPG 승용차 소지자	• 지원대상 –1~3급 장애인(2009.12.31까지) • 지원금액 –월 250 *l* 한도(리터당 240원 지원)	읍 · 면 · 동에 신청
15. 농어촌 재가 장애인주택	• 기초생활보장수급자 및 차상위계층중 등록장애인으로 자가소유자 및 임대주택 거주자	• 가구당 3,800천 원 (1,000가구 지원)	읍 · 면 · 동에 신청
16. 실비장애인생활시설입소이용료지원	• 아래의 소득조건을 만족하여 실비장애인생활시설에 입소한 장애인 • 소득조건 –등록 장애인이 속한 가구의 가구원수로 나눈 월 평균소득액이 통계청장이 통계법시행령 제3조의 규정에 의하여 고시하는 '06년도의 도시근로자가구 월평균 소득을 평균가구원수로 나누어 얻은 1인당 월 평균소득액 이하인 가구의 등록장애인	• 실비장애인생활시설 입소시 입소비용 중 매월 27만 원 지원	국고에서 시·도로 지원하며, 시·군·구에서 해당시설에 지원

2. 기타 중앙행정기관에서 시행하는 사업

주요사업명	지원대상	지원내용	비고
16. 승용자동차에 대한 특별소비세 면제	• 1~3급 장애인 본인 명의 또는 장애인과 주민등록표상 생계를 같이 하는 배우자 · 직계존속 · 직계비속 · 직계비속의 배우자 · 형제 · 자매 중 1인과 공동명의로 등록한 승용자동차 1대	• 특별소비세 및 교육세 전액 면세	자동차판매인에게 상담 국세청소관 관할세무서
17. 승용자동차 LPG 연료 사용 허용	• 장애인 또는 장애인과 주민등록표상 거주를 같이 하는 배우자, 직계존 · 비속, 형제 · 자매로 등록한 승용자동차 1대	• LPG 연료사용 허용(LPG 연료사용차량을 구입하여 등록 또는 휘발유 사용차량을 구입하여 구조변경) • LPG 승용차를 사용하던 장애인이 사망한 경우는 동 승용차를 상속받은 자에게도 사용 허용	시 · 군 · 구 차량등록기관에 신청 산업자원부 소관
18. 차량 구입 시 도시철도채권 구입 면제	• 장애인명의 또는 장애인과 주민등록상 같이 거주하는 보호자 1인과 공동명의로 등록한 보철용의 아래 차량 중 1대 -비사업용 승용자동차 -15인승 이하 승합차 -소형화물차 (2.5톤 미만)	• 도시철도채권 구입의무 면제(지하철공사가 진행되고 있는 특별시와 광역시에 해당)	관할시·군·구청 차량등록 기 관 에 신청 (자동차 판매사 영업 사원에게 문의)
19. 소득세 인적 공제	• 등록장애인	• 소득금액에서 장애인 1인당 연 200만 원 추가 공제 • 부양가족(직계존비속, 형제 · 자매 등) 공제 시 장애인인 경우 연령제한 미적용	연말정산 또는 종합소득 신고시 공제 신청
20. 장애인 의료비 공제	• 등록장애인	• 당해년도 의료비 전액	연말정산 또는 종합소득 신고시 공제 신청 세무서 문의

주요사업명	지원대상	지원내용	비고
21. 상속세 인적 공제	• 등록장애인 –상속인과 피상속인이 사실상 부양하고 있던 직계존·비속, 형제, 자매	• 장애인에 대한 상속세 인적 공제 –공제금액＝500만 원×(75세–상속당시 나이)	관할 세무서에 신청
22. 장애인 특수 교육비 소득공제	• 등록장애인	• 사회복지시설이나 보건복지부장관으로부터 장애인 재활교육시설로 인정받은 비영리법인에 지급하는 특수교육비 전액	연말정산 또는 종합소득 신고시 공제신청
23. 증여세 면제	• 등록장애인 –장애인을 수익자로 하며, 신탁기간을 장애인의 사망시까지로 하여 신탁회사에 신탁한 부동산, 금전, 유가증권	• 장애인이 생존기간 동안 증여받은 재산가액의 합계액에 대하여 최고 5억 원까지 증여세과세가액에 불산입 • 중도에 신탁계약을 해지하는 경우 해지시점에서 세금 납부	관할 세무서에 신청
24. 장애인 보장구 부가가치세 영세율 적용	• 등록장애인	• 부가가치세 감면 –의수족, 휠체어, 보청기, 보조기, 지체장애인용 지팡이 및 목발, 시각장애인용 흰지팡이, 청각장애인용 인공달팽이관시스템, 성인용 보행기, 욕창예방용 매트리스·쿠션·침대, 인공후두, 장애인용기저귀, 점자판과 점필, 시각장애인용 점자정보단말기, 시각장애인용 점자프린트, 청각장애인용 골도전화기, 시각장애인용으로 특수제작된 화면낭독 소프트웨어, 지체장애인용으로 특수제작된 키보드 및 마우스, 청각장애인용 음향표시장치	별도신청 없음 ※텔레비전 자막 수신기 (국가·지방자치단체·한국농아인협회의 구매 시)

주요사업명	지원대상	지원내용	비고
25. 장애인용 수입 물품 관세 감면	• 등록장애인	• 장애인용물품으로 관세법시행규칙 [별표 2]에서 정한 101종의 수입물품에 대하여 관세 면제 • 재활병원 등에서 사용하는 지체 · 시각 등 장애인 진료용구에 대하여 관세면제	통관지 세관에서 수입신고시에 관세면제 신청
26. 장애인 의무고용	• 등록장애인	• 국가 · 지방자치단체: 소속 공무원 정원의 2% 이상 의무고용 • 50인이상 고용사업주: 상시 근로자의 2% 이상 의무고용 -부담금 부과 단계적 확대 * 200~299인 2006년부터 * 100인~199인 2007년부터 ※100~299인 사업장 최초 5년간 부담금 50% 감면	노동부소관
27. 특허출원료 또는 기술평가 청구료 등의 감면	• 등록장애인	• 특허 출원시 출원료, 심사청구료, 1~3년차 등록료, 기술평가 청구료 면제 • 특허 · 실용신안원 또는 의장권에 대한 적극적인 권리범위 확인심판 시 그 심판청구료의 70% 할인	출원, 심사청구, 기술평가청구, 심판청구시 또는 등록 시 특허청에 감면신청

3. 지방자치단체에서 조례에 의거 시행하는 사업

주요사업명	지원대상	지원내용	비고
28. 장애인용 차량에 대한 등록세 · 취득세 · 자동차세 면제	• 차량 명의를 1~3급(시각은 4급 포함)의 장애인 본인이나 그 배우자 또는 주민등록표상 장애인과 함께 거주하는 직계존?비속, 직계비속의 배우자, 형제, 자매 중 1인과 공동명의 –배기량 2000cc 이하 승용차 –승차정원 7인승 이상 10인승 이하인 승용자동차, 승차정원 15인승 이하 승합차, 적재정량 1톤 이하인 화물차, 이륜자동차 중 1대	• 등록세 · 취득세 · 자동차세 면세	시 · 군 · 구청(세무과)에 신청
29. 차량 구입 시 지역개발 공채 구입 면제	• 지방자치단체별 조례에서 규정하는 장애인용차량 • 도지역에 해당	• 지방자치단체별 조례에 의거 장애인차량에 대한 지역개발공채 구입의무 면제	시런볜구청 차량등록기관에 신청 (자동차판매사 영업사원에 문의)
30. 고궁, 능원, 국공립박물관 및 미술관, 국공립공원, 국공립공연장, 공공체육시설 요금 감면	• 등록장애인 및 1~3급 장애인과 동행하는 보호자 1인 –국공립 공연장 중 대관공연은 할인에서 제외	• 입장요금 무료 ※국공립 공연장(대관공연 제외) 및 공공체육시설 요금은 50% 할인	장애인등록증(복지카드) 제시
31. 공영주차장 주차요금 감면	• 등록장애인 –장애인 자가 운전 차량 –장애인이 승차한 차량	• 지방자치단체의 조례에 의거 할인 혜택 부여 ※대부분 50% 할인혜택이 부여되나 각 자치단체별로 상이	장애인등록증(복지카드) 제시

4. 민간기관에서 자체운영규정에 의하여 실시하는 사업

주요사업명	지원대상	지원내용	비고
32. 철도 · 도시철도 요금 감면	• 등록장애인	–등록장애인 중 중증장애인(1~3급)과 동행하는 보호자 1인 KTX, 새마을호, 무궁화, 통근열차: 50% 할인 –등록장애인 중 4~6급 * KTX, 새마을호: 30% 할인(법정공휴일을 제외한 주중에 한하여) * 무궁화, 통근열차: 50% 할인 –도시철도(지하철, 전철): 100%	장애인등록증(복지카드) 제시
33. 전화요금 할인	• 장애인 명의의 전화 1대 • 장애인단체, 복지시설 및 특수학교 전화 2대(청각 · 언어장애인 시설 및 학교는 FAX 전용전화 1대 추가 가능)	• 시내통화료 50% 할인 • 시외통화는 월 3만 원의 사용한도 내에서 50% 할인 • 이동전화에 걸은 요금:월 1만 원의 사용한도 이내에서 30% 할인 • 114 안내요금 면제	관할 전신전화국에 신청
34. 시 · 청각장애인 TV 수신료 면제	• 시각 · 청각 장애인이 있는 가정 • 사회복지시설에 입소한 장애인을 위하여 설치한 텔레비전 수상기	• TV 수신료 전액 면제 ※시 · 청각장애인 가정의 수신료 면제는 주거 전용의 주택 안에 설치된 수상기에 한함	KBS 사업소 또는 관할 한전지점에 신청
35. 공동주택 특별 분양 알선	• 등록장애인인 무주택 세대주(정신지체 또는 정신 및 제3급 이상의 뇌병변장애인의 경우 그 배우자 포함)	• 청약저축에 상관없이 전용면적 85제곱미터 이하의 공공분양 및 공공임대주택 분양 알선	시 · 도에 문의 및 읍 · 면 · 동에 신청
36. 무료 법률구조제도 실시	• 등록장애인 –법률구조공단에서 심의하여 무료 법률구조를 결정한 사건에 한함	• 소송 시 법원에 소요되는 일체의 비용(인지대, 송달료, 변호사 비용 등)을 무료로 법률구조서비스 제공	대한법률구조공단 관할 지부에 유선 또는 방문상담 무료전화 132 www.klac..or.k

주요사업명	지원대상	지원내용	비고
		-무료 법률 상담 -무료 민사 · 가사사건 소송 대리(승소가액이 2억 원 초과시 실비 상환) -무료 형사변호(단, 보석보증금 또는 보석보증보험수수료 본인부담)	
37. 항공요금 할인	• 등록장애인	• 대한항공(1～4급),아시아나항공 국내선 요금 50% 할인(1～3급 장애인은 동행하는 보호자 1인 포함) • 대한항공(5～6급 장애인) 국내선 30% 할인 • 대한항공은 2006년부터 사전예약제(Booking Class 관리 시스템) 실시로 주말, 성수기, 명절 연휴 등 고객 선호도가 높은 항공편(제주노선부터 실시)의 경우 사전예약이 안 되면 항공요금 감면 등 구입이 안 될 수 있으므로 동 시기에는 사전예약 요망	장애인등록증(복지카드) 제시
38. 연안여객선 여객운임 할인	• 등록장애인	• 연안여객선 여객운임 50% 할인(1～3급 장애인 및 1급 장애인 보호자 1인) • 연안여객선 여객운임 20% 할인(4～6급 장애인)	장애인등록증(복지카드) 제시
39. 이동통신 요금할인	• 등록장애인, 장애인단체 ※모든 이동통신 사업자 중 개인은 1회선, 단체는 2회선에 한함	• 이동전화 -신규가입비 면제 -기본요금 및 국내통화 35% 할인 • 무선호출기 -기본요금 30% 할인	해당 회사에 신청 ※전 이동통신회사 모든 이동통신회사들
40. 초고속 인터넷 요금할인	• 등록장애인	• 기본정보이용료 30～40% 할인 -PC통신 사업자에 따라 할인대상요금과 할인율이 상이함	해당 회사에 신청

주요사업명	지원대상	지원내용	비고
41.고속도로 통행료 50% 할인	• 장애인 또는 장애인과 함께 거주하는 배우자 · 직계 존속 · 직계비속 · 직계비속의 배우자 · 형제 · 자매 명의로 등록한 보철용의 아래 차량 중 1대(장애인자동차표지 부착)에 승차한 등록장애인 -배기량 2,000CC 이하의 승용자동차 -승차정원 6～10인승 승용자동차 -승차정원 12인승 이하 승합차 -적재정량 1톤 이하 화물차 ※경차와 영업용차량(노란색 번호판의 차량)은 제외	• 고속도로 통행료 50% 할인 -요금정산소에서 통행권과 할인카드를 함께 제시하면 요금 할인	할인카드 발급 신청: 읍·면·동 사무소 한국도로공사 문의
42. 전기요금 할인	• 중증장애인(3급 이상)	• 전기요금의 20% 감면 ※구비서류: 장애인등록증, 주민등록등본, 전기요금영수증 각 1부 -문의전화: 국번 없이 123 -인터넷 : www.	-한국전력 관할지사 · 지점에 신청(방문, 전화)

5. 지방이양 사업

주요사업명	지원대상	지원내용	비고
43. 청각장애 아동 인공 달팽이관 수술비 지원	• 인공달팽이관 수술로 청력회복이 가능한 저소득 청각장애 아동	• 인공달팽이관 수술비 지원	읍·면·동사무소에 신청
44. 장애인생활 시설 운영	• 등록장애인 –국민기초생활보장법상의 수급자 우선 입소	• 생활시설 입소 보호 –의식주 제공 –재활서비스 제공(사회심리 재활, 교육재활, 직업재활, 의료재활)	시·군·구에 신청
45. 장애인복지 시설치과 유니트지원	• 치과치료 기본장비가 필요한 장애인 복지시설	• 통원치료가 곤란한 시설 입소 장애인에 대해 치과치료 기본장비인 유니트 설치 지원	
46. 장애인 직업재활 시설 운영	• 등록장애인	• 일반사업장 취업이 어려운 저소득 중증장애인에게 자신의 능력과 적성에 맞는 직업생활을 할 수 있도록 보호고용 실시	시·군·구에 상담
47. 재활병·의원 운영	• 등록장애인	• 지원 내용 –장애의 진단 및 치료 –보장구 제작 및 수리 –장애인 심리검사 및 평가 • 국민기초생활보장법상의 수급자는 무료, 그 외의 자는 실비부담	의료급여증과 장애인등록증(복지카드)을 제시
48. 장애인 심부름센터 운영	• 등록장애인	• 사업 내용 –민원업무 대행, 직장 출·퇴근, 장보기, 이사짐 운반, 가사돕기, 취업안내 등 • 이용요금: 실비 • 사업 주체: 한국시각장애인연합회	해당 지역 장애인심부름센터에 필요한 서비스를 요청 문의: 한국시각장애인연합회 02-950-0114

주요사업명	지원대상	지원내용	비고
49. 수화통역 센터 운영	• 청각 · 언어장애인	• 출장수화통역 –관공서 · 법률관련 기관 방문, 의료기관 진료 등의 경우에 수화통역 필요시 출장통역 실시 • 일반인에 대한 수화교육 • 청각 · 언어장애인에 대한 고충 상담	해당지역 수화통역센터에 필요한 서비스를 요청 문의: 한국 농아인협회 02-871-4857
50. 장애인 복지관 운영	• 등록장애인 및 가족	• 장애인에 대한 상담, 의료재활, 직업재활, 사회생활 적응지도, 사회교육 및 계몽사업 등	해당지역복지관 내방 및 전화 등으로 이용 신청
51. 장애인공동 생활가정 운영	• 등록장애인	• 가정과 같은 주거환경에 거주하면서 독립적인 생활에 필요한 재활서비스 지원	해당지역 공동생활 가정에 이용신청
52. 주간 · 단기 보호시설 운영	• 등록장애인	• 재가장애인 낮동안 보호 또는 장애인보호자가 출장, 여행 등의 경우 일시적으로 보호 • 국민기초생활보장법상의 수급자는 무료, 그 외의 자는 실비 부담	해당지역 복지관, 주간 · 단기 보호시설 등을내방이용
53. 장애인체육 시설운영	• 등록장애인 등	• 장애인의 체력증진 및 신체기능회복활동 지원 • 국민기초생활보장법상의 수급자는 무료, 그 외의 자는 시설별 산정이용료 부담	해당지역 장애인체육시설등으로 이용신청
54. 장애인 재활 지원센터 운영	• 등록장애인 및 가족	• 장애인에게 재활정보 제공으로 사회참여 확대 및 복지 증진 • 사업주체: 한국장애인재활협회(13개 시 · 도협회) • 사업내용 –정부사업, 서비스 등 재활 전문 데이터베이스 운영 –온라인 상담 및 정보 제공 등 재활지원 –장애인복지 정책개발을 위한 조사 · 연구	• 인터넷서비스 –www.freeget.net • ARS서비스 및 복지사업 상담 02-835-6456

주요사업명	지원대상	지원내용	비고
55. 장애인 재가복지 봉사센터 운영	• 등록장애인	• 장애인복지관에 재가복지봉사센터를 부설하여 운영 – 재가장애인을 방문, 상담, 의료 · 교육재활, 직업재활 등의 서비스 제공	해당 복지관에 이용 신청
56. 정신지체인 자립지원 센터운영	• 등록 정신지체장애인과 가족	• 정신지체인에 대한 상담지원 • 정신지체인의 사회활동 수행보호를 위한 도우미서비스 제공 • 정신지체인 자립지원 프로그램 개발 · 보급 등	문의: (사)한국정신지체인애호협회 (02-5923~4)
57. 장애인특별 운송사업운영	• 이동에 장애를 가진 자(보호자포함)	• 리프트가 장착된 특장차운영 – 셔틀 및 콜 운행 병용	시 · 도 · 지사 운영
58. 편의시설 설치시민 촉진단 운영	• 시 · 도지사가 선정한 장애인단체	• 주요업무기능 – 편의시설 설치 홍보 및 안내 – 편의시설 실태조사 지원 – 시설주관기관에 의견제시 등	
59. 지체장애인 편의시설 지원센터 운영	• 한국지체장애인협회 16개 시 · 도협회	• 주요업무기능 – 편의시설 설치 관련 자문 · 기술적 지원 – 기술 및 매뉴얼 개발 등	
60. 여성장애인 가사도우미 파견 사업	• 저소득 가정의 등록 여성장애인	• 여성장애인의 임신 · 출산 · 육아 및 가사활동 지원을 위한 – 가사도우미 파견 – 산후조리, 자녀양육, 가사활동 지원	해당지역 시 · 도립 장애인 복지관에 신청

부록 3

특수교육전공 및 장애이해 관련 도서의 예

특수교육전공 및 장애이해 관련 도서의 예

1. 특수교육 전공 도서

1) 특수교육 전반

김진호, 박재국, 방명애, 안성우, 유은정, 윤치연, 이효신 공역(2006). 최신특수교육(제8판). 서울: 시그마프레스.

윤점룡, 김병식, 박용석, 박주완, 백순이, 서원욱, 심재중, 유종호, 이원희, 이한우, 임웅현, 차용찬, 최기상(2005). 장애학생의 이해와 교육. 서울: 학지사.

이소현, 박은혜(2006). 특수아동교육: 통합학급 교사들을 위한 특수교육지침서(제2판). 서울: 학지사.

이화여자대학교 특수교육과 편(1998). 특수교육에 있어서의 최상의 실제. 제1회 이화특수교육연수회 자료집. 서울: 이화여자대학교 특수교육과.

2) 장애별 전공 도서

김동일, 이대식, 신종호(2003). 학습장애아동의 이해와 교육. 서울: 학지사.

김미숙, 김수진, 김자경 공역(2005). 학습장애: 이론, 진단, 그리고 교수전략. 서울: 박학사.

김세주, 성인영, 박승희, 정한영 공역(2005). 뇌성마비 아동의 이해. 서울: 시그마프레스.

김영태(2003). 아동언어장애의 진단 및 치료. 서울: 학지사.

방명애, 이효신 공역(2004). 정서 및 행동장애 이론과 실제. 서울: 시그마프레스.

박순희(2005). 시각장애아동의 이해와 교육. 서울: 학지사.

박순희 역(1995). 시각장애와 중복장애 아동을 위한 취학전 교육 서비스. 서울: 특수교육.

박승희 역(1994). 정신지체: 정의, 분류, 지원의 체계. 서울: 교육과학사.

박승희, 신현기 공역(2002). 정신지체 개념화: AAMR 2002년 정신지체 정의, 분류, 지원체계. 서울: 교육과학사.

박현숙 역(1998). 주의집중장애의 평가와 교육. 서울: 이화여자대학교 출판부.

백은희(2005). 정신지체: 이해와 교육. 서울: 교육과학사.

신종호, 김동일, 신현기, 이대식 공역(2002). 정신지체. 서울: 시그마프레스.

심현섭, 김영태, 김진숙, 김향희, 배소영, 신문자, 이승환, 이정학, 한재순(2005). 의사소통 장애의 이해. 서울: 학지사.

이소현(2003). 유아특수교육. 서울: 학지사.

이소현 역(2005). 자폐 범주성 장애: 중재와 치료. 서울: 시그마프레스.

이소현 역(2006). 아스퍼거 증후군: 통합교육을 위한 전략. 서울: 학지사.

3) 통합교육 도서

박승희(2003). 장애인 인권교육 입문: 다르게 함께 사는 세상. 서울: 국가인권위원회.

박승희(2003). 한국 장애학생 통합교육: 특수교육과 일반교육의 관계 재정립. 서울: 교육과학사.

박승희 역(2003). 마서즈 비니어드 섬 사람들은 수화로 말한다: 장애수용의 사회학(한국학술진흥재단 학술명저번역총서 서양편 10). 파주: 한길사.

서울경인특수학급교사연구회(1998). 서로 다른 아이들이 함께 만드는 교실: 일반 교사를 위한 장애학생 이해 및 교수 활동집. 서울: 파라다이스 복지재단.

서울 경인 특수학급 교사연구회 편(2006). 일반교사를 위한 통합교육 지원 프로그램. 서울: 학지사.

이대식, 김수연, 이은주, 허승준(2006). 통합교육의 이해와 실제: 통합학급에서의 효과적인 교육방법. 서울: 학지사.

한국통합교육학회 편(2005). 통합교육: 교사를 위한 특수교육입문. 서울: 학지사.

4) 행동문제, 전환교육, 가족지원 관련 도서

박승희(1998). 온화한 교수: 장애인의 문제행동에 대한 대안적 접근. 서울: 교육과학사.

박승희, 박현숙, 박희찬 공역(2006). 장애청소년 전환교육. 서울: 시그마프레스.

박지연, 김은숙, 김정연, 김주혜, 나수현, 윤선아, 이금진, 이명희, 전혜인 공역(2006). 장애인 가족지원. 서울: 학지사.

박희찬, 김은영, 김선옥, 유병주(1994). 장애인 직업: 정신지체인을 위한 직업프로그램의 구성 및 적용. 서울: 인간과 복지.

이화여자대학교 특수교육과 편(1999). 특수아 행동지도의 이론과 실제. 제2회 이화특수교육연수회 자료집. 서울: 이화여자대학교 특수교육과.

이화여자대학교 특수교육연구소 편(2004). 발달장애 청소년 및 성인의 지역사회 참여지원. 서울: 이화여자대학교 특수교육연구소.

이화여자대학교 특수교육연구소 편(2006). 중등특수교육의 최선의 실제 (1). 2006년 동계연수교육 자료집. 서울: 이화여자대학교 특수교육연구소.

5) 기타

대한소아재활의학회 편(2006). 소아재활의학. 서울: 군자출판사.

박은혜, 김미선, 김수진, 강혜경, 김은숙, 김정연, 이명희(2004). 장애아동을 위한 미술교육. 서울: 학지사.

서울시그룹홈지원센터 편(2003). 그룹홈 이해. 서울: 비전북 출판사.

엠마우스 복지관 편(2005). 사람이 중심에 서는 서비스 계획. 광주: 엠마우스 복지관.

정동영, 박승희, 원성옥, 유숙열(2005). 대학장애학생 교수-학습 지원편람 개발 연구. 서울: 교육인적자원부.

파라다이스복지재단 편(2006). 2006 파라장애아포럼: 장애관련종사자의 삶의 질. 서울: 파라다이스복지재단.

2. 장애이해 관련 동화 및 에세이

1) 정신지체

심봉희 역(2004). 나는 백치다. 파주: 웅진씽크빅.

장차현실(2003). 엄마 외로운 것 그만하고 밥 먹자. 서울: 한겨레신문사.

조복순(2004). 너무 작아서 아름다운 아이. 서울: 특수교육.

채인선(1997). 내 짝꿍 최영대. 파주: 재미마주.

2) 정서장애

박진곤 역(2006). 내 아이에게 틱과 강박증이 있대요. 서울: 부키.

이금이(2000). 나와 조금 다를 뿐이야. 서울: 푸른책들.

이영미 역(2005). 공중그네. 서울: 은행나무.

이희재 역(1998). 한 아이. 파주: 아름드리.

한국영재교육개발원 역(2003). 딥스. 서울: 시간과 공간사.

3) 자폐범주성장애

박경희 역(2005). 어느 자폐인 이야기. 파주: 김영사.
박미경(2004). 달려라 형진아. 서울: 월간조선사.
송태욱 역(2005). 나는 아들에게서 세상을 배웠다. 서울: 샨티.
아이빛그림(2005). 조금 느려도 괜찮아. 파주: 이레.
유현경(2005). 진호야 사랑해. 서울: 한스미디어.
윤미연 역(2004). 나의 라디오 아들. 서울: 한언.
이금이(2000). 나와 조금 다를 뿐이야. 서울: 푸른책들.
이숙형(1996). 꼭 다문 입술이 미소로 바뀔 때: 자폐아 양육수기. 서울: 기가연.
임기원(2000). 아들아, 아빠 눈 보고 말해. 서울: 동아시아.
정창교(2004). 마이너리티의 희망노래. 서울: 한울림.
홍한별 역(2005). 나는 그림으로 생각한다: 자폐인의 내면세계에 관한 모든 것. 서울: 양철북.

4) 지체장애

고정욱(2003). 네 손가락의 피아니스트. 서울: 대교.
공진하(2004). 왔다갔다 우산 아저씨. 파주: 청년사.
김효진(2006). 오늘도 난, 외출한다. 서울: 웅진하우스.
박수현(2004). 아름다운 아이 세진이. 서울: 베틀북.
박정희(2001). 티타늄 다리의 천사 애덤 킹. 서울: 두산동아.
유석인 역(2003). 발로 쓴 내 인생의 악보. 서울: 토기장이.
이영준 역(2000). 민수야 힘내. 서울: 한림.
전경빈 역(2001). 오체불만족. 서울: 창해.

5) 학습장애

심윤경(2002). 나의 아름다운 정원. 서울: 한겨레출판사.
조아라, 이순 공역(2005). 리틀 몬스터: 대학교수가 된 ADHD 소년. 서울: 학지사.

6) 시각장애

김혜은 역(2004). 티베트로 가는 길. 서울: 빛살무늬.

은미경 역(2001). 손가락 끝으로 꿈꾸는 우주인. 서울: 중심.
전숙연(2004). 내 사랑 토람이. 서울: 랜덤하우스 중앙.

7) 청각장애

김서정 역(2004). 내게는 소리를 듣지 못하는 여동생이 있습니다. 서울: 중앙출판사.
이지현(2005). 나는 청각 도우미견 코코. 서울: 대교출판.

8) 교육 일반

강승숙(2003). 행복한 교실. 서울: 보리.
공진하(2004). 왔다갔다 우산 아저씨. 파주: 청년사.
권정생(2003). 강아지똥. 서울: 길벗어린이.
김대유(2003). 가끔 아이들은 억울하다. 서울: 우리교육.
김라함 역(1997). 휠체어를 타는 친구. 서울: 보리.
문경보(2003). 흔들리며 피는 꽃. 서울: 삼인.
안준철(2003). 그 후 아이들은 어떻게 되었을까. 서울: 우리교육.
전원하(2003). 학교아빠. 서울: 이루파.
채영숙(2003). 아들의 답장을 기다리며. 서울: 좋은책.
햇살과 나무꾼 역(2002). 나는 선생님이 좋아요. 서울: 양철북.

부록 4

장애이해관련 영화의 예

장애이해관련 영화의 예

1. 정신지체 관련 영화

- 아이엠샘(2002년/드라마/미국/제시넬슨 감독/숀펜, 다코타 패닝 주연)
- 제8요일(1996년/드라마/프랑스,벨기에/자코 반 도마엘 감독/파스칼 뒤켄, 다니엘 오떼뉴 주연)
- 포레스트 검프(1994년/드라마/미국/로버트 자맥키스 감독/톰 헹크스 주연)
- 사랑하고 싶은 그녀(1999년/드라마/미국/게리 마셜 감독/줄리엣 루이스 주연)
- 길버트 그레이프(1993년/드라마/미국/라세할스트롬 감독/조니 뎁 주연)
- 슬링 블레이드(1996년/드라마/미국/빌리밥숀튼 감독, 주연)

2. 정서장애 관련 영화

- 카드로 만든 집(1993년/드라마/미국/마이클 레삭 감독/토미리존스, 캐서린 터너 주연)
- 에이미(1999년/드라마/호주/나디아태스 감독/엘레나 드 로마, 레이첼 그리피스 주연)
- 레인멘(1988년/드라마/미국/베리 레빈슨 감독/더스틴 호프만, 탐크루즈 주연)
- 헨리 이야기(1992년/드라마/미국/마이크 니콜스 감독/헤리슨 포드 주연)
- 처음 만나는 자유(1999년/드라마/미국/제임스 맨골드 감독/위노나 라이더 주연)
- 말아톤(2005년/드라마/한국/정윤철 감독/조승우 주연)

3. 시각장애 관련 영화

- 사랑이 머무는 풍경(1999년/로맨스/홍콩/마초성 감독/장백지, 임현제 주연)
- 성원(2000년/드라마/미국/어윈 윙클러 감독/발 킬머, 미라 소르비노 주연)

- 여인의 향기(1992년/드라마/미국/마틴 브레스트 감독/알 파치노, 크리스 오도넬 주연)
- 퐁네프의 연인들(1991년/로맨스/프랑스/레오까라 감독/줄리엣 비노쉬, 드니라방 주연)

4. 청각장애 관련 영화

- 비욘드 사일런스(1998년/드라마/독일/카롤리네 링크 감독/실비 테스튀드 주연)
- 작은 신의 아이들(1986년/드라마/미국/랜다 하이즈 감독/윌리험 허트 주연)
- 홀랜드 오퍼스(1995년/드라마/미국/스티븐 헤렉 감독/리차드 드레이퓨스 주연)
- 작은 친구들(1984년/로버트 마이클 루이스 감독/션 절리스, 버트 영 주연)
- 피아노(1992년/드라마/호주/제인 캠피온 감독/홀리 헌터 주연)
- 더 댄서(2000년/프레데릭 카르송 감독/미아 프레, 갈란트 위트 주연)
- 시크릿 러브(2001년/크리스토프 쇼브 감독/엠마누엘 라보릿 주연)

5. 지체장애 관련 영화

- 나의 왼발(1989년/드라마/영국/짐 쉐리단 감독/다니엘 데이루이스 주연)
- 여섯 개의 시선 중 '대륙횡단 crossing' (2003년/한국/여균동 감독/김문주 출연)
- 오아시스(2002년/드라마/한국/이창동감독/설경구, 문소리 주연)
- 라이브 플래쉬(1999년/스페인/페드로 알모도바르 감독/하비에르 바르뎀 주연)
- 프랭크 스타라이트(1995년/마이클 린드세이 호그 감독/안 파릴로, 코반 워커 주연)
- 패션 피쉬(1994년/드라마/미국/마이클 다이너 감독/피터버그 주연)

부록 5

장애 및 특수교육 관련 웹사이트의 예

장애 및 특수교육 관련 웹사이트의 예

1. 장애 및 특수교육 관련 기관 및 단체

- 국가인권위원회(www.humanrights.go.kr)
- 유네스코 한국위원회(www.unesco.or.kr)
- 유니세프 한국위원회(www.unicef.or.kr)
- 법제처 종합법령정보(www.klaw.go.kr)
- 교육인적자원부(www.moe.go.kr)
- 국립특수교육원(www.kise.go.kr)
- 국립특수교육원 장애이해사이트(edu.kise.go.kr)
- 국립특수교육원 부설 원격교육연수원(iedu.kise.go.kr)
- 보건복지부(www.mohw.go.kr)
- 노동부(www.molab.go.kr)
- 한국장애인고용촉진공단(www.kepad.or.kr)
- 한국특수교육학회(www.ksse.or.kr)
- 한국장애인복지관협회(www.hinet.or.kr)
- 한국장애인복지시설협회(www.kawid.or.kr)
- 한국장애인재활협회(www.freeget.net)
- 장애우권익문제연구소(www.cowalk.or.kr)
- 장애인먼저실천운동본부(www.wefirst.or.kr)
- 장애인편의시설촉진시민연대(www.accessrights.or.kr)
- 서울시그룹홈지원센터(www.ghcenter.org)

- 한국장애아동인권연구회(www.kdcr.org)
- 파라다이스복지재단(www.paradise.or.kr)
- 아이소리(www.isori.net)
- 다운복지관(www.down.or.kr)
- 한국장애인부모회(www.kpat.or.kr)
- 장애아동부모회 기쁨터(www.joyplace.org)
- 청음회관(www.chungeum.or.kr)
- 한사랑마을(www.hanlove.or.kr)
- SOS아동복지센터(www.sosed.or.kr)
- 한국수화방송국(ksltv.yc.ac.kr)
- 한국점자도서관(infor.kbll.or.kr)
- 한국장애인단체총연맹(www.kodaf.or.kr)
- 한국통합교육연구회(www.inclusion.co.kr)
- 키세넷(www.kysenet.org)

2. 장애영역별 장애이해 사이트

- 발달지원학회(www.lifespan.or.kr)
- 전국저시력인연합회(www.lowvision.or.kr)
- 한국지체장애인협회(www.kappd.or.kr)
- 한국자폐학회(www.autism.or.kr)
- 한국유아특수교육학회(www.kecse.org)
- 한국뇌성마비복지회(www.kscp.net)
- 한국시각장애인연합회(www.kbuwel.or.kr)
- 한국농아인협회(www.kdeaf.or.kr)
- 한국정서 · 행동장애아교육학회(www.ksebd.org)

부록 6

수화 및 점자의 예

수화 및 점자의 예

〈수화〉

① 안녕하세요?

양손을 주먹 쥐고 밑으로 살짝 내린다.

② 반갑습니다.

양손을 'ㅂ' 자로 해서 엇갈리게 움직인다.

③ 좋다

오른 주먹을 코에 댄다.

④ 1～10, 11～20, 30～100, 1000, 10000

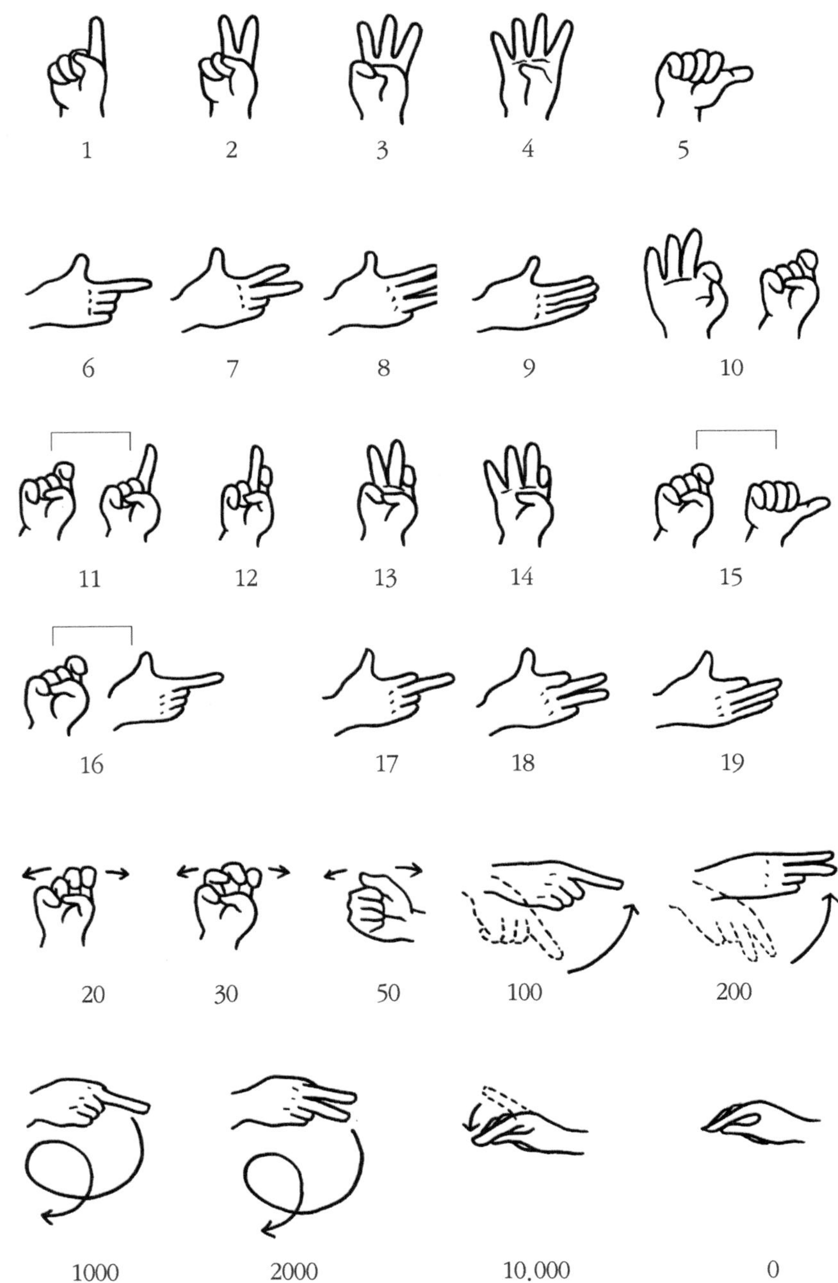

⑤ 한글 자모음 표현 알아보기

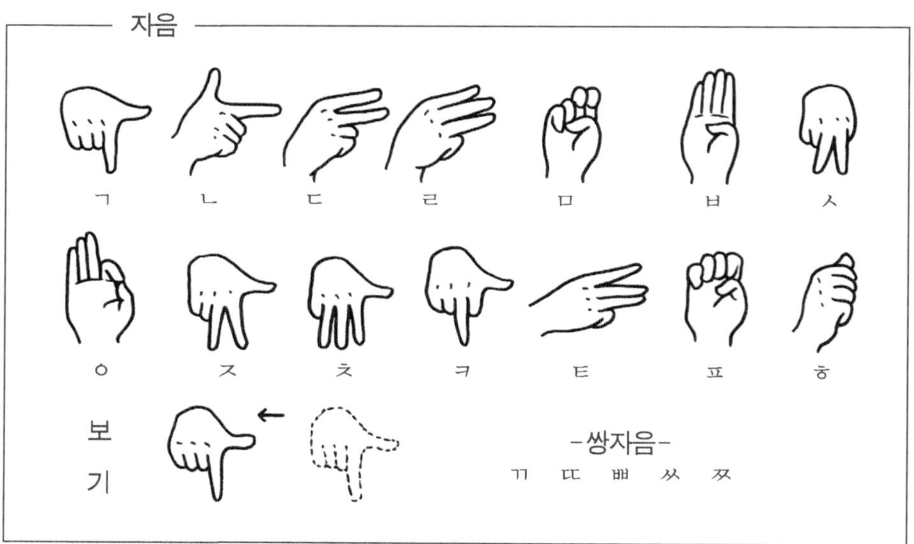

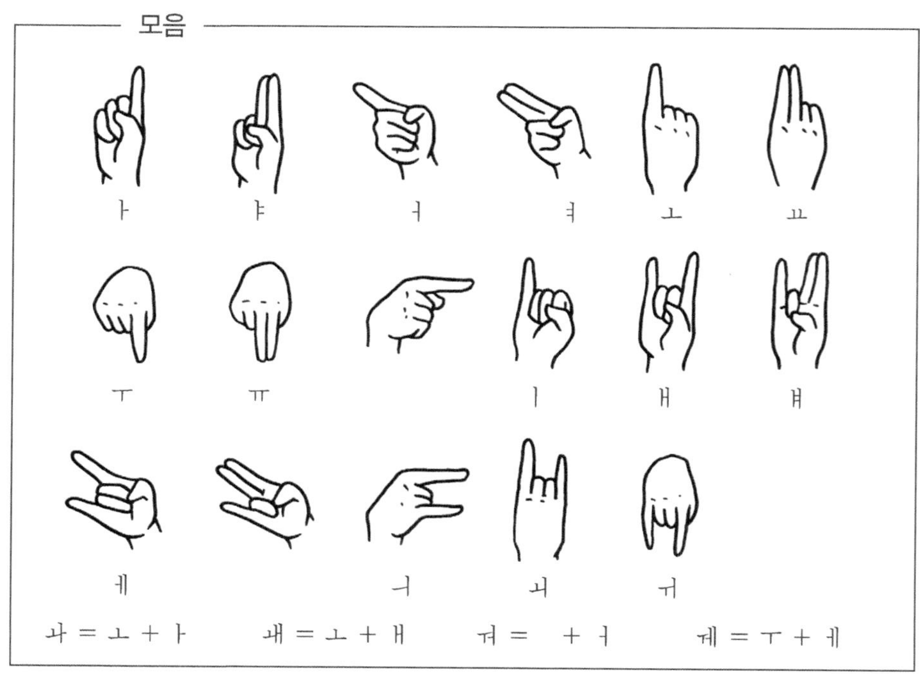

〈점자〉

점자는 한 칸에 여섯 개의 점을 조합하여 만들어지는데 이 칸들이 연결되어 한 단어를 만듭니다. 점자판과 점필을 사용하여 점자를 쓰는데 점필로 점을 찍듯이 쓰면 종이의 뒷면에 볼록한 점자를 손가락 끝으로 만져 글을 읽게 됩니다. 점자를 쓸 때는 오른쪽에서 왼쪽으로 써 나가고, 읽을 때는 종이를 뒤집어서 왼쪽에서 오른쪽으로 읽습니다. 그러므로 쓸 때와 읽은 때의 글자 모양은 정반대입니다.

1. 첫소리글자(초성)

ㄱ	ㄴ	ㄷ	ㄹ	ㅁ	ㅂ	ㅅ	ㅇ	ㅈ	ㅊ	ㅋ	ㅌ	ㅍ	ㅎ
○● ○○ ○○	●● ○○ ○○	○● ●○ ○○	○○ ○● ○○	●○ ○● ○○	○● ○● ○○	○○ ○○ ○●		○● ○○ ○●	○○ ○● ○●	●● ●○ ○○	●○ ●● ○○	●● ○● ○○	○● ●● ○○

※ 'ㅇ' 은 약자 '운' 과 동일하기 때문에 첫소리 자리에 올 때에는 생략하고 모음만 씁니다.

※첫소리 겹글자: 첫소리에 앞에 된소리 기호(6점)를 찍어 줍니다.

ㄲ		ㄸ		ㅃ		ㅆ		ㅉ
○○ ○● ○○ ○○ ○● ○○		○○ ○● ○○ ●○ ○● ○○		○○ ○● ○○ ○● ○● ○○		○○ ○○ ○○ ○○ ○● ○●		○○ ○● ○○ ○○ ○● ○●

2. 모음

ㅏ	ㅑ	ㅓ	ㅕ	ㅗ	ㅛ	ㅜ	ㅠ	ㅡ	ㅣ
●○ ●○ ○●	○● ○● ●○	○● ●○ ●○	●○ ○● ○●	●○ ○○ ●●	○● ○○ ●●	●● ○○ ●○	●● ○○ ○●	○● ●○ ○●	●○ ○● ●○

ㅐ	ㅔ	ㅚ	ㅘ	ㅝ	ㅢ
●○ ●● ●○	●● ○● ●○	●● ○● ●●	●○ ●○ ●●	●● ●○ ●○	○● ●● ○●

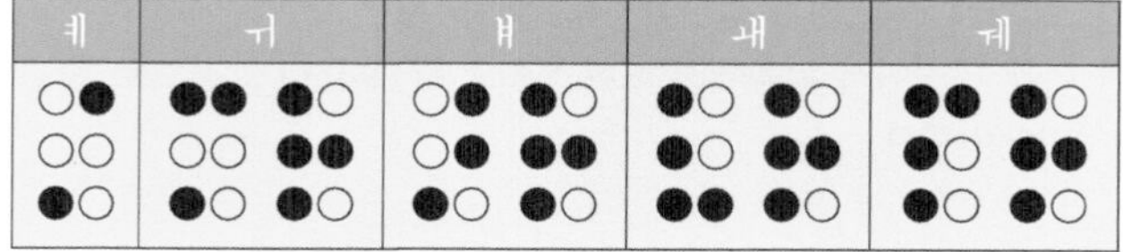

ㅖ	ㅟ	ㅒ	ㅙ	ㅞ
○● ○○ ●○	●● ●○ ○○ ●● ●○ ●○	○● ●○ ○● ●● ●○ ●○	●○ ●○ ●○ ●● ●● ●○	●● ●○ ●○ ●● ●○ ●○

※ 'ㅘ' 나 'ㅜ' 다음에 'ㅐ' 가 올 때는 사이에 붙임표(3-6)를 표기합니다. 모음 'ㅖ' (3-4)는 받침 'ㅆ' (3-4)과 동일하므로 혼동을 일으킬 수 있는 낱말 사이에 붙임표(3-6점)를 표기합니다.

3. 받침-기본 받침(종성)

받침은 초성과 반대방향이거나 내려 찍어 줍니다. 비교해 보세요.

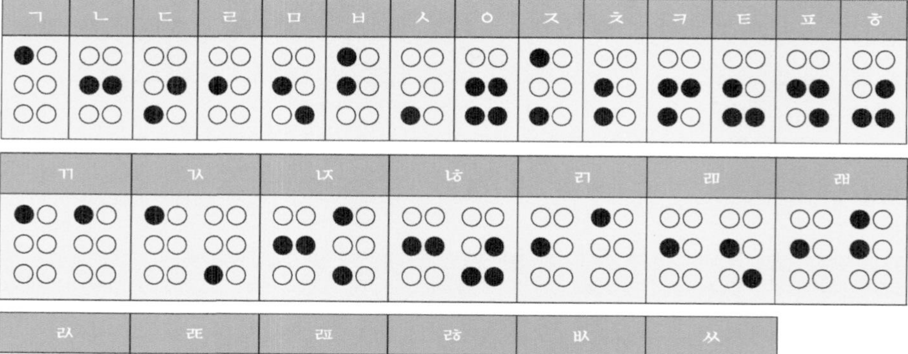

ㄱ	ㄴ	ㄷ	ㄹ	ㅁ	ㅂ	ㅅ	ㅇ	ㅈ	ㅊ	ㅋ	ㅌ	ㅍ	ㅎ
●○ ○○ ○○	○○ ●● ○○	○○ ○● ●○	○○ ●○ ○○	○○ ●○ ○●	●○ ●○ ○○	○○ ○○ ●○	○○ ●● ●●	●○ ○○ ●○	○○ ●○ ●○	○○ ●● ●○	○○ ●○ ●●	○○ ●● ○●	○○ ○● ●●

ㄲ	ㄳ	ㄵ	ㄶ	ㄺ	ㄻ	ㄼ
●○ ●○ ○○ ○○ ○○ ○○	●○ ○○ ○○ ○○ ○○ ●○	○○ ●○ ●● ○○ ○○ ●○	○○ ○○ ●● ○● ○○ ●●	○○ ●○ ●○ ○○ ○○ ○○	○○ ○○ ●○ ●○ ○○ ○●	○○ ●○ ●○ ●○ ○○ ○○

ㄽ	ㄾ	ㄿ	ㅀ	ㅄ	ㅆ
○○ ○○ ●○ ○○ ○○ ●○	○○ ○○ ●○ ●○ ○○ ●●	○○ ○○ ●○ ●● ○○ ○●	○○ ○○ ●○ ○● ○○ ●●	●○ ○○ ●○ ○○ ○○ ●○	○○ ○○ ○○ ○○ ●○ ●○

※ 'ㄲ' 과 'ㅆ' 이 받침으로 쓰일 때는 된소리 기호 6점을 쓰지 않고 종성 'ㄱ' 과 'ㅅ' 을 두 번 쓴다.

※ 앞에서 설명했던 모든 점자는 정자로 설명한 것입니다. 점자를 정자로 쓰면 시간과 지면이 많이 요구되기 때문에 약자나 약어를 사용합니다. (약자와 약어는 생략합니다.)

출처: 국립특수교육원 장애이해 사이트

부록 7

전국 시도교육청 웹사이트

전국 시도교육청 웹사이트

교육청	사이트
서울특별시교육청	www.sen.go.kr
부산광역시교육청	www.pen.go.kr
대전광역시교육청	www.dje.go.kr
광주광역시교육청	www.ketis.or.kr
울산광역시교육청	www.use.go.kr
대구광역시교육청	www.dge.go.kr
강원도교육청	www.kwe.go.kr
경상남도교육청	www.gne.go.kr
경상북도교육청	www.kbe.go.kr
전라북도교육청	www.jbe.go.kr
전라남도교육청	www.jne.go.kr
충청남도교육청	www.cne.go.kr
충청북도교육청	www.cbe.go.kr
경기도교육청	www.ken.go.kr
제주특별자치도교육청	www.jje.go.kr

부록 8

전국 특수교육지원센터 주소록

전국 특수교육지원센터 주소록(2006. 2월 현재)

지역 교육청	지역 교육청	센터명	주소	전화번호 FAX
서울특별시 (02)	동작교육청	서울정문학교	서울특별시 관악구 신림7동 673-82	869-7188 851-0030
	중부교육청	서울맹학교	서울특별시 종로구 신교동 1-4	737-0656 722-0845
	강동교육청	서울광진학교	서울특별시 광진구 구의3동 587-52	455-2108 455-2107
	성북교육청	서울정인학교	서울특별시 강북구 수유1동 468-305	938-4321 983-4006
	강남교육청	서울정애학교	서울특별시 강남구 삼성동 74-13	540-7826 540-7265
	남부교육청	서울정진학교	서울특별시 구로구 궁동 242	2688-1303 2625-4076
	강동교육청	한국육영학교	서울특별시 송파구 장지동 45-4	443-9781, 2 443-9784
	서부교육청	은평대영학교	서울특별시 은평구 구산동 191-1	353-2040 389-0623
	동작교육청	서울삼성학교	서울특별시 동작구 상도4동 212-128	823-3815
	성북교육청	서울정민학교	서울특별시 노원구 하계동 153-1	978-8406 978-8408
	중부교육청	서울경운학교	서울특별시 종로구 경운동 2번지	3676-2038 3676-2039
부산광역시 (051)	동부교육청	동부특수교육지원센터	부산광역시 연제구 연산2동 774-1연산초	850-1901 850-1909
	서부교육청	서부특수교육지원센터	부산광역시 서구 서대신동3가 195 대신초등학교	255-1821 255-1598
	남부교육청	남부특수교육지원센터	부산광역시 남구 대연6동 1272 남부교육청	640-0200 637-8952
	북부교육청	북부특수교육지원센터	부산광역시 사상구 감전2동 119-6감전초등학교	327-8542 327-8543

지역 교육청	지역 교육청	센터명	주소	전화번호 FAX
부산 광역시 (051)	동래교육청	동래특수교육 지원센터	부산광역시 동래구 명륜1동 228 명륜초등학교	553-9493 553-9492
	해운대 교육청	해운대특수교육 지원센터	부산광역시 해운대구 우2동 1113 강동초등학교	743-1952 743-1954
대구 광역시 (053)	동부교육청	대구동부교육청 특수교육지원센터	대구광역시 중구 남산2동 630	255-5870
	서부교육청	대구서부교육청 특수교육지원센터	대구광역시 서구 달성2길 7	560-5128
	남부교육청	대구남부교육청 특수교육지원센터	대구광역시 달서구 학산로 104	650-2405
	달성교육청	대구달성교육청 특수교육지원센터	대구광역시 남구 대명복개 1길 21	650-8786
인천 광역시 (032)	남부교육청	남부특수교육 지원센터	인천광역시 동구 송림2동 34-1(서흥초교 내)	770-0119 761-2414
	북부교육청	북부특수교육 지원센터	인천광역시 부평구 부평4동 440-1(부평동초교 내)	510-5491 523-1830
	동부교육청	동부특수교육 지원센터	인천광역시 남동구 도림동 692-2(도림초교 내)	460-6213 460-6219
	서부교육청	서부특수교육 지원센터	인천광역시 서구 검암동 495(검암초교 내)	560-6613 560-6629
	강화교육청	강화특수교육 지원센터	인천광역시 강화군 강화읍 관청리200(강화교육청)	933-2082 934-9836
광주 광역시 (062)	동부교육청	동부교육청 특수교육지원센터	광주광역시 북구 중흥2동 367-58	605-5521 605-5330
	서부교육청	서부교육청 특수교육지원센터	광주광역시 서구 치평동 1206	600-9625 600-9620
대전 광역시 (042)	동부교육청	특수교육 지원센터	대전광역시 중구 선화2동 84	299-5817 255-0985
	서부교육청	특수교육 지원센터	대전광역시 서구 도마2동 172-16	530-1033 530-1039
울산 광역시 (052)	강남교육청	강남교육청 특수교육지원센터	울산광역시 남구 신정3동 193-1	228-6641 228-6640
	강북교육청	강북교육청 특수교육지원센터	울산광역시 북구 연암동 1223	219-5643 219-5640
경기도 (031)	수원교육청	경기남부 지원센터	경기도 수원시 권선구 곡반정 86블럭 안룡초	898-5675 233-7365
	의정부 교육청	경기북부 지원센터	경기도 의정부시 의정부1동 229배영초	845-5408

지역 교육청	지역 교육청	센터명	주소	전화번호 FAX
강원도 (033)	춘천교육청	춘천특수교육 지원센터	강원도 춘천시 약사동 2-2	259-1606 244-4508
	원주교육청	원주특수교육 지원센터	강원도 원주시 명륜1동 205-40	760-5665 764-5010
	강릉교육청	강릉특수교육 지원센터	강원도 강릉시 노암동 351-19	640-1216 640-1292
	속초교육청	속초특수교육 지원센터	강원도 속초시 교동 776-1	639-6033 637-7411
	동해교육청	동해특수교육 지원센터	강원도 동해시 천곡동 817	530-3054 531-4836
	태백교육청	태백특수교육 지원센터	강원도 태백시 장성동 69-59	581-5544 581-5547
	삼척교육청	삼척특수교육 지원센터	강원도 삼척시 교동 734	570-5114 572-7803
	홍천교육청	홍천특수교육 지원센터	강원도 홍천군 홍천읍 화산로 84	430-1113 430-1107
	횡성교육청	횡성특수교육 지원센터	강원도 횡성군 횡성읍 읍하2리 359	343-0313 343-3653
	영월교육청	영월특수교육 지원센터	강원도 영월군 영월읍 하송리 307-1	370-1140 374-9926
	평창교육청	평창특수교육 지원센터	강원도 평창군 평창읍 중1리 240	330-1753 332-2478
	정선교육청	정선특수교육 지원센터	강원도 정선군 정선읍 봉양리 400-1	560-8153 562-5873
	철원교육청	철원특수교육 지원센터	강원도 철원군 갈말읍 지포리 224	450-1060 452-3700)
	화천교육청	화천특수교육 지원센터	강원도 화천군 화천읍 하4리 29-2	440-1551 442-3275
	양구교육청	양구특수교육 지원센터	강원도 양구군 양구읍 중1리 69	480-1450 480-1456
	인제교육청	인제특수교육 지원센터	강원도 인제군 인제읍 상동리 356-12	460-1051 461-2589
	고성교육청	고성특수교육 지원센터	강원도 고성군 간성읍 상리 198	681-6187 681-6191
충청북도 (043)	충주교육청	충주특수교육 지원센터	충청북도 충주시 성내동 229	847-2834 848-2629
	제천교육청	제천특수교육 지원센터	충청북도 제천시 화산동 191-3	640-6654 642-0999

지역 교육청	지역 교육청	센터명	주소	전화번호 FAX
충청북도 (043)	청원교육청	청원특수교육 지원센터	충청북도 청주시 사직2동 무심서로 21	270-5833 272-4247
	보은교육청	보은특수교육 지원센터	충청북도 보은군 보은읍 장신리 32-1	540-5552 543-5477
충청남도 (041)	천안교육청	천안특수교육 지원센터	충청남도 천안시 버들거리 255	529-0516 552-9689
	공주교육청	공주특수교육 지원센터	충청남도 공주시 금성동 79-2	850-2311 856-9199
	보령교육청	보령특수교육 지원센터	충청남도 보령시 대천동 387-15	935-0921 935-2379
	아산교육청	아산특수교육 지원센터	충청남도 아산시 온양 4동 158-7	539-2260 546-6711
	서산교육청	서산특수교육 지원센터	충청남도 서산시 읍내동 576-18	669-0782 664-6540
	논산교육청	논산특수교육 지원센터	충청남도 논산시 취암동 307-2	730-7130 730-7144
	금산교육청	금산특수교육 지원센터	충청남도 금산군 금산읍 아인리 64-3	750-8850 751-0821
	연기교육청	연기특수교육 지원센터	충청남도 연기군 조치원읍 신흥리 53-1	861-1124 865-1150
	부여교육청	부여특수교육 지원센터	충청남도 부여군 부여읍 가탑리 413-4	834-9421 837-0543
	서천교육청	서천특수교육 지원센터	충청남도 서천군 서천읍 군사리 716-3	953-0722 953-1244
	청양교육청	청양특수교육 지원센터	충청남도 청양군 청양읍 학당리 216-10	940-4422 943-8409
	홍성교육청	홍성특수교육 지원센터	충청남도 홍성군 홍성읍 고암리 541-2	630-5531 634-4109
	예산교육청	예산특수교육 지원센터	충청남도 예산군 예산읍 산성리 319-3	330-3623 335-2910
	태안교육청	태안특수교육 지원센터	충청남도 태안군 태안읍 남문리 417-1	675-9023 675-6071
	당진교육청	당진특수교육 지원센터	충청남도 당진군 당진읍 운학리 266-3	351-2523 356-0451
전라북도 (063)	전주교육청	전주교육청 특수교육지원센터	전라북도 전주시 덕진구 진북1동 382-7	270-6037 278-1366
	군산교육청	군산교육청 특수교육지원센터	전라북도 군산시 조촌동 757	450-2640 452-5347

지역 교육청	지역 교육청	센터명	주소	전화번호 FAX
전라북도 (063)	익산교육청	익산교육청 특수교육지원센터	전라북도 익산시 중앙로 179	850-8814 841-4163
	정읍교육청	정읍교육청 특수교육지원센터	전라북도 정읍시 상동 319-12	530-3012 533-4058
	남원교육청	남원교육청 특수교육지원센터	전라북도 남원시 왕정동 128	620-7814 631-4701
	김제교육청	김제교육청 특수교육지원센터	전라북도 김제시 신풍동 488-1	540-2592 540-2599
	완주교육청	완주교육청 특수교육지원센터	전라북도 전주시 덕진구 인후동 2가 216-5	270-7630 274-1197
	진안교육청	진안교육청 특수교육지원센터	전라북도 진안군 진안읍 군상리 222	430-6212 432-6337
	무주교육청	무주교육청 특수교육지원센터	전라북도 무주군 무주읍 읍내리 329	320-5112 322-4649
	장수교육청	장수교육청 특수교육지원센터	전라북도 장수군 장수읍 장수리 312	350-5230 351-2718
	임실교육청	임실교육청 특수교육지원센터	전라북도 임실군 임실읍 이도리 142	640-3530 642-2723
	순창교육청	순창교육청 특수교육지원센터	전라북도 순창군 순창읍 남계리 268	650-6162 653-1360
	고창교육청	고창교육청 특수교육지원센터	전라북도 고창군 고창읍 교촌리 76	560-1606 563-2384
	부안교육청	부안교육청 특수교육지원센터	전라북도 부안군 부안읍 봉덕리 644	580-7413 584-7443
전라남도 (062)	목포교육청	목포특수교육 지원센터	전라남도 목포시 상동 972	280-6612 282-7329
	여수교육청	여수특수교육 지원센터	전라남도 여수시 학동 41	690-5514 686-5124
	순천교육청	순천특수교육 지원센터	전라남도 순천치 연향동 1354	729-7753 723-1769
	나주교육청	나주특수교육 지원센터	전라남도 나주시 송월동 1103-1	3300-121 333-8379
	광양교육청	광양특수교육 지원센터	전라남도 광양시 광양읍 우산리 551	760-3303 762-2530
	담양교육청	담양특수교육 지원센터	전라남도 담양군 담양읍 강쟁리 176-6	380-8030 383-3278
	곡성교육청	곡성특수교육 지원센터	전라남도 구례군 구례읍 봉동리 290-1	3606-630 363-0227

지역 교육청	지역 교육청	센터명	주소	전화번호 FAX
전라남도 (062)	구례교육청	구례특수교육 지원센터	전라남도 구례군 구례읍 봉동리 290-1	780-6610 782-8035
	고흥교육청	고흥특수교육 지원센터	전라남도 고흥군 고흥읍 등암리 326-1	830-2052 835-1019
	보성교육청	보성특수교육 지원센터	전라남도 보성군 보성읍 주봉리 225	850-7112 852-4648
	화순교육청	화순특수교육 지원센터	전라남도 화순군 화순읍 훈리 32-2번지	370-7151 370-7103
	장흥교육청	장흥특수교육 지원센터	전라남도 장흥군 건산리 611-4	860-1225 863-1337
	강진교육청	강진특수교육 지원센터	전라남도 강진군 강진읍 평동리 4	430-1512 432-9337
	해남교육청	해남특수교육 지원센터	전라남도 해남군 해남읍 해리 685-3	534-2191 535-2196
	영암교육청	영암특수교육 지원센터	전라남도 영암군 영암읍 망호리 753	470-4130 473-0335
	무안교육청	무안특수교육 지원센터	전라남도 무안군 무안읍 교촌리 1044	450-7012 454-7811
	함평교육청	함평특수교육 지원센터	전라남도 함평군 함평읍 기각리 892-3	320-6613 324-1655
	영광교육청	영광특수교육 지원센터	전라남도 영광군 영광읍 무령리 365번지	360-612 352-1605
	장성교육청	장성특수교육 지원센터	전라남도 장성군 장성읍 영천리 842	390-6121 393-1800
	완도교육청	완도특수교육 지원센터	전라남도 완도군 완도읍 개포리 1227번지	550-0512 554-0424
	진도교육청	진도특수교육 지원센터	전라남도 진도군 진도읍 성내리 38-1	540-5122 543-0009
	신안교육청	신안특수교육 지원센터	전라남도 목포시 중동 2가 6-1	240-3612 245-3190
경상북도 (054)	포항교육청	포항시 특수교육지원센터	경상북도 포항시 북구 용흥동 615-21	288-6800 288-6820)
	경주교육청	경주시 특수교육지원센터	경상북도 경주시 동천동 918	740-9116 741-4827
	김천교육청	김천시 특수교육지원센터	경상북도 김천시 성내동 69-9	420-5243 432-2827
	안동교육청	안동시 특수교육지원센터	경상북도 안동시 당북동 333-156	858-1047 858-2493

지역 교육청	지역 교육청	센터명	주소	전화번호 FAX
경상북도 (054)	구미교육청	구미시 특수교육지원센터	경상북도 구미시 송정동 55	440-2313 440-2319
	경산교육청	경산시 특수교육지원센터	경상북도 경산시 중방동 847-6	810-7565 810-7589
경상남도 (055)	창원교육청	창원센터	경상남도 창원시 신월동 101-5	260-8064 281-7034
	마산교육청	마산센터	경상남도 마산시 봉암동 435-1	250-7514 252-8027
	진주교육청	진주센터	경상남도 진주시 상대동 299-3	760-4814 758-3140
	진해교육청	진해센터	경상남도 진해시 석동 266-11	552-8911 (544-8241)
	통영교육청	통영센터	경상남도 통영시 북신동 69-6	648-6502 (645-4330)
	사천교육청	사천센터	경상남도 사천시 벌리동 412-1	830-1512 (832-3860)
	김해교육청	김해센터	경상남도 김해시 대성동 783	330-7658 (333-4142)
	밀양교육청	밀양센터	경상남도 밀양시 삼문동 186	355-2146 (354-7961)
	거제교육청	거제센터	경상남도 거제시 신현읍 고현동 433-1	636-2282 (636-2290)
	양산교육청	양산센터	경상남도 양산시 중부동 153-3	388-0803 (388-0814)
	의령교육청	의령센터	경상남도 의령군 의령읍 중동 269-1	570-7111 (573-4696)
	함안교육청	함안센터	경상남도 함안군 가야읍 말산리 257	580-8012 (583-4291)
	창녕교육청	창녕센터	경상남도 창녕군 창녕읍 교하리 5-3	530-3531 (533-3597)
	고성교육청	고성센터	경상남도 고성군 고성읍 동외리 510	673-7439 (674-1006)
	남해교육청	남해센터	경상남도 남해군 남해읍 북변동 227	860-4112 (863-1848)
	하동교육청	하동센터	경상남도 하동군 하동읍 광평리 423-5	880-1931 (884-0358)
	산청교육청	산청센터	경상남도 산청군 산청읍 지리 735-2	973-0553 (973-0553)

지역 교육청	지역 교육청	센터명	주소	전화번호 FAX
경상남도 (055)	함양교육청	함양센터	경상남도 함양군 함양읍 조산리 1008	963-3184 (963-7843)
	거창교육청	거창센터	경상남도 거창군 거창읍 대명리 1303-4	940-6113 (944-3837)
	합천교육청	합천센터	경상남도 합천군 합천읍 합천리 129	931-7091 (931-6950)
제주도 (064)	서귀포교육청	서귀포교육청 특수교육지원센터	제주도 서귀포시 토평동 1442-1	730-8115
	북제주교육청	북제주교육청 특수교육지원센터	제주도 제주시 용담 1동 2819-15	754-4519

출처: 교육인적자원부 www.moe.go.kr

찾아보기

〈인 명〉

〈내 용〉

저자 소개

• 박승희

이화여자대학교 교육학과 학사(B.A.)
미국 시러큐스대학교 특수교육 및 재활학과 석사(M.S.)
미국 시러큐스대학교 특수교육 및 재활학과 박사(Ph.D.)
현재 이화여자대학교 특수교육과 교수
〈주요 저서 및 역서〉
온화한 교수: 장애인의 문제행동에 대한 대안적 접근(교육과학사, 1998)
한국 장애학생 통합교육: 특수교육 및 일반교육의 관계 재정립(교육과학사, 2003)
정신지체 개념화: AAMR 2002년 정신지체 정의, 분류, 지원체계(교육과학사, 2003)
마서즈 비니어드 섬 사람들은 수화로 말한다: 장애수용의 사회학(한길사, 2003)
장애인 인권교육 입문: 다르게 함께 사는 세상(국가인권위원회, 2003)
장애청소년 전환교육(시그마프레스, 2006)

• 장혜성

이화여자대학교 특수교육과 학사(B.A.)
이화여자대학교 대학원 특수교육학과 석사(M.A.)
미국 펜실베이니아주립대학교 대학원 특수교육학과 석사(M.S.)
이화여자대학교 대학원 특수교육학과 박사(Ph.D.)
현재 가톨릭대학교 특수교육과 조교수
〈주요 저서 및 역서〉
직업재활의 이해(도서출판 특수교육, 2002)
구문의미 이해력검사(서울장애인종합복지관, 2004)
장애영유아 보육프로그램(서울특별시, 2005)
장애아 통합보육론(교육과학사, 2005)
기능적 기술 습득을 위한 개별화 교육 프로그램의 실제(교육과학사, 2006)
영유아교수법(교문사, 2007)

• 나수현

이화여자대학교 특수교육과 학사(B.A.)
이화여자대학교 대학원 특수교육학과 석사(M.A.)
이화여자대학교 대학원 특수교육학과 박사과정 수료
현재 이화여자대학교 평생교육원 강사
가톨릭대학교 사회복지대학원 강사

• 신소니아

이화여자대학교 특수교육과 학사(B.A.)
이화여자대학교 대학원 특수교육학과 석사(M.A.)
현재 서울대방초등학교 특수학급 교사

장애관련종사자의 특수교육 입문

특수교육보조원을 위한 지침서

2007년 7월 18일 1판 1쇄 발행
2023년 3월 20일 1판 4쇄 발행

지은이 • 박승희 · 장혜성 · 나수현 · 신소니아
펴낸이 • 김진환
펴낸곳 • (주) 학지사
04031 서울특별시 마포구 양화로 15길 20 마인드월드빌딩
대표전화 • 02)330-5114 팩스 • 02)324-2345
등록번호 • 제313-2006-000265호

홈페이지 • http://www.hakjisa.co.kr
페이스북 • https://www.facebook.com/hakjisabook

ISBN 978-89-5891-480-8 93370

정가 18,000원